1 착일독 NEW 학습 강의

가나 암기 ✳ 발음 2편 ✳ 본강의 16편

2 착일독 ORIGINAL 학습 강의

발음 3편 ✳ 본강의 16편 ✳ JLPT특강 5편

3 암기 트레이닝 영상

단어 암기

문장 암기

단어 암기 ✳ 문장 암기

4 착일독 팟캐스트

시즌1. 45강 ✳ 시즌2. 95강

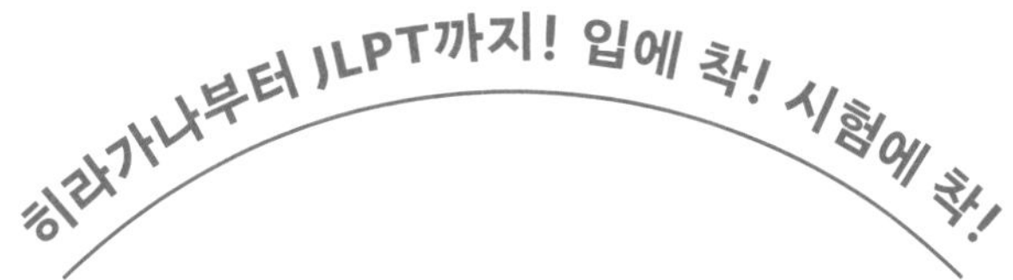

착! 붙는 일본어

독학 첫걸음

저 일본어 공부기술연구소

시사일본어사

✱ 머리말

일본어는 우리에게 가장 친숙한 외국어로, 우리나라 말과 어순이 같기 때문에 처음 시작할 때는 수월하게 공부할 수 있다는 장점이 있습니다. 하지만, 점점 배울수록 어려워지고 동사의 활용이 시작되면 절반 이상은 포기를 해 버리기도 하는 결코 만만치 않은 언어이기도 합니다. 하지만 이 고비만 잘 넘긴다면 여러분은 일본어의 능력자가 될 수 있는 한 걸음을 떼실 수 있습니다.

시중에는 많은 일본어 독학 첫걸음 교재들이 있습니다. 모두 좋은 교재이지만, 자신에게 꼭 필요하고 맞는 교재가 어떤 것인지 선택함에 있어 신중해질 수밖에 없을 것입니다. 〈착! 붙는 일본어 독학 첫걸음〉은 히라가나와 가타카나를 모르시는 분들도 쉽게 보실 수 있도록 만들어졌습니다. 본 교재의 가장 큰 특징은 최소한의 어휘와 표현을 사용하였다는 점, 그리고 앞서 익힌 어휘와 표현을 반복해서 학습할 수 있도록 구성하였다는 점입니다.

외국어를 배우는 데 있어서 반복만큼 좋은 학습 방법은 없습니다. 먼저 회화에서 사용된 주요 문법과 어휘를 학습한 뒤, 확장 어휘와 표현을 넣어 패턴처럼 문형 연습을 한 다음, 회화문을 통해 전체 학습을 마무리할 수 있도록 하였습니다. 그리고 마지막으로 학습한 내용을 종합적으로 테스트하고 점검할 수 있도록 연습 문제를 제시하였는데, 이때 연습 문제는 앞에서 사용된 어휘와 문장만으로도 문제를 풀 수 있도록 구성하여 학습자의 부담은 최대한으로 줄이되 성취감은 최고로 느낄 수 있도록 하였습니다.

'시작이 반'이라는 말이 있습니다. 일본어를 시작하기로 마음 먹었다면 이미 반은 시작한 것이나 다름없습니다. 여러분의 일본어 시작에 〈착! 붙는 일본어 독학 첫걸음〉이 좀 더 쉽고 재미있게, 그리고 빠르게 익힐 수 있도록 완벽한 가이드가 되어 드리겠습니다. 여러분의 일본어 실력이 일취월장하기를 간절히 바랍니다.

감사합니다.

저자 일본어 공부기술연구소

✱ 이 책의 구성 및 활용

일본어 문자와 발음

히라가나와 가타카나 문자를 삽화를 보며 재미있게 익힐 수 있습니다. 히라가나, 가타카나 문자 외에도 촉음, 발음, 장음, 악센트 및 억양에 관한 내용도 실려 있어 일본어 문자에 대한 전반적인 이해가 가능합니다.

확인해 볼까요?

앞의 과에서 배운 내용을 제대로 이해하고 있는지 복습할 겸 미리 확인하는 코너입니다. 간단한 밑줄 문제를 풀어 보면서 학습한 내용을 체크해 봅시다.

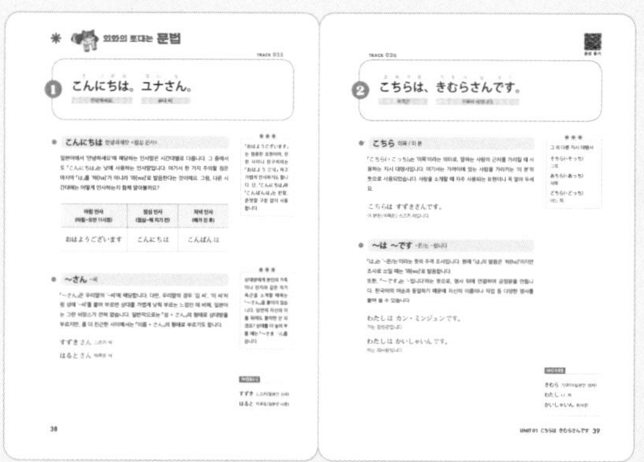

회화의 토대는 문법

본문 회화에서 사용하는 주요 문법을 총 네 개의 문장으로 나누어 예문과 함께 상세히 설명했습니다. 또, 함께 알아 두면 유용한 내용을 tip으로 제시하였고, 주요 단어 및 표현을 정리해 놓았습니다.

실전 같은 문형 연습

문법 코너에서 배운 문형을 패턴처럼 학습할 수 있도록 구성하였습니다. 문법에서 나온 어휘 외에도 확장의 개념으로 추가된 어휘까지 함께 연습할 수 있어 말하기 능력뿐만 아니라 어휘력까지 함께 키울 수 있습니다.

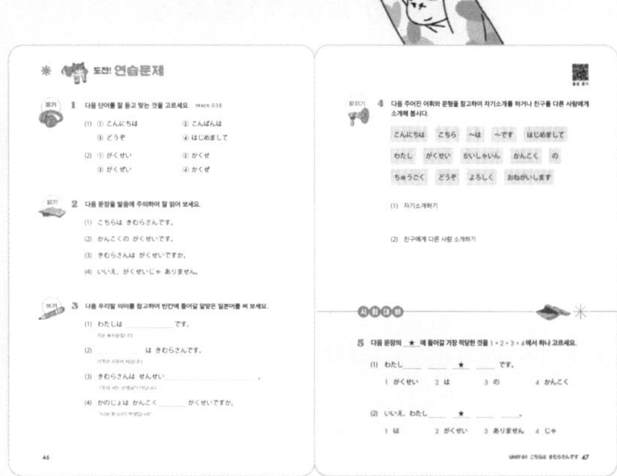

- **술술 나오는 회화**

문법과 문형에서 익힌 표현을 실생활에서 어떻게 사용하는지 회화 속에서 확인할 수 있습니다. 회화의 음성은 느린 속도와 보통 속도, 따라 읽기 등 총 세 가지 버전으로 제공됩니다. 회화의 해석은 부자연스러운 직역보다는 자연스러운 우리말로 옮겼습니다. 하단에 정리되어 있는 주요 단어와 독학 플러스로 혼자서도 충분히 학습할 수 있도록 구성하였습니다.

- **도전! 연습문제**

듣기, 읽기, 쓰기, 말하기의 4영역으로 나눈 연습문제를 통해 실력을 점검할 수 있습니다. 또한 일본어능력시험(JLPT)에 맞춘 문법 문제를 수록하여 시험 유형에 익숙해질 수 있도록 하였습니다.

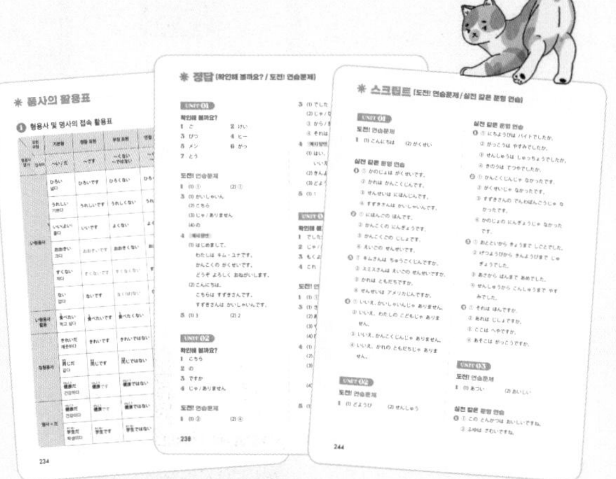

- **부록**

명사, 형용사, 동사의 품사 활용표와 함께 음성 스크립트와 연습문제 정답을 수록하였습니다.

✳ 일러두기 ✳

1 한자에 익숙하지 않은 초급 학습자들을 위해, 1과부터 5과까지는 한자를 배제하였고, 6과 이후부터 한자를 함께 표기하였습니다. 하지만 일본어를 학습하기 위해서 한자 학습은 반드시 거쳐야 할 과정이므로, 한자 공부는 꾸준히 해 두시는 것이 좋습니다.

2 혼자 공부하는 입문 학습자들을 위해 1과부터 8과까지는 일본어 위에 한글로 발음을 표기했습니다. 또한 9과부터 16과까지는 한자 위에 히라가나 발음을 달아 놓았으므로, 중반부터는 스스로 읽기 연습을 하면서 실력을 키워보시기 바랍니다.

✱ 이 책의 구성 및 활용

착! 붙는 부록 활용

1 원어민 음성

시사일본어사 홈페이지에서 무료로 다운로드받아 들으실 수 있습니다.

www.sisabooks.com/jpn/

---

2 동영상 강의

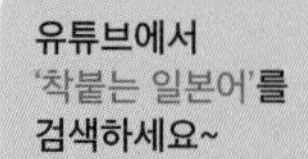

무료 동영상 강의 2종 | JLPT 문제풀이 동영상

시사일본어학원 강사의 무료 해설 강의를 보면서 독학으로 학습할 수 있습니다. <도전! 연습문제>에 수록된 JLPT문제의 풀이 영상도 함께 제공되고 있습니다.

---

3 팟캐스트

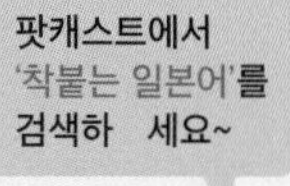

팟빵 팟캐스트를 통해 매일매일 간단한 일본어 강의를 들으며 학습할 수 있습니다.

---

4 암기 동영상 3종

유튜브에서
'착붙는 일본어'를
검색하세요~

가나 암기 동영상 | 단어 암기 동영상 | 문장 암기 동영상

원어민 발음과 한국어 뜻을 함께 보고 들으며 교재에 나오는 일본어 문자와 단어, 문장들을 암기할 수 있습니다.

5 쓰기 노트

히라가나와 가타카나, 각 과의 주요 한자를 쓰면서 익힐 수 있습니다.

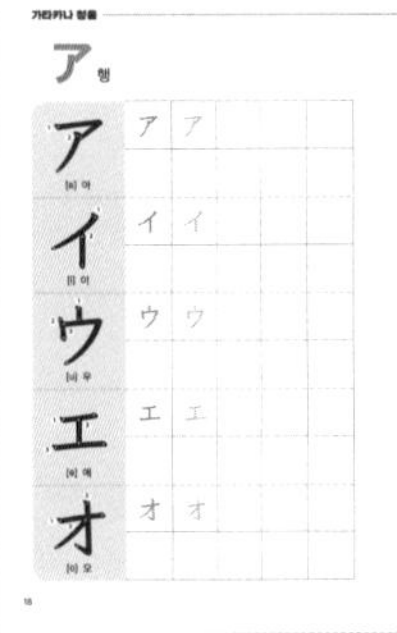

6 일본어 문자표 & 품사별 활용표

일본어 문자와 품사별 활용 방법을 완전히 익힐 때까지, 휴대하거나 잘 보이는 곳에 두고 틈틈이 학습해 보세요.

7 추가 테스트 자료

형용사 | 동사

다양한 형용사와 동사의 활용 방법을 익힐 수 있도록 테스트 자료를 제공하고 있습니다. 시사일본어사 홈페이지에서 무료로 다운로드받아 이용해 보세요.

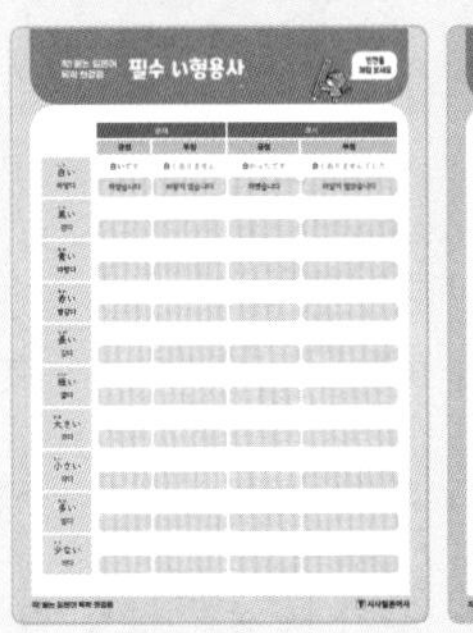

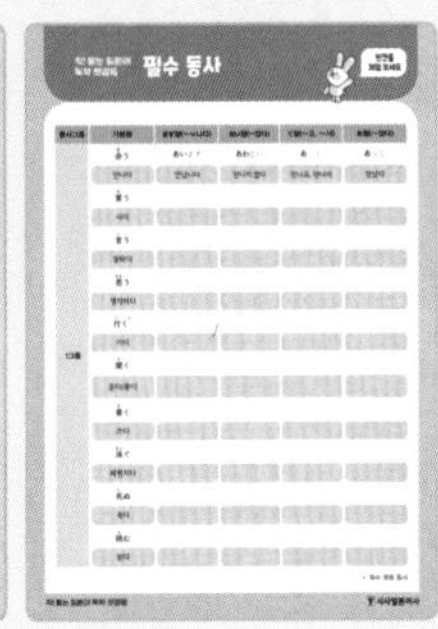

첫걸음 떼고 Jump UP!

JLPT N5 / N4 모의고사

일본어능력시험에 도전!
일상생활에서 사용되는 일반적인 표현을 이해할 수 있다면 N5 N4시험에 도전해 봅시다.
JLPT N5·N4 모의고사 full 버전 문제를 통해 미리 시험을 체험해 볼 수 있습니다.

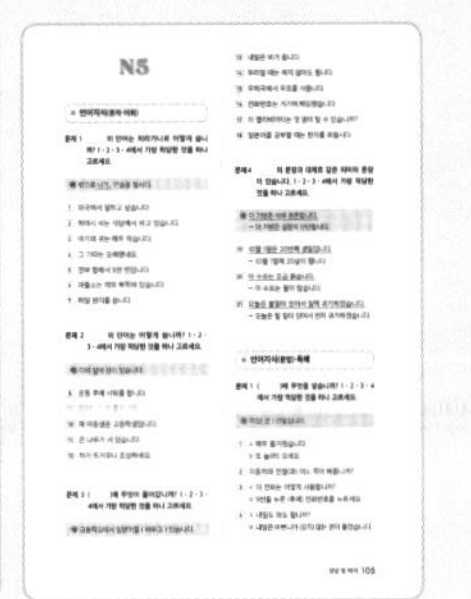

✳ 목차

✱ 학습 구성표

주	DAY	UNIT	제목	학습 내용
1 주차	1, 2, 3 DAY	0	일본어 문자와 발음	• 문자: 히라가나, 가타카나 • 발음: 청음, 탁음, 반탁음, 요음, 촉음, 장음, 발음(撥音), 악센트와 억양
	4, 5 DAY	01	こちらは きむらさんです。	• 명사의 긍정문: ～です • 명사의 의문문: ～ですか • 명사의 부정문: ～じゃ ありません
	6, 7 DAY	02	きのうは やすみでしたか。	• 명사의 정중한 과거 표현: ～でした • 명사의 정중한 과거 의문 표현: ～でしたか • 명사의 정중한 과거 부정 표현: ～じゃ なかったです • 요일을 나타내는 표현 • 지시 대명사: こ・そ・あ・ど
2 주차	8, 9 DAY	03	きょうは あついですね。	• い형용사의 기본형: ～い • い형용사의 정중한 표현: ～いです • い형용사의 연결 표현 (て형): ～くて • い형용사의 부정 표현 (ない형): ～く ない • い형용사의 과거 표현 (た형): ～かった • い형용사의 과거 부정 표현: ～く なかった
	10, 11 DAY	04	おちゃが いちばん すきです。	• な형용사의 기본형: ～だ • な형용사의 정중한 표현: ～です • な형용사의 부정 표현 (ない형): ～じゃ　ない • な형용사의 정중한 과거 표현 (た형): ～でした • 숫자와 시간을 나타내는 표현
	12, 13 DAY	05	たんじょうびは いつですか。	• 사람을 세는 표현 • 가족을 지칭하는 표현 • 날짜를 나타내는 표현 • 나이를 세는 표현
	14 DAY	06	すずきさんは どこに いますか。	• 사물・식물의 존재를 나타내는 표현 • 위치를 나타내는 표현 • 사람·동물의 존재를 나타내는 표현 • 명사 + なら

주	DAY	UNIT	제목	학습 내용
3 주차	15, 16 DAY	07	せんたくや 料理(りょうり)を します。	• 동사의 종류 • 동사의 정중한 긍정 표현: ～ます • 동사의 정중한 부정 표현: ～ません • 동사의 정중한 과거 표현: ～ました • 동사의 정중한 과거 부정 표현: ～ませんでした
	17, 18 DAY	08	冷(つめ)たい ものは あまり 食(た)べないです。	• 동사의 ない형: ～ない • 동사의 て형: ～て • 권유 표현: 동사의 ます형 + ませんか / ましょう
	19 DAY	09	はやく 会(あ)いたいですね。	• 동사의 て형에 연결된 표현: 동사의 て형 + て しまいました • 동사의 ます형에 연결된 표현 1 : 동사의 ます형 + たい • 동사의 ます형에 연결된 표현 2 : 동사의 ます형 + にくい • 동사의 ます형에 연결된 표현 3 : 동사의 ます형 + ながら
	20 DAY	10	鍋(なべ)には 触(さわ)らないで ください。	• 의향을 묻는 표현 : いかがですか • 동사의 ない형에 연결된 표현 1 : 동사의 ない형 + ないで ください • 동사의 ない형에 연결된 표현 2 : 동사의 ない형 + なければ なりません • 동사의 ない형에 연결된 표현 3 : 동사의 ない형 + なくても いいです
	21 DAY	11	ビールを 飲(の)んで いますね。	• 동사의 て형에 연결된 표현 1 : 동사의 て형 + て います • 동사의 て형에 연결된 표현 2 : 동사의 て형 + て みます • 동사의 て형에 연결된 표현 3 : 동사의 て형 + て ください • 동사의 て형에 연결된 표현 4 : 동사의 て형 + てから • 동사의 て형에 연결된 표현 5 : 동사의 て형 + ても いいですか

✱ 학습 구성표

주	DAY	UNIT	제목	학습 내용
4 주차	22, 23 DAY	12	富士山(ふじさん)に 登(のぼ)った ことが ありますか。	• 동사의 た형: ～た • 동사의 た형에 연결된 표현 1 : 동사의 た형 + た ことが　あります • 동사의 た형에 연결된 표현 2 : 동사의 た형 + た ばかりです • 동사의 た형에 연결된 표현 3 : 동사의 た형 + たり ～たり　します • 동사의 た형에 연결된 표현 4 : 동사의 た형 + た 方(ほう)が いいです
	24 DAY	13	水(みず)の 中(なか)で 使(つか)う ことが できます。	• 동사의 기본형에 연결된 표현 1 : 동사의 기본형 + ことが できます • 동사의 기본형에 연결된 표현 2 : 동사의 기본형 + 前(まえ)に • 동사의 기본형에 연결된 표현 3 : 동사의 기본형 + つもりです • 동사의 보통형에 연결된 표현 : 동사의 보통형 + と 思(おも)います
	25, 26 DAY	14	時々(ときどき) 会(あ)えますよね。	• 동사의 의지형: ～う/よう • 동사의 의지형에 연결된 표현 1 : 동사의 의지형 + と しました • 동사의 의지형에 연결된 표현 2 : 동사의 의지형 + と 思(おも)って います • 동사의 가능형 • 가정 표현: ～たら
	27 DAY	15	とても 寂(さび)しく なりそうです。	• 전달 표현　: ～そうだ • 추측 표현 1 : ～そうだ • 추측 표현 2 : ～らしい • 추측 표현 3 : ～ようだ
	28 DAY	16	卒業式(そつぎょうしき)に 来(き)て くれました。	• 수수 표현 1 : あげる • 수수 표현 2 : くれる • 수수 표현 3 : もらう

영상 보기

음성 듣기

문자와 발음

* 히라가나 ひらがな
* 가타카나 かたかな
* 청음 · 탁음 · 반탁음 · 요음
* 촉음 · 장음 · 발음
* 악센트와 억양

✱ 일본어 문자와 발음 히라가나

영상 보기

일본어 시작은 히라가나부터!

일본어를 익히려면 50음도표부터 외워야 해요. 50음도표이긴 하지만 실제 사용되지 않는 것을 빼면 46개입니다. 단(あ・い・う・え・お)은 모음, 행(あ・か・さ・た・な…)은 자음이라고 생각하면 됩니다. 가로로 '아이우에오', 세로로 '아카사타나하마야라와응' 하고 큰 소리로 읽어가며 외우세요.

TRACK 002

	あ단	い단	う단	え단	お단
あ행	あ 아 [a]	い 이 [i]	う 우 [u]	え 에 [e]	お 오 [o]
か행	か 카 [ka]	き 키 [ki]	く 쿠 [ku]	け 케 [ke]	こ 코 [ko]
さ행	さ 사 [sa]	し 시 [shi]	す 스 [su]	せ 세 [se]	そ 소 [so]
た행	た 타 [ta]	ち 치 [chi]	つ 츠 [tsu]	て 테 [te]	と 토 [to]
な행	な 나 [na]	に 니 [ni]	ぬ 누 [nu]	ね 네 [ne]	の 노 [no]
は행	は 하 [ha]	ひ 히 [hi]	ふ 후 [fu]	へ 헤 [he]	ほ 호 [ho]
ま행	ま 마 [ma]	み 미 [mi]	む 무 [mu]	め 메 [me]	も 모 [mo]
や행	や 야 [ya]		ゆ 유 [yu]		よ 요 [yo]
ら행	ら 라 [ra]	り 리 [ri]	る 루 [ru]	れ 레 [re]	ろ 로 [ro]
わ행	わ 와 [wa]				を 오 [o]
	ん 응 [n]				

✱ 일본어 문자와 발음 가타카나

영상 보기

외래어는 가타카나로!

일본인들은 외래어를 많이 씁니다. 그 외래어를 표기하는 글자가 바로 가타카나! 가타카나만 읽을 줄 알아도 일본 잡지며 거리 간판의 반 이상은 이해할 수 있습니다. 또한, 의성어·의태어와 강조하고 싶은 말에도 가타카나를 쓰기 때문에 히라가나와 함께 꼭 외워 두어야 합니다.

TRACK 003

	ア단	イ단	ウ단	エ단	オ단
ア행	ア 아 [a]	イ 이 [i]	ウ 우 [u]	エ 에 [e]	オ 오 [o]
カ행	カ 카 [ka]	キ 키 [ki]	ク 쿠 [ku]	ケ 케 [ke]	コ 코 [ko]
サ행	サ 사 [sa]	シ 시 [shi]	ス 스 [su]	セ 세 [se]	ソ 소 [so]
タ행	タ 타 [ta]	チ 치 [chi]	ツ 츠 [tsu]	テ 테 [te]	ト 토 [to]
ナ행	ナ 나 [na]	ニ 니 [ni]	ヌ 누 [nu]	ネ 네 [ne]	ノ 노 [no]
ハ행	ハ 하 [ha]	ヒ 히 [hi]	フ 후 [fu]	ヘ 헤 [he]	ホ 호 [ho]
マ행	マ 마 [ma]	ミ 미 [mi]	ム 무 [mu]	メ 메 [me]	モ 모 [mo]
ヤ행	ヤ 야 [ya]		ユ 유 [yu]		ヨ 요 [yo]
ラ행	ラ 라 [ra]	リ 리 [ri]	ル 루 [ru]	レ 레 [re]	ロ 로 [ro]
ワ행	ワ 와 [wa]				ヲ 오 [o]
	ン 응 [n]				

✱ 일본어 문자와 발음 청음

'청음'은 맑은 소리라는 뜻입니다. 탁점이나 반탁점이 없는 글자를 말하는데요, 앞의 50음도에 있는 글자 그대로 읽히는 글자입니다. 한 글자씩 자세히 익혀 보세요.

일본어의 기본 모음이며, 한국어의 '아·이·우·에·오' 발음과 비슷합니다. 단, 「う」 발음에 주의하세요. '우'와 '으'의 중간 발음입니다.

TRACK 004

あ	い	う	え	お
아 [a]	이 [i]	우 [u]	에 [e]	오 [o]
あい	いす	うた	え	おう
[아이]	[이스]	[우따]	[에]	[오-]
사랑	의자	노래	그림	왕

ア	イ	ウ	エ	オ
아 [a]	이 [i]	우 [u]	에 [e]	오 [o]
アイスクリーム	イギリス	ウイスキー	エレベーター	オムライス
[아이스크리-무]	[이기리스]	[우이스끼-]	[에레베-따-]	[오무라이스]
아이스크림	영국	위스키	엘리베이터	오므라이스

한국어의 'ㄱ'과 'ㅋ'의 중간 발음이지만, 단어의 첫 글자로 나올 때는 'ㅋ'에 가깝게, 단어 중간이나 끝에 올 때는 'ㄲ'로 읽는 것이 일본어 발음에 가깝습니다.

TRACK **005**

か	き	く	け	こ
카 [ka]	키 [ki]	쿠 [ku]	케 [ke]	코 [ko]
かばん	き	くも	けいたい	こえ
[카방]	[키]	[쿠모]	[케-따이]	[코에]
가방	나무	구름	휴대전화	목소리

カ	キ	ク	ケ	コ
카 [ka]	키 [ki]	쿠 [ku]	케 [ke]	코 [ko]
カーテン	キー	クッキー	ケーキ	コート
[가-뎅]	[키-]	[국끼-]	[케-끼]	[코-또]
커튼	열쇠	쿠키	케이크	코트

✱ 일본어 문자와 발음 청음

한국어의 '사·시·스·세·소' 발음과 비슷합니다. 단, 「す」 발음에 주의하세요. '스'와 '수'의 중간 발음입니다.

TRACK 006

さ	し	す	せ	そ
사 [sa]	시 [shi]	스 [su]	세 [se]	소 [so]
あさ	しお	すし	せんせい	そら
[아사]	[시오]	[스시]	[센세-]	[소라]
아침	소금	초밥	선생님	하늘

サ	シ	ス	セ	ソ
사 [sa]	시 [shi]	스 [su]	세 [se]	소 [so]
サッカー	シャツ	スイッチ	セーター	ソーセージ
[삭까-]	[샤쯔]	[스잇찌]	[세-따-]	[소-세-지]
축구	셔츠	스위치	스웨터	소시지

'타·티·투·테·토'라고 발음하지 않습니다. 「ち」와 「つ」는 한국어의 '치'와 'ㅊ'에 가깝습니다. 「た·て·と」는 단어 첫 글자로 나올 때는 'ㅌ'에 가깝게, 단어 중간이나 끝에 올 때는 'ㄸ'에 가깝게 발음합니다.

TRACK 007

た
타 [ta]
ち
치 [chi]
つ
츠 [tsu]
て
테 [te]
と
토 [to]
たこ
[타꼬]
문어
ちち
[치찌]
아버지
くつ
[쿠쯔]
구두, 신발
て
[테]
손
とけい
[토께-]
시계

タ
타 [ta]
チ
치 [chi]
ツ
츠 [tsu]
テ
테 [te]
ト
토 [to]
TAXI
タクシー
[타쿠시-]
택시
チキン
[치낑]
치킨
ツアー
[츠아-]
투어
テレビ
[테레비]
텔레비전
トマト
[토마또]
토마토

な행 ナ행

한국어의 '나·니·누·네·노' 발음과 비슷합니다. 단, 「ぬ」발음에 주의하세요. '누'와 '느'의 중간 발음입니다.

TRACK 008

な	に	ぬ	ね	の
나 [na]	니 [ni]	누 [nu]	네 [ne]	노 [no]
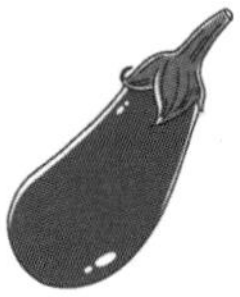				
なす	かに	いぬ	ねこ	のり
[나스]	[카니]	[이누]	[네꼬]	[노리]
가지	게	개	고양이	풀

ナ	ニ	ヌ	ネ	ノ
나 [na]	니 [ni]	누 [nu]	네 [ne]	노 [no]

ナイフ	テニス	カヌー	ネクタイ	ノート
[나이후]	[테니스]	[카누-]	[네쿠따이]	[노-또]
나이프	테니스	카누	넥타이	노트

한국어의 '하·히·후·헤·호' 발음과 비슷합니다. 「ひ」는 입술을 옆으로 당겨 발음하고, 「ふ」를 발음할 때는 입술을 너무 둥글리지 말고 약간 평평한 상태에서 소리를 냅니다.

TRACK 009

は
하 [ha]
ひ
히 [hi]
ふ
후 [fu]
へ
헤 [he]
ほ
호 [ho]
はし
[하시]
젓가락
ひこうき
[히꼬-끼]
비행기
ふね
[후네]
배
へそ
[헤소]
배꼽
ほん
[홍]
책

ハ
하 [ha]
ヒ
히 [hi]
フ
후 [fu]
ヘ
헤 [he]
ホ
호 [ho]
ハイキング
[하이킹구]
하이킹
コーヒー
[코-히-]
커피
フラワー
[후라와-]
꽃
ヘルメット
[헤루멧또]
헬멧
HOTEL
ホテル
[호테루]
호텔

✳ 일본어 문자와 발음 청음

한국어의 '마·미·무·메·모' 발음과 비슷합니다. 「む」는 한국어의 '무'라고 발음하기 보다는 '무'와 '므'의 중간 정도로 발음합니다.

TRACK 010

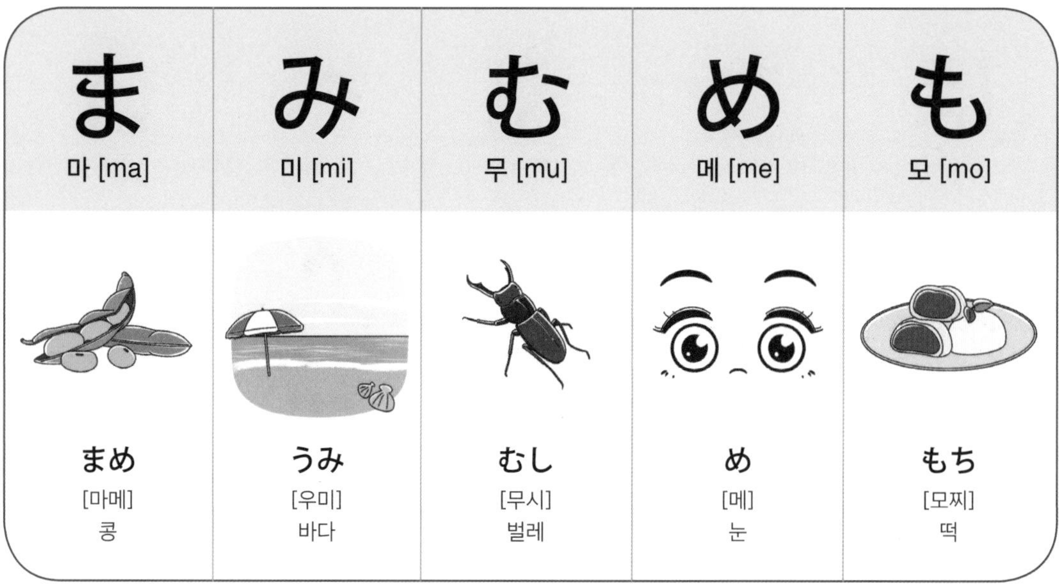

ま
마 [ma]
み
미 [mi]
む
무 [mu]
め
메 [me]
も
모 [mo]
まめ
[마메]
콩
うみ
[우미]
바다
むし
[무시]
벌레
め
[메]
눈
もち
[모찌]
떡

マ
마 [ma]
ミ
미 [mi]
ム
무 [mu]
メ
메 [me]
モ
모 [mo]
Milk
マスク
[마스크]
마스크
ミルク
[미루꾸]
밀크, 우유
ハム
[하무]
햄
メロン
[메롱]
멜론
モデル
[모데루]
모델

한국어의 '야·유·요' 발음과 비슷합니다. 가타카나의 「ユ(유)」는 「コ(코)」와 모양이 헷갈리기 쉬우니 주의해서 외우세요.

TRACK 011

や		ゆ		よ
야 [ya]		유 [yu]		요 [yo]
やま [야마] 산		ゆき [유끼] 눈		よる [요루] 밤

ヤ		ユ		ヨ
야 [ya]		유 [yu]		요 [yo]
イヤホン [이야홍] 이어폰		ユニホーム [유니호-무] 유니폼		ヨット [욧또] 요트

한국어의 '라·리·루·레·로' 발음과 비슷합니다. 「る」와 「ろ」는 모양이 헷갈리기 쉬우니 주의해서 외우세요. 일본어 동사에는 「る」로 끝나는 단어들이 많습니다.

TRACK 012

ら	り	る	れ	ろ
라 [ra]	리 [ri]	루 [ru]	레 [re]	로 [ro]
とら [토라] 호랑이	りんご [링고] 사과	さる [사루] 원숭이	れいぞうこ [레-조-꼬] 냉장고	くろ [쿠로] 검정

ラ	リ	ル	レ	ロ
라 [ra]	리 [ri]	루 [ru]	레 [re]	로 [ro]
ラーメン [라-멩] 라면	リボン [리봉] 리본	ビル [비루] 빌딩	レモン [레몽] 레몬	ロボット [로봇또] 로봇

한국어의 ‘와·오’ 발음과 비슷합니다. 「を」는 조사로만 쓰이며, 「あ」행의 「お」와 발음이 같습니다. 가타카나의 「ヲ」는 거의 쓰이는 일이 없고, 발음이 같은 「オ」가 주로 쓰입니다.

TRACK 013

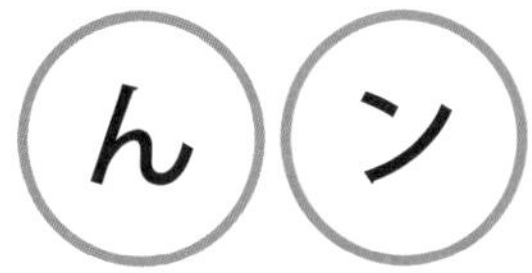

「ん」은 다른 글자 뒤에서 받침과 같은 역할을 하며 콧소리가 납니다. 한국어 받침과 달라서 반드시 한 박자를 주어 발음해야 합니다. 뒤에 오는 음에 따라 한국어 ‘ㅁ, ㄴ, ㅇ’에 가깝게 발음됩니다. [발음(撥音) p.34 참고]

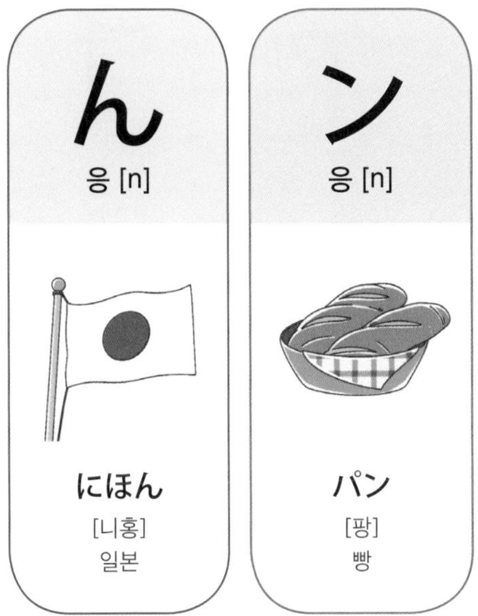

✳ 일본어 문자와 발음 탁음

'탁음'은 글자의 오른쪽 위에 탁점(゛)이 붙은 것입니다. 탁음은「か」「さ」「た」「は」행에서만 나타납니다.

한국어의 '가·기·구·게·고', 영어의「g」발음과 비슷합니다.

TRACK 014

が	ぎ	ぐ	げ	ご
가 [ga]	기 [gi]	구 [gu]	게 [ge]	고 [go]
がか	ぎんこう	かぐ	ひげ	ごはん
[가까]	[깅꼬-]	[카구]	[히게]	[고항]
화가	은행	가구	수염	밥

ガ	ギ	グ	ゲ	ゴ
가 [ga]	기 [gi]	구 [gu]	게 [ge]	고 [go]
ガム	ギフト	グラス	ゲーム	ゴルフ
[가무]	[기후또]	[구라스]	[게-무]	[고루후]
껌	선물	잔	게임	골프

✱ 한눈에 익히는 히라가나 & 가타카나

あ ア	か カ	さ サ	た タ	な ナ	は ハ	ま マ	や ヤ	ら ラ	わ ワ
[a] 아	[ka] 카	[sa] 사	[ta] 타	[na] 나	[ha] 하	[ma] 마	[ya] 야	[ra] 라	[wa] 와
い イ	き キ	し シ	ち チ	に ニ	ひ ヒ	み ミ		り リ	
[i] 이	[ki] 키	[shi] 시	[chi] 치	[ni] 니	[hi] 히	[mi] 미		[ri] 리	
う ウ	く ク	す ス	つ ツ	ぬ ヌ	ふ フ	む ム	ゆ ユ	る ル	を ヲ
[u] 우	[ku] 쿠	[su] 스	[tsu] 츠	[nu] 누	[fu] 후	[mu] 무	[yu] 유	[ru] 루	[o] 오
え エ	け ケ	せ セ	て テ	ね ネ	へ ヘ	め メ		れ レ	
[e] 에	[ke] 케	[se] 세	[te] 테	[ne] 네	[he] 헤	[me] 메		[re] 레	
お オ	こ コ	そ ソ	と ト	の ノ	ほ ホ	も モ	よ ヨ	ろ ロ	ん ン
[o] 오	[ko] 코	[so] 소	[to] 토	[no] 노	[ho] 호	[mo] 모	[yo] 요	[ro] 로	[n] 응

✱ 품사별 활용표

● 명사

긍정	부정	과거	과거 부정
～です ~입니다	～ではありません ～じゃありません ~이/가 아닙니다	～でした ~였습니다	～ではありませんでした ～じゃありませんでした ~이/가 아니었습니다
こどもです 아이입니다	こどもではありません こどもじゃありません 아이가 아닙니다	こどもでした 아이였습니다	こどもではありませんでした こどもじゃありませんでした 아이가 아니었습니다

● い형용사

긍정	부정	과거	과거 부정
～です ~습니다	～くありません ～くないです ~지 않습니다	～かったです ~았/었습니다	～くありませんでした ～くなかったです ~지 않았습니다
おいしいです 맛있습니다	おいしくありません おいしくないです 맛있지 않습니다	おいしかったです 맛있었습니다	おいしくありませんでした おいしくなかったです 맛있지 않았습니다

● な형용사

긍정	부정	과거	과거 부정
～です ~합니다	～ではありません ～じゃありません ~하지 않습니다	～でした ~했습니다	～ではありませんでした ～じゃありませんでした ~하지 않았습니다
すきです 좋아합니다	すきではありません すきじゃありません 좋아하지 않습니다	すきでした 좋아했습니다	すきではありませんでした すきじゃありませんでした 좋아하지 않았습니다

● 동사

		긍정	부정	과거	과거 부정
		～ます ~합니다	～ません ~하지 않습니다	～ました ~했습니다	～ませんでした ~하지 않았습니다
1 그룹	あう 만나다	あいます 만납니다	あいません 만나지 않습니다	あいました 만났습니다	あいませんでした 만나지 않았습니다
	いく 가다	いきます 갑니다	いきません 가지 않습니다	いきました 갔습니다	いきませんでした 가지 않았습니다
2 그룹	みる 보다	みます 봅니다	みません 보지 않습니다	みました 봤습니다	みませんでした 보지 않았습니다
	たべる 먹다	たべます 먹습니다	たべません 먹지 않습니다	たべました 먹었습니다	たべませんでした 먹지 않았습니다
3 그룹	する 하다	します 합니다	しません 하지 않습니다	しました 했습니다	しませんでした 하지 않았습니다
	くる 오다	きます 옵니다	きません 오지 않습니다	きました 왔습니다	きませんでした 오지 않았습니다

영어의 「z」 발음으로 한국인들에게는 조금 어려운 발음입니다. 「ず」는 영어로는 발음을 「zu」로 표기하지만, '주'가 아니라 '즈'로 발음해야 합니다.

TRACK 015

ざ	じ	ず	ぜ	ぞ
자 [za]	지 [ji]	즈 [zu]	제 [ze]	조 [zo]
ざっし	じてんしゃ	ちず	かぜ	ぞう
[잣시]	[지뗀샤]	[치즈]	[카제]	[조-]
잡지	자전거	지도	감기	코끼리

ザ	ジ	ズ	ゼ	ゾ
자 [za]	지 [ji]	즈 [zu]	제 [ze]	조 [zo]
マザー	ジャズ	ズボン	ゼロ	ゾーン
[마자-]	[쟈즈]	[즈봉]	[제로]	[조-ㄴ]
엄마	재즈	바지	제로, 영	존, 지역

✱ 일본어 문자와 발음 탁음

「だ·で·ど」는 영어의 「d」발음이며, 「ぢ·づ」는 「じ·ず」와 발음이 같습니다. 가타카나 「ヂ·ヅ」는 쓰이는 경우가 많이 없고, 그 대신에 발음이 같은 「ジ·ズ」가 주로 쓰입니다.

TRACK 016

だ	ぢ	づ	で	ど
다 [da]	지 [ji]	즈 [zu]	데 [de]	도 [do]
だいこん [다이꽁] 무	はなぢ [하나지] 코피	こづつみ [코즈쯔미] 소포	でんしゃ [덴샤] 전철	まど [마도] 창문

ダ	ヂ	ヅ	デ	ド
다 [da]	지 [ji]	즈 [zu]	데 [de]	도 [do]
ダンス [단스] 댄스	チヂミ [치지미] 지짐이, 전		デザート [데자-또] 디저트	ドーナツ [도-나쯔] 도넛

한국어의 '바·비·부·베·보', 영어의 「b」 발음과 비슷합니다.

TRACK 017

ば
바 [ba]
び
비 [bi]
ぶ
부 [bu]
べ
베 [be]
ぼ
보 [bo]
ばら
[바라]
장미
へび
[헤비]
뱀
ぶた
[부따]
돼지
おべんとう
[오벤또-]
도시락
ぼうし
[보-시]
모자

バ
바 [ba]
ビ
비 [bi]
ブ
부 [bu]
ベ
베 [be]
ボ
보 [bo]
Sisa
Beer
バナナ
[바나나]
바나나
ビール
[비-루]
맥주
ブーツ
[부-쯔]
부츠
ベルト
[베루또]
벨트
ボール
[보-루]
공

✱ 일본어 문자와 발음 반탁음

'반탁음'은 글자의 오른쪽 위에 반탁점(°)이 붙은 것입니다. 반탁음은 「は」행에서만 나타납니다.

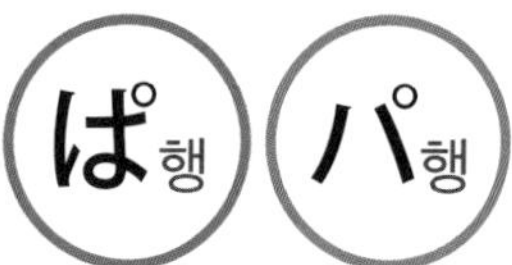

영어의 「p」발음과 비슷합니다. 한국어의 '파·피·푸·페·포'와 '빠·삐·뿌·뻬·뽀'의 중간 정도의 발음입니다.

TRACK 018

ぱ	ぴ	ぷ	ぺ	ぽ
파 [pa]	피 [pi]	푸 [pu]	페 [pe]	포 [po]
かんぱい	えんぴつ	せんぷうき	ぺこぺこ	たんぽぽ
[캄빠이]	[엠삐츠]	[셈뿌-끼]	[페꼬뻬꼬]	[탐뽀뽀]
건배	연필	선풍기	배가 몹시 고픔	민들레

パ	ピ	プ	ペ	ポ
파 [pa]	피 [pi]	푸 [pu]	페 [pe]	포 [po]
パフェ	ピアノ	プリン	ペンキ	ポスト
[파훼]	[피아노]	[푸링]	[펭끼]	[포스또]
파르페	피아노	푸딩	페인트	우체통

✱ 일본어 문자와 발음 요음

「き·ぎ·し·じ·ち·に·ひ·び·ぴ·み·り」 뒤에 반모음인 「や·ゆ·よ」를 작게 써서 한 글자처럼 한 박자로 발음되는 것을 요음이라고 합니다.

TRACK 019

きゃ 캬 [kya]	きゅ 큐 [kyu]	きょ 쿄 [kyo]
ぎゃ 갸 [gya]	ぎゅ 규 [gyu]	ぎょ 교 [gyo]
しゃ 샤 [sha]	しゅ 슈 [shu]	しょ 쇼 [sho]
じゃ 쟈 [ja]	じゅ 쥬 [ju]	じょ 죠 [jo]
ちゃ 챠 [cha]	ちゅ 츄 [chu]	ちょ 쵸 [cho]
にゃ 냐 [nya]	にゅ 뉴 [nyu]	にょ 뇨 [nyo]
ひゃ 햐 [hya]	ひゅ 휴 [hyu]	ひょ 효 [hyo]
びゃ 뱌 [bya]	びゅ 뷰 [byu]	びょ 뵤 [byo]
ぴゃ 퍄 [pya]	ぴゅ 퓨 [pyu]	ぴょ 표 [pyo]
みゃ 먀 [mya]	みゅ 뮤 [myu]	みょ 묘 [myo]
りゃ 랴 [rya]	りゅ 류 [ryu]	りょ 료 [ryo]

キャ 캬 [kya]	キュ 큐 [kyu]	キョ 쿄 [kyo]
ギャ 갸 [gya]	ギュ 규 [gyu]	ギョ 교 [gyo]
シャ 샤 [sha]	シュ 슈 [shu]	ショ 쇼 [sho]
ジャ 쟈 [ja]	ジュ 쥬 [ju]	ジョ 죠 [jo]
チャ 챠 [cha]	チュ 츄 [chu]	チョ 쵸 [cho]
ニャ 냐 [nya]	ニュ 뉴 [nyu]	ニョ 뇨 [nyo]
ヒャ 햐 [hya]	ヒュ 휴 [hyu]	ヒョ 효 [hyo]
ビャ 뱌 [bya]	ビュ 뷰 [byu]	ビョ 뵤 [byo]
ピャ 퍄 [pya]	ピュ 퓨 [pyu]	ピョ 표 [pyo]
ミャ 먀 [mya]	ミュ 뮤 [myu]	ミョ 묘 [myo]
リャ 랴 [rya]	リュ 류 [ryu]	リョ 료 [ryo]

✱ 일본어 문자와 발음 촉음

촉음은 「つ」를 작게 표시하여, 한국어의 받침과 같은 역할을 하는 글자입니다. 음의 길이가 한국의 받침과는 달리 한 박자이므로 주의해야 합니다.

TRACK 020

● 촉음 「っ」는 한 박자입니다.

촉음 「っ」는 「か・さ・た・ぱ」행 앞에 쓰입니다. 중요한 것은 앞서 배운 요음과 달라서 반드시 한 박자를 주어 발음한다는 점입니다. 촉음의 발음을 정리하면 다음과 같습니다.

❶ 'ㄱ'받침이 되는 경우

촉음 「っ」가 「か」행 「か・き・く・け・こ」 앞에 올 때

いっかい 일층	いっき 단숨	がっこう 학교	ミュージック 음악
[이ㄱ까이]	[이ㄱ끼]	[가ㄱ꼬-]	[뮤-지ㄱ꾸]

❷ 'ㅂ'받침이 되는 경우

촉음 「っ」가 「ぱ」행 「ぱ・ぴ・ぷ・ぺ・ぽ」 앞에 올 때

いっぱい 가득	いっぴき 한 마리	ケチャップ 케찹	しっぽ 꼬리
[이ㅂ빠이]	[이ㅂ삐키]	[케챠ㅂ뿌]	[시ㅂ뽀]

❸ 'ㅅ'받침이 되는 경우

촉음 「っ」가 「さ」행 「さ・し・す・せ・そ」, 「た」행 「た・ち・つ・て・と」 앞에 올 때

ざっし 잡지	けっせき 결석	おっと 남편	スイッチ 스위치
[자ㅅ시]	[케ㅅ세끼]	[오ㅅ또]	[스이ㅅ찌]

✱ 일본어 문자와 발음 장음

장음은 가운데 있는 두 음절이나 세 음절을 한 음절처럼 길게 발음하는 것을 말합니다.

TRACK 021

● 장음은 특정한 글자를 길게 끌어 발음합니다.

あ단 + あ

おかあさん 어머니
[오까-상-]

おばあさん 할머니
[오바-상-]

い단 + い

おにいさん 오빠, 형
[오니-상-]

おじいさん 할아버지
[오지-상-]

う단 + う

すうがく 수학
[스-가꾸]

ふうせん 풍선
[후-셍-]

え단 + え·い

せんせい 선생님
[센세-]

えいが 영화
[에-가]

お단 + お·う

こおり 얼음
[코-리]

おとうさん 아버지
[오또-상-]

요음 + う

きょう 오늘
[쿄-]

じゅう 열, 10
[쥬-]

가타카나의 장음은「ー」로 표기

ビール 맥주
[비-루]

✱ 일본어 문자와 발음 발음(撥音)

はつおん

일본어의 「ん」은 한국어의 받침과 같은 역할을 하며, 뒤에 오는 글자에 따라 발음이 달라집니다. 이때 「ん」은 한국어의 받침과 달리 한 박자이므로 주의해야 합니다.

TRACK 022

● 발음(撥音) 「ん」도 한 박자입니다.

보통 네 가지로 구분하지만, 학자마다 그 구분이 조금씩 다른 경우가 있습니다. 발음(撥音)을 정리하면 다음과 같습니다.

❶ 'ㅇ'으로 발음되는 경우

「か·が」행 앞에서

げんかん 현관 [겡-깐-]	おんがく 음악 [옹-가꾸]	にほんご 일본어 [니홍-고]	かんこく 한국 [캉-꼬꾸]

❷ 'ㄴ'으로 발음되는 경우

「さ·ざ·た·だ·な·ら」행 앞에서

けんさ 검사 [켄-사]	うんどう 운동 [운-도-]	みんな 모두 [민-나]	べんり 편리 [벤-리]

❸ 'ㅁ'으로 발음되는 경우

「ま·ば·ぱ」행 앞에서

さんま 꽁치 [삼-마]	ぜんぶ 전부 [젬-부]	かんぱい 건배 [캄-빠이]	えんぴつ 연필 [엠-삐쯔]

❹ 'ㄴ'과 'ㅇ'으로 발음되는 경우

「あ·は·や·わ」행 앞 또는 맨 끝에 올 때

げんいん 원인 [겡-인-]	ほんや 서점 [홍-야]	でんわ 전화 [뎅-와]	ほん 책 [홍-]

✳ 일본어 문자와 발음 악센트와 억양

일본어에는 고저 악센트가 있으며, 억양에는 평탄·상승·하강의 세 가지 형태가 있습니다. 악센트와 억양에 유의하여 단어를 익히면 자연스러운 일본어를 구사할 수 있습니다.

TRACK 023

● 일본어에는 고저 악센트가 있습니다.

하나의 단어 속에 높게 발음되는 박과 낮게 발음되는 박이 있습니다. 악센트에 따라 단어의 의미가 달라지는 경우가 있습니다.

✳ 악센트의 모양

① 내려가는 곳이 없다. [ ] 예 にわ 마당 なまえ 이름 にほんご 일본어

② 어두에서 내려간다. [ ] 예 ほん 책 てんき 날씨 らいげつ 다음 달

③ 어중에서 내려간다. [ ] 예 たまご 달걀 ひこうき 비행기 せんせい 선생님

④ 어미에서 내려간다. [ ] 예 くつが 구두가 やすみは 휴일은 おとうとに 남동생에게

TRACK 024

● 일본어 억양(イントネーション)에는 세 가지 종류가 있습니다.

억양에는 평탄조·상승조·하강조가 있는데, 일반적으로 의문을 나타낼 경우에는 상승조, 동의나 실망을 나타낼 때는 하강조, 그 외에는 평탄조로 말하는 경우가 많습니다.

キム あした 友達(ともだち)と お花見(はなみ)を します。 → 평탄
내일 친구와 꽃구경을 갑니다.

すずきさんも いっしょに 行(い)きませんか。 ⤴ 상승
스즈키 씨도 같이 가지 않겠습니까?

すずき ああ、いいですねえ。 ⤵ 하강
아아, 좋지요.

UNIT 01

코 찌 라 와
こちらは
키 무 라 상 데 스
きむらさんです。

이쪽은 기무라 씨입니다.

영상 보기

✳ 학습 내용

- 명사의 긍정문
  명사 + です
- 명사의 의문문
  명사 + ですか
- 명사의 부정문
  명사 + じゃ ありません

✳ 확인해 볼까요?

빈칸에 들어갈 알맞은 문자를 써 보세요.

1 りん____ 사과

2 と____ 시계

3 えん____ 연필

4 コー____ 커피

5 ラー____ 라면

6 ____こう 학교

7 お____さん 아버지

회화의 토대는 문법

TRACK 025

1 こんにちは。ユナさん。

콘 니 찌 와　유 나 상

안녕하세요.　유나 씨.

こんにちは 안녕하세요 <점심 인사>

일본어에서 '안녕하세요'에 해당하는 인사말은 시간대별로 다릅니다. 그 중에서도 「こんにちは」는 낮에 사용하는 인사말입니다. 여기서 한 가지 주의할 점은 마지막 「は」를 '하[ha]'가 아니라 '와[wa]'로 발음한다는 것이에요. 그럼, 다른 시간대에는 어떻게 인사하는지 함께 알아볼까요?

아침 인사 (아침~오전 11시경)	점심 인사 (점심~해 지기 전)	저녁 인사 (해가 진 후)
おはようございます	こんにちは	こんばんは

「おはようございます」는 정중한 표현이며, 친한 사이나 친구끼리는 「おはよう 안녕」 하고 가볍게 인사하기도 합니다. 단, 「こんにちは」와 「こんばんは」는 반말, 존댓말 구분 없이 사용합니다.

～さん ~씨

「～さん」은 우리말의 '~씨'에 해당합니다. 다만, 우리말의 경우 '김 씨', '이 씨'처럼 성에 '~씨'를 붙여 부르면 상대를 가볍게 낮춰 부르는 느낌인 데 비해, 일본어는 그런 뉘앙스가 전혀 없습니다. 일반적으로는 「성 + さん」의 형태로 상대방을 부르지만, 좀 더 친근한 사이에서는 「이름 + さん」의 형태로 부르기도 합니다.

すずきさん 스즈키 씨

はるとさん 하루토 씨

상대방에게 본인의 가족이나 친지와 같은 자기 측근을 소개할 때에는 「～さん」을 붙이지 않습니다. 당연히 자신의 이름 뒤에도 붙이면 안 되겠죠? 상대를 더 높여 부를 때는 「～さま ~님」를 씁니다.

WORDS

すずき 스즈키(일본인 성씨)
はると 하루토(일본인 이름)

TRACK 026

2 こちらは、きむらさんです。

코찌라와 키무라 상 데스

이쪽은 기무라 씨입니다.

こちら 이쪽 / 이 분

「こちら(=こっち)」는 '이쪽'이라는 의미로, 말하는 사람의 근처를 가리킬 때 사용하는 지시 대명사입니다. 여기서는 가까이에 있는 사람을 가리키는 '이 분'의 뜻으로 사용되었습니다. 사람을 소개할 때 자주 사용되는 표현이니 꼭 알아 두세요.

こちらは すずきさんです。
이 분은(이쪽은) 스즈키 씨입니다.

> ✱✱✱
> 그 외 다른 지시 대명사
>
> そちら(=そっち)
> 그쪽
>
> あちら(=あっち)
> 저쪽
>
> どちら(=どっち)
> 어느 쪽

～は ～です ~은/는 ~입니다

「は」는 '~은/는'이라는 뜻의 주격 조사입니다. 원래 「は」의 발음은 '하[ha]'이지만 조사로 쓰일 때는 '와[wa]'로 발음합니다.
또한, 「～です」는 '~입니다'라는 뜻으로, 명사 뒤에 연결하여 긍정문을 만듭니다. 한국어의 어순과 동일하기 때문에 자신의 이름이나 직업 등 다양한 명사를 붙여 쓸 수 있습니다.

わたしは カン・ミンジュンです。
저는 강민준입니다.

わたしは かいしゃいんです。
저는 회사원입니다.

WORDS

きむら 기무라(일본인 성씨)
わたし 나, 저
かいしゃいん 회사원

TRACK 027

3

와 따 시 와 　캉 꼬 꾸 노 　각 세 - 데 스
わたしは かんこくの がくせいです。
저는 / 한국(의) / 학생입니다.

키 무 라 상 와 　각 세 - 데 스 까
きむらさんは、がくせいですか。
기무라 씨는 / 학생입니까?

인칭 대명사

「わたし」는 자기 자신을 가리키는 1인칭 대명사입니다.

인칭 대명사	1인칭	2인칭	3인칭
남녀 공통	わたし 나, 저 わたくし 저	あなた 당신	かれ 그 かのじょ 그녀

の의 용법

「の」는 '~의'라는 뜻의 조사로, 크게 세 가지 용법이 있는데, 위 문장에서 「の」는 ② 명사와 명사를 연결하는 역할을 했습니다.

① 소유격 조사: '~의'　　わたしの かさ 나의 우산, 내 우산

② 명사와 명사를 연결: 앞의 명사와 뒤의 명사의 여러 관계를 나타내요.

にほんごの ほん 일본어 책 [성질]	かんこくの がくせい 한국 학생 [국적]	しゃちょうの やまもと 사장인 야마모토 [자격]

● 우리말로 해석하지는 않지만 절대 생략할 수 없어요!

③ 소유 대명사: '~의 것'　　わたしのです。 내(제) 것입니다.

명사 + ですか ~입니까?

「~です ~입니다」 뒤에 「か」를 붙이면 의문형이 됩니다.

すずきさんの ともだちですか。 스즈키 씨의 친구입니까?

***

1 2인칭의 「あなた」는 한국어의 '당신'과 마찬가지로 상대방에게 직접 호칭하면 정중하지 않은 느낌을 줄 수 있기 때문에 「あなた」 대신 「성+さん」으로 부르는 것이 좋습니다.

2 「あなた」는 '여보, 당신'의 의미로 아내가 남편을 부를 때도 사용합니다.

WORDS

かんこく 한국
がくせい 학생
~さん ~씨
かさ 우산
にほんご 일본어
ほん 책
しゃちょう 사장
やまもと 야마모토(일본인 성씨)
ともだち 친구

TRACK 028

이 - 에 　 각 세 - 쟈 　 아 리 마 셍
いいえ、がくせいじゃ ありません。
아니요, 학생이 아닙니다.

いいえ 아니요

「いいえ」는 부정을 나타내는 대답입니다. 긍정의 대답은 「はい 네」입니다.

A えいごの せんせいですか。
영어 선생님입니까?

B いいえ、えいごの せんせいじゃ ありません。
아니요, 영어 선생님이 아닙니다.

> 「はい 네」와 같은 긍정의 의미로 회화에서는 「ええ 네」를 많이 사용합니다. 이때 「ええ」는 한 음절로 길게 늘려 「에-」라고 발음합니다.

명사 + じゃ ありません ~이/가 아닙니다

「명사 + です ~입니다」의 정중한 부정 표현은 「명사 + じゃ ありません」입니다. 「~じゃ ありません」은 「~では ありません」의 형태로도 쓰는데, 회화에서는 「~じゃ ありません」 쪽을 더 많이 씁니다.

わたしは かんこくじんじゃ ありません。
저는 한국인이 아닙니다.

きむらさんは がくせいじゃ ありません。
기무라 씨는 학생이 아닙니다.

> 「~じゃ ありません」보다 가벼운 회화체 표현으로 「~じゃ ないです」를 사용하기도 하니 함께 알아 두세요.

WORDS

えいご 영어
せんせい 선생님
かんこくじん 한국인

✻  실전 같은 문형 연습

TRACK 029

1

코 찌 라 와 키 무 라 상 데 스
こちらは きむらさんです。

이 분은 기무라 씨입니다.

①	かのじょ	がくせい
②	かれ	かんこくじん
③	せんせい	にほんじん
④	すずきさん	かいしゃいん

WORDS

かのじょ 그녀
がくせい 학생
かれ 그
かんこくじん 한국인
せんせい 선생님
にほんじん 일본인
すずき 스즈키(일본인 성씨)
かいしゃいん 회사원

TRACK 030

2

캉 꼬 꾸 노 각 세 - 데 스
かんこくの がくせいです。

한국 학생입니다.

①	にほんご	ほん
②	かんこく	にんぎょう
③	かんこくご	じしょ
④	えいご	せんせい

WORDS

にほんご 일본어
ほん 책
かんこく 한국
にんぎょう 인형
かんこくご 한국어
じしょ 사전
えいご 영어

TRACK 031

키 무 라 상 와 각 세 - 데 스 까
きむらさんは がくせいですか。

기무라 씨는 학생입니까?

① キムさん　ちゅうごくじん

② スミスさん　えいごの せんせい

③ かれ　ともだち

④ せんせい　アメリカじん

WORDS

キム 김(성씨)
ちゅうごくじん 중국인
スミス 스미스(성씨)
ともだち 친구
アメリカじん 미국인

TRACK 032

4

이 - 에 각 세 - 쟈 아 리 마 셍
いいえ、がくせいじゃ ありません。

아니요, 학생이 아닙니다.

① かいしゃいん

② わたしの こども

③ かんこくじん

④ かれの ともだち

WORDS

わたし 나, 저
こども 아이

✱ 술술 나오는 회화

TRACK 033 | 034 | 035

ミンジュン

콘 니 찌 와　유 나 상

こんにちは。ユナさん。

ユナ

콘 니 찌 와　민 준 상

こんにちは。ミンジュンさん。

ミンジュン

코 찌 라 와　키 무 라 상 데 스

こちらは、きむらさんです。

きむら

하 지 메 마 시 떼　키 무 라 쯔 요 시 데 스

はじめまして。きむらつよしです。

도 - 조　요 로 시 꾸　오 네 가 이 시 마 스

どうぞ よろしく おねがいします。

ユナ

키 무　유 나 데 스

キム・ユナです。

와 따 시 와　캉 꼬 꾸 노　각 세 - 데 스

わたしは かんこくの がくせいです。

키 무 라 상 와　각 세 - 데 스 까

きむらさんは がくせいですか。

きむら

이 - 에　각 세 - 쟈　아 리 마 셍

いいえ、がくせいじゃ ありません。

카 이 샤 잉 데 스

かいしゃいんです。

WORDS　　TRACK 036

こんにちは 안녕하세요? [점심 인사]	～さん ~씨	こちら 이쪽, 이 분
～は ~은/는	～です ~입니다	はじめまして 처음 뵙겠습니다
わたし 나, 저	かんこく 한국	～の ~의
がくせい 학생	～ですか ~입니까?	いいえ 아니요
～じゃ ありません ~이/가 아닙니다	かいしゃいん 회사원	

TRACK 037

민준　안녕하세요. 유나 씨.

유나　안녕하세요. 민준 씨.

민준　이쪽은 기무라 씨입니다.

기무라　처음 뵙겠습니다. 기무라 츠요시입니다.
잘 부탁드립니다.

유나　김유나입니다.
저는 한국(의) 학생입니다.
기무라 씨는 학생인가요?

기무라　아니요, 학생이 아닙니다.
회사원이에요.

독학 플러스

• **どうぞ　よろしく　おねがいします。** 아무쪼록 잘 부탁드립니다.

'(앞으로도) 여러 가지로 잘 부탁드리겠습니다'라는 뜻이 함축된 표현입니다. 일본 사람들은 구체적인 말보다는 여러 의미가 함축되어 있는 표현을 즐겨 사용합니다. 또, 남에게 부탁을 하거나 폐를 끼치는 일은 삼가는 경향이 있습니다. 따라서 처음 만난 사람에게 하기 어려운 말을 인사말로서 대신하게 된 표현이 「どうぞ　よろしく　おねがいします」입니다. 간단하게 「よろしく　おねがいします」 혹은 「どうぞ　よろしく 잘 부탁해」라고 말하기도 하는데, 이 인사말 한 마디면 무언가 상대방에게 도움을 구하거나 아쉬운 일이 생겼을 때 유용하게 사용할 수 있습니다.

✱ 도전! 연습문제

1 다음 단어를 잘 듣고 맞는 것을 고르세요. TRACK 038

(1) ① こんにちは ② こんばんは
③ どうぞ ④ はじめまして

(2) ① がくせい ② かくせ
③ がくぜい ④ かくぜ

2 다음 문장을 발음에 주의하여 잘 읽어 보세요.

(1) こちらは きむらさんです。

(2) かんこくの がくせいです。

(3) きむらさんは がくせいですか。

(4) いいえ、がくせいじゃ ありません。

3 다음 우리말 의미를 참고하여 빈칸에 들어갈 알맞은 일본어를 써 보세요.

(1) わたしは ＿＿＿＿＿＿＿＿です。
저는 회사원입니다.

(2) ＿＿＿＿＿＿＿＿は きむらさんです。
이쪽은 기무라 씨입니다.

(3) きむらさんは せんせい＿＿＿＿＿ ＿＿＿＿＿＿＿＿＿＿。
기무라 씨는 선생님이 아닙니다.

(4) かのじょは かんこく＿＿＿＿＿ がくせいですか。
그녀는 한국(의) 학생입니까?

음성 듣기

4 **다음 주어진 어휘와 문형을 참고하여 자기소개를 하거나 친구를 다른 사람에게 소개해 봅시다.**

こんにちは
こちら
～は
～です
はじめまして
わたし
がくせい
かいしゃいん
かんこく
の
ちゅうごく
どうぞ
よろしく
おねがいします

(1) 자기소개하기

(2) 친구에게 다른 사람 소개하기

5 **다음 문장의 ＿★＿에 들어갈 가장 적당한 것을 1・2・3・4에서 하나 고르세요.**

(1) わたし＿＿＿　＿＿＿　＿★＿　＿＿＿　です。

1 がくせい　　2 は　　3 の　　4 かんこく

(2) いいえ、わたし＿＿＿　＿★＿　＿＿＿　＿＿＿。

1 は　　2 がくせい　　3 ありません　　4 じゃ

UNIT 02

きのうは やすみでしたか。

키노-와 야스미데시따까

어제는 휴일이었습니까?

영상 보기

✳ 학습 내용

- 명사의 정중한 과거 표현
  명사 + でした
- 명사의 정중한 과거 의문 표현
  명사 + でしたか
- 명사의 정중한 과거 부정 표현
  명사 + じゃ なかったです
- 요일을 나타내는 표현
- 지시 대명사
  こ・そ・あ・ど

✳ 확인해 볼까요?

1 ________は きむらさんです。
이쪽은 기무라 씨입니다.

2 かんこく_____ がくせいです。
한국(의) 학생입니다.

3 きむらさんは
がくせい____________。
기무라 씨는 학생입니까?

4 いいえ、がくせい________
____________。
아니요, 학생이 아닙니다.

✱ 

회화의 토대는 문법

TRACK 039

키 노 - 와 야 스 미 데 시 따 까

1 きのうは やすみでしたか。

어제는 / 휴일이었습니까?

때를 나타내는 표현

	과거		현재	미래	
일	おととい 그저께	きのう 어제	**きょう** 오늘	あした 내일	あさって 모레
주	せんせんしゅう 지지난 주	せんしゅう 지난주	**こんしゅう** 이번 주	らいしゅう 다음 주	さらいしゅう 다다음 주
월	せんせんげつ 지지난달	せんげつ 지난달	**こんげつ** 이번 달	らいげつ 다음 달	さらいげつ 다다음 달
년	おととし 재작년	きょねん 작년	**ことし** 올해	らいねん 내년	さらいねん 내후년

あしたは やすみです。
내일은 휴일입니다.

せんしゅうは やすみでした。
지난주는 휴가였습니다.

명사 + でしたか ~이었습니까?

명사 뒤에 「でしたか」를 붙이면 정중한 과거 의문 표현이 됩니다. 여기서 「か」는 의문을 나타냅니다.

かのじょは かしゅでしたか。
그녀는 가수였습니까?

かれは にほんごの せんせいでしたか。
그는 일본어 선생님이었습니까?

WORDS

やすみ 휴일, 휴가, 방학
かのじょ 그녀
かしゅ 가수
かれ 그
にほんご 일본어
~の ~의
せんせい 선생님

TRACK 040

음성 듣기

❷ やすみじゃ なかったです。

야 스 미 쟈 나 깟 따 데 스

휴일이 아니었습니다.

● 명사 + じゃ なかったです ~이/가 아니었습니다

명사 뒤에 「じゃ なかったです」를 붙이면 정중한 과거 부정 표현이 됩니다.

かのじょは かしゅじゃ なかったです。
그녀는 가수가 아니었습니다.

かれは にほんごの せんせいじゃ なかったです。
그는 일본어 선생님이 아니었습니다.

すずきさんの でんわばんごうじゃ なかったです。
스즈키 씨의 전화번호가 아니었습니다.

✳✳✳

1 「～じゃ なかったです」를 보다 정중하게 표현하려면 「～じゃ ありませんでした」 또는 「～では ありませんでした」라고 합니다. 단, 회화에서는 「～じゃ なかったです」의 형태가 많이 사용됩니다.

2 「じゃ」는 「では」의 축약형입니다.

WORDS

でんわばんごう 전화번호

TRACK 041

3

모 꾸 요 - 비 까 라 도 요 - 비 마 데
もくようびから どようびまで

목요일부터 토요일까지

슛 쬬 - 데 시 따
しゅっちょうでした。

출장이었습니다.

요일을 나타내는 표현

월요일	화요일	수요일	목요일	금요일	토요일	일요일
月曜日(げつようび)	火曜日(かようび)	水曜日(すいようび)	木曜日(もくようび)	金曜日(きんようび)	土曜日(どようび)	日曜日(にちようび)

✳✳✳

무슨 요일인지 물어볼 때는「なんようびですか 무슨 요일입니까?」라고 합니다.

~から ~まで ~부터 ~까지

「~から ~부터, 에서」는 시작점이나 출발점 등을 나타내는 조사이며,「~まで ~까지」는 시간이나 장소 등의 도달점, 한계점 등을 나타내는 조사입니다.

きょうから あしたまで バイトです。
오늘부터 내일까지 아르바이트입니다.

にほんから かんこくまで
일본에서 한국까지

✳✳✳

명사의 반말 과거 표현은「~だった ~(이)었다」를 붙이면 된다는 것도 함께 기억해 두세요.

예 しゅっちょう**だった**。
출장이었다.

명사 + でした ~이었습니다

명사 뒤에「でした」를 붙이면 정중한 과거 표현이 됩니다.

きのうは てつやでした。
어제는 철야였습니다.

WORDS

しゅっちょう 출장
きょう 오늘
あした 내일
バイト 아르바이트
きのう 어제
てつや 철야, 밤새움

음성 듣기

TRACK 042

4 これは おかしですか。

코레와 오카시데스까

이것은 과자입니까?

지시 대명사 こ・そ・あ・ど 이·그·저·어느

「これ」는 '이것'이라는 뜻의 지시 대명사로, 말하는 사람 가까이에 있는 물건 또는 사람 이외의 동물, 식물을 가리킬 때 사용됩니다. 상대방 쪽에 가까이에 있는 것을 가리킬 때는 「それ 그것」, 말하는 사람이나 상대방 모두에게서 멀리 떨어져 있는 것을 가리킬 때는 「あれ 저것」, 어느 것인지 확실하지 않을 때는 「どれ 어느 것」을 사용합니다. 이외에도 명사를 수식하는 지시 대명사, 장소와 방향을 가리키는 지시 대명사가 있습니다.

これ 이것

それ 그것

あれ 저것

명사 수식		사물을 가리킬 때	장소를 가리킬 때	방향을 가리킬 때
この 이	こんな 이런	これ 이것	ここ 여기	こちら 이쪽
その 그	そんな 그런	それ 그것	そこ 거기	そちら 그쪽
あの 저	あんな 저런	あれ 저것	あそこ 저기	あちら 저쪽
どの 어느	どんな 어떤	どれ 어느 것	どこ 어디	どちら 어느 쪽

＊＊＊

회화에서는 캐주얼하게 다음과 같이 말하기도 합니다.

こちら → こっち
そちら → そっち
あちら → あっち
どちら → どっち

WORDS

おかし 과자

TRACK 043

키 노 - 와 야 스 미 데 시 따 까
きのうは やすみでしたか。

어제는 휴일이었습니까?

①	にちようび	バイト
②	がっこう	やすみ
③	せんしゅう	しゅっちょう
④	きのう	てつや

WORDS

にちようび 일요일
バイト 아르바이트
がっこう 학교
やすみ 휴일, 휴가, 방학
せんしゅう 지난주
しゅっちょう 출장
きのう 어제
てつや 철야, 밤새움

TRACK 044

야 스 미 쟈 나 깟 따 데 스
やすみじゃ なかったです。

휴일이 아니었습니다.

①	かんこくじん
②	がくせい
③	すずきさんの でんわばんごう
④	かのじょの にんぎょう

WORDS

かんこくじん 한국인
がくせい 학생
でんわばんごう 전화번호
にんぎょう 인형

TRACK 045

3

모 꾸 요 - 비 까 라 도 요 - 비 마 데 슛 쵸 - 데 시 따
もくようびから どようびまで しゅっちょうでした。

목요일부터 토요일까지 출장이었습니다.

①	おととい	きょう	しごと
②	げつようび	きんようび	じゅぎょう
③	あさ	ばん	あめ
④	せんしゅう	こんしゅう	やすみ

WORDS

おととい 그저께
きょう 오늘
しごと 일
げつようび 월요일
きんようび 금요일
じゅぎょう 수업
あさ 아침
ばん 밤
あめ 비
こんしゅう 이번 주

TRACK 046

코 레 와 오 카 시 데 스 까
これは おかしですか。

이것은 과자입니까?

①	それ	ほん
②	あれ	じしょ
③	ここ	へや
④	あそこ	がっこう

WORDS

それ 그것
ほん 책
あれ 저것
じしょ 사전
ここ 여기
へや 방
あそこ 저기

TRACK 047 | 048 | 049

ユナ

키 무 라 상 키 노 - 와 야 스 미 데 시 따 까
きむらさん、きのうは やすみでしたか。

きむら

이 - 에 야 스 미 쟈 나 깟 따 데 스
いいえ、やすみじゃ なかったです。

ユナ

도 요 - 비 모 시 고 또 데 스 까
どようびも しごとですか。

きむら

모 꾸 요 - 비 까 라 도 요 - 비 마 데 슛 쵸 - 데 시 따
もくようびから どようびまで しゅっちょうでした。

코 레 오 미 야 게 데 스
これ、おみやげです。

ユナ

코 레 와 오 카 시 데 스 까
これは おかしですか。

きむら

이 - 에 소 레 와 오 카 시 쟈 아 리 마 셍
いいえ、それは おかしじゃ ありません。

오 챠 데 스
おちゃです。

WORDS TRACK 050

~さん ~씨	きのう 어제	~は ~은/는
やすみ 휴일, 휴가, 방학	~でしたか ~이었습니까?	いいえ 아니요
~じゃ なかったです ~이/가 아니었습니다	どようび 토요일	~も ~도
しごと 일	~ですか ~입니까?	もくようび 목요일
~から ~부터, ~에서	~まで ~까지	しゅっちょう 출장
~でした ~이었습니다	おかし 과자	~じゃ ありません ~이/가 아닙니다
おちゃ 차		

TRACK 051

유나	기무라 씨, 어제는 휴일이었어요?
기무라	아니요, 휴일이 아니었어요.
유나	토요일도 일해요?
기무라	목요일부터 토요일까지 출장이었어요. 이거, 선물이에요.
유나	이건 과자예요?
기무라	아니요, 그건 과자가 아니에요. 차예요.

독학 플러스

● **これ・それ・あれ** 이것·그것·저것

말하는 사람 가까운 쪽의 사물을 가리킬 때에는 「これ 이것」, 듣는 사람 가까운 쪽의 사물을 가리킬 때에는 「それ 그것」로 나타내므로, 「これ 이것」로 물으면 「それ 그것」로 대답하는 경우가 많습니다. 또한, 말하는 사람이나 상대방 모두에게서 멀리 떨어져 있는 사물을 가리킬 때에는 「あれ 저것」로 나타내므로 「あれ 저것」로 물으면 「あれ 저것」로 대답합니다.

● **おみやげ** 선물, 기념품

「おみやげ」는 여행이나 출장을 다녀오면서 그 지역에서 사오는 선물이나 기념품을 말합니다. 따라서 '선물'이라는 뜻의 「プレゼント」와는 구분해서 사용합니다.

✱ 도전! 연습문제

1 다음 단어를 잘 듣고 맞는 것을 고르세요. TRACK 052

(1) ① とようび　　② どようび
　　③ とようひ　　④ どようひ

(2) ① ぜんしゆう　　② ぜんしゅう
　　③ せんしゆう　　④ せんしゅう

2 다음 문장을 발음에 주의하여 잘 읽어 보세요.

(1) きのうは やすみでしたか。

(2) やすみじゃ なかったです。

(3) もくようびから どようびまで しゅっちょうでした。

(4) これは おかしですか。

3 다음 우리말 의미를 참고하여 빈칸에 들어갈 알맞은 일본어를 써 보세요.

(1) きのうは しゅっちょう__________か。
어제는 출장이었습니까?

(2) かのじょは かしゅ______ __________。
그녀는 가수가 아니었습니다.

(3) きょう______ あした______ しゅっちょうです。
오늘부터 내일까지 출장입니다.

(4) ______ ほんですか。
그것은 책입니까?

4 다음 질문을 읽고 자신의 상황에 맞춰 대답해 봅시다.

(1) きのうは やすみでしたか。

(2) きょうは なんようびですか。

(3) あしたは なんようびですか。

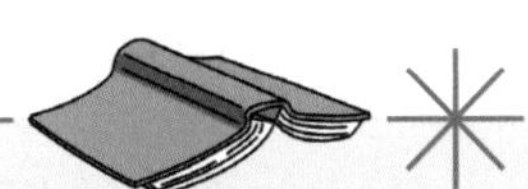

5 다음 문장의 ＿★＿에 들어갈 가장 적당한 것을 1・2・3・4에서 하나 고르세요.

(1) きのう ＿＿＿ ＿★＿ ＿＿＿ ＿＿＿です。

1 やすみ　2 なかった　3 は　4 じゃ

(2) もくようび＿＿＿ ＿＿＿ ＿★＿ ＿＿＿でした。

1 から　2 まで　3 どようび　4 しゅっちょう

UNIT 03

きょうは あついですね。

쿄-와 아쯔이데스네

오늘은 덥네요.

영상 보기

✳ 학습 내용

- い형용사의 기본형
  ～い
- い형용사의 정중한 표현
  ～いです
- い형용사의 연결 표현(て형)
  ～くて
- い형용사의 부정 표현(ない형)
  ～く ない
- い형용사의 과거 표현(た형)
  ～かった
- い형용사의 과거 부정 표현
  ～く なかった

✳ 확인해 볼까요?

1 きのうは やすみ＿＿＿＿＿。
어제는 휴일이었습니까?

2 やすみ＿＿＿ ＿＿＿＿＿。
휴일이 아니었습니다.

3 ＿＿＿＿＿から ＿＿＿＿＿
まで しゅっちょう＿＿＿＿＿。
목요일부터 토요일까지 출장이었습니다.

4 ＿＿＿は おかしですか。
이것은 과자입니까?

TRACK 053

1

쿄 - 와 아 쯔 이 데 스 네
きょうは あついですね。
오늘은 덥네요.

い 형용사 기본형: ～い ~(하)다

일본어의 형용사에는 「い형용사」와 「な형용사」가 있습니다. 우선, 이번 과에서는 「い형용사」에 대해 배워 보겠습니다. 「い형용사」의 기본형은 어미가 「～い」로 끝납니다.

おいしい 맛있다

さむい 춥다

おもしろい 재미있다

たかい 높다, 비싸다

명사를 수식할 때는 い형용사 기본형 그대로 명사 앞에 붙입니다.

예 **おもしろい** ほん
재미있는 책

い형용사의 정중한 표현: ～い ＋ です ~입니다

い형용사 기본형 어미 「い」 뒤에 「です」를 붙이면 정중한 표현이 됩니다.

おいしいです 맛있습니다

さむいです 춥습니다

おもしろいです 재미있습니다

たかいです 높습니다, 비쌉니다

WORDS

きょう 오늘
あつい 덥다
～ね ~네요, ~군요, ~이죠?
ほん 책

TRACK 054

2 かぜも なくて あついですね。

카 제 모 나 쿠 떼 아 쯔 이 데 스 네

바람도 없고 덥네요.

~も ~도

「~も」는 내용을 추가할 때 사용하는 조사입니다.

わたしも がくせいです。
저도 학생입니다 .

この ケーキも おいしいです。
이 케이크도 맛있습니다.

い형용사의 연결 표현(て형): ~く + て ~하고, ~해서

い형용사의 연결 표현은 て형이라고도 하며, 앞뒤 말을 연결하는 역할을 합니다. 사물이나 사람의 성질·상태를 열거하거나 감정적이고 직설적인 원인·이유를 나타내기도 합니다. 만드는 방법은 い형용사의 어미 「い」를 「く」로 바꾼 다음, 「て」를 붙이면 됩니다.

たなかさんは やさしくて おもしろいです。
다나카 씨는 상냥하고 재미있습니다.

なつは あつくて ふゆは さむいです。
여름은 덥고, 겨울은 춥습니다.

WORDS

かぜ 바람
ない 없다
ケーキ 케이크
おいしい 맛있다
やさしい 상냥하다, 쉽다
なつ 여름
ふゆ 겨울

TRACK 055

3 にほんより あつく ないです。

니 혼 요 리 아 쯔 꾸 나 이 데 스

일본보다 덥지 않습니다.

● ～より ~보다

「～より」는 비교를 나타낼 때 사용하는 조사입니다.

かれは わたしより せが たかいです。
그는 저보다 키가 큽니다.

> ✳✳✳
> 비교의 기준을 나타내는 「～より ~보다」는 주로 비교의 대상이 되는 「～ほう ~쪽」와 함께 사용하는 경우가 많습니다. (p.76 참고)

● い형용사의 부정 표현(ない형): ～く＋ない ~지 않다

い형용사의 부정 표현은 「ない」가 붙는다고 해서 ない형이라고도 합니다. 만드는 방법은 い형용사의 어미 「い」를 「く」로 바꾼 뒤, 뒤에 부정을 나타내는 「ない」를 붙이면 됩니다.

또한, い형용사의 정중한 부정 표현은 「～く ないです」가 됩니다.

おいしく ない。
맛있지 않다.

おいしく ないです。
맛있지 않습니다.

おもしろく ない。
재미있지 않다.

おもしろく ないです。
재미있지 않습니다.

> ✳✳✳
> い형용사의 부정 표현 역시 명사 앞에 바로 붙여 수식할 수 있어요.
> 예 たかく ない かばん
> 비싸지 않은 가방

WORDS

せが たかい 키가 크다
おいしい 맛있다
おもしろい 재미있다

TRACK 056

4

아메와 오-깟따데스가
あめは おおかったですが、
비는 많았지만,

아마리 아쯔꾸 나깟따데스
あまり あつく なかったです。
그다지 덥지 않았습니다.

い형용사의 과거 표현(た형) : ~かった ~었다, ~했다

い형용사의 과거 표현은 「た」가 붙는다고 해서 た형이라고도 합니다. 만드는 방법은 い형용사의 어미 「い」를 떼고 뒤에 과거를 나타내는 「かった」를 붙여 만듭니다. 또한, い형용사의 정중한 과거 표현은 「~かったです」가 됩니다.

おいしかった。 맛있었다.

おいしかったです。 맛있었습니다.

おもしろかった。 재미있었다.

おもしろかったです。 재미있었습니다.

い형용사의 과거 부정 표현 : ~く + なかった ~지 않았다

い형용사의 과거 부정 표현은 い형용사의 어미 「い」를 「く」로 바꾼 다음, 뒤에 「なかった」를 붙이면 됩니다. 또한, い형용사의 정중한 과거 부정 표현은 「~く なかったです」가 됩니다.

おいしく なかった。 맛있지 않았다.

おいしく なかったです。 맛있지 않았습니다.

おもしろく なかった。 재미있지 않았다.

おもしろく なかったです。 재미있지 않았습니다.

***

「~く なかったです ~지 않았습니다」를 보다 정중하게 「~く ありませんでした」로 표현할 수 있습니다.

또, 「~くなかったです ~지 않았습니다」를 「~く ないでした」로 잘못 쓰지 않도록 주의합시다!

WORDS

あめ 비

おおい 많다

あまり 그다지, 별로

✱  실전 같은 **문형 연습**

TRACK 057

1

쿄 - 와 아 쯔 이 데 스 네

きょうは あつ118いですね。

오늘은 덥네요.

①	この とんかつ	おいしい
②	ふゆ	さむい
③	この ほん	むずかしい
④	かのじょ	せが たかい

WORDS

この 이
とんかつ 돈가스
おいしい 맛있다
ふゆ 겨울
さむい 춥다
ほん 책
むずかしい 어렵다
かのじょ 그녀
せが たかい 키가 크다

TRACK 058

2

카 제 모 나 쿠 떼 아 쯔 이 데 스

かぜも なくて あついです。

바람도 없고 덥습니다.

①	やすい	おいしい
②	やさしい	おもしろい
③	ひろい	たかい
④	あかい	あまい

WORDS

やすい 싸다
やさしい 쉽다, 상냥(다정)하다
おもしろい 재미있다
ひろい 넓다
たかい 비싸다, 높다
あかい 빨갛다
あまい 달다

TRACK 059

3

니 혼 요 리 아 쯔 꾸 나 이 데 스
にほんより あつく ないです。

일본보다 덥지 않습니다.

①	あなた	せが たかい
②	きのう	さむい
③	その みせ	やすい
④	この りんご	あかい

WORDS

あなた 당신
きのう 어제
その 그
みせ 가게
りんご 사과

TRACK 060

4

아 메 와 오 - 깟 따 데 스 가
あめは おおかったですが、

아 마 리 아 쯔 꾸 나 깟 따 데 스
あまり あつく なかったです。

비는 많았지만(많이 왔지만), 그다지 덥지 않았습니다.

①	やすみは ながい	おもしろい
②	その へやは ひろい	たかい
③	ケーキは おいしい	あまい
④	かれは やさしい	せが たかい

WORDS

やすみ 휴일, 휴가, 방학
へや 방
ケーキ 케이크
かれ 그(3인칭)

술술 나오는 회화

TRACK 061 | 062 | 063

ミンジュン

쿄 - 와 아 쯔 이 데 스 네
きょうは あついですね。

きむら

소 - 데 스 네
そうですね。

아 사 까 라 카 제 모 나 쿠 테 아 쯔 이 데 스 네
あさから かぜも なくて あついですね。

캉 꼬 꾸 노 나 쯔 모 아 쯔 이 데 스 까
かんこくの なつも あついですか。

ミンジュン

하 이 데 모 니 혼 요 리 아 쯔 꾸 나 이 데 스
はい。でも にほんより あつく ないです。

きむら

쿄 넨 노 나 쯔 와 도 - 데 시 타 까
きょねんの なつは どうでしたか。

ミンジュン

쿄 넨 노 나 쯔 와 아 메 가 오 - 깟 따 데 스 가
きょねんの なつは あめが おおかったですが、

아 마 리 아 쯔 꾸 나 깟 따 데 스
あまり あつく なかったです。

WORDS TRACK 064

きょう 오늘	あつい 덥다	そうですね 그렇군요, 그렇네요	あさ 아침
～から ~부터, ~에서	かぜ 바람	～も ~도	ない 없다
かんこく 한국	～の ~의	なつ 여름	はい 네
でも 하지만, 근데	にほん 일본	～より ~보다	きょねん 작년
どうでしたか 어땠습니까?	あめ 비	～が ~이/가	おおい 많다

TRACK 065

민준　오늘은 덥네요.

기무라　그렇네요.
아침부터 바람도 없고 덥군요.
한국의 여름도 덥나요?

민준　네. 하지만 일본보다 덥지 않아요.

기무라　작년 여름은 어땠나요?

민준　작년 여름은 비가 많이 내렸습니다만,
그다지 덥진 않았어요.

✳ 독학 플러스 ✳

● ～が ~이지만, ~이기는 하나

「です」 뒤에 문장과 문장을 잇는 접속 조사 「が」를 붙이면 '~입니다만, ~이긴 한데요'라는 뜻이 되며, 앞뒤 문장에는 서로 대립되는 내용이 옵니다. 참고로, 회화에서는 「～けど ~이지만, ~인데」를 많이 씁니다.

● あまり ～ない 그다지 ~지 않다

「あまり」 뒤에 부정 표현이 올 경우에는 '그다지, 그리, 별로'라고 해석됩니다. 참고로 긍정문에서는 '너무, 지나치게'라는 뜻으로 사용됩니다.

✳  도전! 연습문제

듣기

1 다음 단어를 잘 듣고 맞는 것을 고르세요. TRACK 066

(1) ① あつい ② あづい

③ あすい ④ あずい

(2) ① おしい ② おいし

③ おいじい ④ おいしい

읽기

2 다음 문장을 발음에 주의하여 잘 읽어 보세요.

(1) きょうは あついですね。

(2) かぜも なくて あついです。

(3) にほんより あつく ないです。

(4) あめは おおかったですが、あまり あつく なかったです。

쓰기

3 다음 우리말 의미를 참고하여 빈칸에 들어갈 알맞은 일본어를 써 보세요.

(1) きょうは ＿＿＿＿＿＿ですね。

오늘은 춥네요.

(2) りんごは ＿＿＿＿＿＿ あまいです。

사과는 빨갛고 답니다.

(3) にほんより ＿＿＿＿＿＿ ＿＿＿＿＿です。

일본보다 싸지 않습니다.

(4) その へやは ＿＿＿＿＿＿＿＿＿ですが、

あまり たかく なかったです。

그 방은 넓었지만, 그다지 비싸지 않았습니다.

4 학습한 어휘와 문형을 이용하여 제시된 우리말을 일본어로 말해 봅시다.

(1) 돈가스는 맛있습니다.

(2) 여름은 덥고, 겨울은 춥습니다.

(3) 그는 저보다 키가 크지 않습니다.

(4) 그 방은 비쌌지만, 넓지 않았습니다.

시험대비

5 다음 문장의 ___★___에 들어갈 가장 적당한 것을 1・2・3・4에서 하나 고르세요.

(1) きょうは ＿＿＿ ＿＿＿ ＿★＿ ＿＿＿です。

1 なくて　　2 も　　3 あつい　　4 かぜ

(2) かんこくは ＿＿＿ ＿＿＿ ＿★＿ ＿＿＿です。

1 より　　2 ない　　3 にほん　　4 あつく

UNIT 04

오 챠 가
おちゃが
이 치 방 스 끼 데 스
いちばん すきです。

차를 가장 좋아합니다.

영상 보기

✳ 학습 내용

- な형용사의 기본형
  ～だ
- な형용사의 정중한 표현
  ～です
- な형용사의 부정 표현(ない형)
  ～じゃ ない
- な형용사의 정중한 과거 표현
  ～でした
- 숫자와 시간을 나타내는 표현

✳ 확인해 볼까요?

1 きょうは ________ね。
오늘은 덥네요.

2 かぜも ________ ________ですね。
바람도 없고 덥네요.

3 にほんより ________ ________です。
일본보다 덥지 않습니다.

4 あめは ________ですが、あまり ________ ________です。
비는 많았지만, 그다지 덥지 않았습니다.

TRACK 067

1

오 챠 가 이 찌 방 스 끼 데 스
おちゃが いちばん すきです。
차를 가장 좋아합니다.

● な형용사의 기본형: ～だ

이번 과에서는 「な형용사」에 대해 배워 봅시다. 「な형용사」의 기본형은 어미가 「～だ」로 끝납니다.

すきだ 좋아하다

しんせつだ 친절하다

べんりだ 편리하다

きれいだ 예쁘다, 깨끗하다

● な형용사의 정중한 표현: ～だ ＋ です ~입니다

な형용사의 기본형 어미 「だ」를 떼고 「～です」를 붙이면 정중한 표현이 됩니다.

すきです 좋아합니다

しんせつです 친절합니다

べんりです 편리합니다

きれいです 예쁩니다, 깨끗합니다

● ～が すきだ ~을/를 좋아하다

な형용사 중 예외적으로 「すきだ 좋아하다」는 '~을/를 좋아하다'라고 표현할 때 조사 「を ~을/를」가 아닌 「が ~이/가」를 쓴다는 점에 주의해야 합니다. 참고로, 다음의 な형용사도 「が」를 취하므로 함께 기억해 두세요.

すきだ 좋아하다

じょうずだ 잘하다

きらいだ 싫어하다

へただ 못하다, 서투르다

***

な형용사가 뒤에 오는 명사를 수식할 때는 な형용사의 어미 「だ」가 「な」로 바뀌기 때문에 な형용사라는 이름으로 불린답니다. 단, '같다'라는 뜻의 「おなじだ」는 예외적으로 な를 떼고 명사를 수식해요.

예 **すきだ**
좋아하다
すきな ほん
좋아하는 책

おなじだ
같다
おなじ ひと
같은 사람

WORDS

おちゃ 차
～が ~이/가
いちばん 가장, 제일
ひと 사람

TRACK 068

2 오 챠 와 아 마 리 스 끼 쟈 나 이 데 스
おちゃは あまり すきじゃ ないです。
차는 그다지 좋아하지 않습니다.

な형용사의 부정 표현(ない형): ～じゃ ない ~지 않다

な형용사의 부정 표현은 「ない」가 붙는다고 해서 ない형이라고도 합니다. 만드는 방법은 な형용사의 어미 「だ」를 떼고 「～じゃ ない」를 붙이면 됩니다.
또한, な형용사의 정중한 부정 표현은 「～じゃ ないです ~지 않습니다」가 됩니다.

えいごは じょうずじゃ ないです。
영어는 잘하지 못합니다.

どようびは ひまじゃ ないです。
토요일은 한가하지 않습니다.

あの ひとは ゆうめいじゃ ないです。
저 사람은 유명하지 않습니다.

***
「～じゃ ないです ~지 않습니다」는 「～じゃ ありません」의 형태로도 쓰입니다. 단, 회화에서는 「～じゃ ないです」의 형태가 많이 사용됩니다.

WORDS

あまり 그다지, 별로
えいご 영어
どようび 토요일
ひまだ 한가하다
あの ひと 저 사람
ゆうめいだ 유명하다

TRACK 069

3

오 챠 요 리 코 - 히 - 노 호 - 가
おちゃより コーヒーの ほうが
차보다 커피 쪽을

스 키 데 시 따
すきでした。
좋아했습니다.

● ～より ～の ほうが ~보다 ~쪽이 (더)

두 가지 사물이나 사항을 서로 비교할 때 사용하는 표현입니다.

この へやより あの へやの ほうが しずかです。
이 방보다 저 방 쪽이 더 조용합니다.

● な형용사의 정중한 과거 표현: ～でした ~(였)했습니다

な형용사의 정중한 표현인 「～です ~입니다」대신 「～でした」를 붙이면 됩니다. 앞에서 배운 명사의 정중한 과거 표현과 동일하다는 것도 잘 기억해 두세요. 참고로, '~지 않았습니다'라는 뜻의 정중한 과거 부정 표현은 「～じゃ なかったです」 또는 「～じゃ ありませんでした」입니다.

たなかさんの へやは きれいでした。
다나카 씨의 방은 깨끗했습니다.

あの みせの ひとは しんせつでした。
저 가게 사람은 친절했습니다.

かれは あまり まじめじゃ なかったです。
그는 그다지 성실하지 않았습니다.

✳✳✳

な형용사의 반말 표현을 정리해 봅시다.

예

しんせつだ
친절하다

しんせつじゃ **ない**
친절하지 않다

しんせつ**だった**
친절했다

しんせつじゃ **なかった**
친절하지 않았다

- 명사의 반말 표현도 동일한 방법으로 만들 수 있어요!

WORDS

コーヒー 커피　この 이~　へや 방　あの 저~　しずかだ 조용하다　きれいだ 깨끗하다, 예쁘다
みせ 가게　ひと 사람　しんせつだ 친절하다　まじめだ 성실하다

TRACK 070

いま　なんじですか。

(이마 난지데스까)

지금 / 몇 시입니까?

なんじ 몇 시

「なん」은 우리말의 '무엇'에 해당되는 대명사인데, 조수사와 함께 쓰일 경우에는 '몇~, 무슨~'의 뜻으로 사용됩니다.

なんぷん 몇 분　　なんにん 몇 명

なんさい 몇 살　　なんようび 무슨 요일

숫자 표현

일본어로 1에서 10까지 세는 법을 알아봅시다. 단, 4, 7, 9의 경우는 읽는 방법이 각각 두 가지가 있다는 것도 함께 알아 두세요.

1	2	3	4	5
いち	に	さん	**し・よん**	ご
6	7	8	9	10
ろく	**しち・なな**	はち	**きゅう・く**	じゅう

✳✳✳

1에서 10까지 세는 법을 알면, 99까지 쉽게 만들 수 있어요.

예 11 じゅういち
30 さんじゅう

십 단위 이상에서는 발음하기 쉬운 쪽인 よん, なな, きゅう로 발음하는 경우가 많아요.

예 14 じゅうよん
41 よんじゅういち
27 にじゅうなな
97 きゅうじゅうなな

시간 표현

일본어로 1시부터 12시까지는 숫자 뒤에 「～じ」를 붙여 읽으면 됩니다.

じ(時) 시					
1시	2시	3시	4시	5시	6시
いちじ	にじ	さんじ	**よじ**	ごじ	ろくじ
7시	8시	9시	10시	11시	12시
しちじ	はちじ	**くじ**	じゅうじ	じゅういちじ	じゅうにじ

WORDS

いま 지금

✳ 실전 같은 문형 연습

TRACK 071

❶

오 챠 가 이찌 방 스키데스

おちゃが いちばん すきです。

차를 가장 좋아합니다.

①	かのじょ	しんせつだ
②	スマホ	べんりだ
③	にほんご	じょうずだ
④	にちようび	ひまだ

WORDS

おちゃ 차
いちばん 가장, 제일
すきだ 좋아하다
しんせつだ 친절하다
スマホ 스마트폰
べんりだ 편리하다
にほんご 일본어
じょうずだ 잘하다
にちようび 일요일
ひまだ 한가하다

TRACK 072

❷

오 챠 와 아마리 스키 쟈 나이데스

おちゃは あまり すきじゃ ないです。

차는 그다지 좋아하지 않습니다.

①	この みせ	しずかだ
②	この へや	きれいだ
③	その かしゅ	ゆうめいだ
④	ちゅうごくご	じょうずだ

WORDS

みせ 가게
しずかだ 조용하다
へや 방
きれいだ 깨끗하다, 예쁘다
かしゅ 가수
ゆうめいだ 유명하다
ちゅうごくご 중국어

TRACK 073

3 오 차 요리 코-히-노 호-가 스키데시따
おちゃより コーヒーの ほうが すきでした。

차보다 커피 쪽을 더 좋아했습니다.

①	なつ	ふゆ	ひまだ
②	にほんご	えいご	へただ
③	たなかさん	すずきさん	まじめだ
④	ここ	そこ	きれいだ

WORDS

なつ 여름
ふゆ 겨울
えいご 영어
へただ 못하다, 서투르다
まじめだ 성실하다
ここ 여기
そこ 거기

TRACK 074

4 카레와 아마리 마지메 쟈 나깟따데스
かれは あまり まじめじゃ なかったです。

그는 그다지 성실하지 않았습니다.

①	パソコン	べんりだ
②	やさい	すきだ
③	その ドラマ	ゆうめいだ
④	せんせい	しんせつだ

WORDS

パソコン 컴퓨터
やさい 야채, 채소
すきだ 좋아하다
ドラマ 드라마
せんせい 선생님

✱ 

TRACK 075 | 076 | 077

きむら

유나 상 노미모노노 나까데 나니가 이찌방 스키데스까
ユナさん、のみものの なかで なにが いちばん すきですか。

ユナ

오 챠 가 이찌방 스키데스 키무라 상 와
おちゃが いちばん すきです。きむらさんは？

きむら

와따시와 오 챠 와 아마리 스키 쟈 나이데스
わたしは おちゃは あまり すきじゃ ないです。

오 챠 요리 코-히-노 호-가 스키데스
おちゃより コーヒーの ほうが すきです。

ユナ

소-데스까 와따시모 무까시와 오 챠 요리
そうですか。わたしも むかしは おちゃより

코-히-노 호-가 스키데시따
コーヒーの ほうが すきでした。

きむら

아 이마 난지데스까
あ、いま なんじですか。

요지까라 약 소꾸가 아리마스
4じから やくそくが あります。

ユナ

약 소꾸또 와따시또 도찌라가 다이지데스까
やくそくと わたしと どちらが だいじですか。

WORDS TRACK 078

のみもの 음료(수), 마실 것	なにが 무엇이	いちばん 가장, 제일
すきだ 좋아하다	おちゃ 차	わたし 나, 저
あまり 그다지, 별로	～じゃ ないです ~이/가 아닙니다	～より ~보다
コーヒー 커피	～の ほうが ~(의) 쪽이	そうですか 그렇습니까?
むかし 예전, 옛날	あ 아	いま 지금
なんじ 몇 시	4じ 4시	～から ~부터, ~에서
やくそく 약속	あります 있습니다	だいじだ 중요하다

TRACK 079

기무라　유나 씨, 음료 중에서 무엇을 가장 좋아해요?

유나　차를 가장 좋아해요. 기무라 씨는요?

기무라　저는 차는 그다지 좋아하지 않아요.
차보다 커피 쪽을 더 좋아해요.

유나　그래요? 저도 예전에는 차보다
커피 쪽을 더 좋아했어요.

기무라　아, 지금 몇 시예요?
4시부터 약속이 있어요.

유나　약속이랑 저랑 어느 쪽이 중요해요?

✳ 독학 플러스 ✳

• ～の　なかで ~(의) 중에서

어떤 범위 안에서 무언가를 고를 때 사용하는 표현입니다. 주로 「～の　なかで　～が　～ですか」의 형태로 쓰입니다.

• ～と　～と　どちらが　～ですか

~와/과 ~중 어느 쪽이 ~입니까?

두 개의 사항을 놓고 비교하여 질문할 때 사용하는 표현입니다.

도전! 연습문제

1 다음 단어를 잘 듣고 맞는 것을 고르세요. TRACK 080

(1) ① すきだ　② ずきだ
　③ すぎだ　④ ずぎだ

(2) ① ろくじ　② よじ
　③ しちじ　④ じゅうじ

읽기

2 다음 문장을 발음에 주의하여 잘 읽어 보세요.

(1) おちゃが いちばん すきです。

(2) おちゃは あまり すきじゃ ないです。

(3) おちゃより コーヒーの ほうが すきでした。

(4) かれは あまり まじめじゃ なかったです。

쓰기

3 다음 우리말 의미를 참고하여 빈칸에 들어갈 알맞은 일본어를 써 보세요.

(1) にほんごが いちばん ＿＿＿＿＿＿。
일본어를 가장 잘합니다.

(2) この へやは あまり きれい＿＿＿＿ ＿＿＿＿＿＿。
이 방은 그다지 깨끗하지 않습니다.

(3) なつより ふゆの ＿＿＿＿ ＿＿＿＿です。
여름보다 겨울 쪽이 한가합니다.

(4) やさいは あまり すき＿＿＿＿ ＿＿＿＿＿＿。
채소는 그다지 좋아하지 않았습니다.

4 다음 질문을 읽고 자신의 상황에 맞게 대답해 봅시다.

(1) なにが いちばん すきですか。(음료 중에서)

(2) えいごより にほんごの ほうが すきですか。

(3) あなたの へやは きれいですか。

(4) いま なんじですか。

5 다음 문장의 ＿★＿에 들어갈 가장 적당한 것을 1・2・3・4에서 하나 고르세요.

(1) おちゃ＿＿＿ ＿★＿ ＿＿＿ ＿＿＿です。

1 は　2 ない　3 じゃ　4 すき

(2) おちゃより ＿＿＿ ＿★＿ ＿＿＿ ＿＿＿でした。

1 の　2 ほうが　3 すき　4 コーヒー

UNIT 05

たんじょうびは いつですか。

(탄죠-비와 이쯔데스까)

생일은 언제입니까?

영상 보기

✳ 학습 내용

- 사람을 세는 표현
- 가족을 지칭하는 표현
- 날짜를 나타내는 표현
- 나이를 세는 표현

✳ 확인해 볼까요?

1 おちゃが いちばん

________________。

차를 가장 좋아합니다.

2 あまり すき________

________________。

그다지 좋아하지 않습니다.

3 おちゃより コーヒーの

________ すき ________。

차보다 커피 쪽을 좋아했습니다.

4 いま ________ですか。

지금 몇 시입니까?

TRACK 081

고 닝 카 조 꾸 데 스 까

1 5にん かぞくですか。

5인 가족입니까?

사람을 세는 표현

일본어로 사람을 셀 때는 우리말의 '한 명, 두 명, 세 명……'처럼 숫자 뒤에 '명'에 해당하는 인원수 세는 조수사 「にん(人)」을 붙여서 표현합니다. 단, '한 명(ひとり)', '두 명(ふたり)', '네 명(よにん)'의 경우는 읽는 법이 특이하니 주의하세요.

にん(人) ~명				
한 명	두 명	세 명	네 명	다섯 명
ひとり	**ふたり**	さんにん	**よにん**	ごにん
여섯 명	일곱 명	여덟 명	아홉 명	열 명
ろくにん	しちにん / ななにん	はちにん	きゅうにん	じゅうにん

일본어로 가족의 인원수를 묻고 답할 경우에는 인원수를 먼저 말하는 것이 일반적입니다.

A なんにん かぞくですか。
가족이 몇 명입니까?

B ろくにん かぞくです。
6인 가족입니다.

✳✳✳

일본어로 '몇 명입니까?'라고 물을 때는 「なんにんですか」라고 말하며, 식당 등에서 점원이 인원을 물을 때는 보다 정중하게 「なんめいさまですか 몇 분이세요?」라는 표현을 씁니다.

WORDS

かぞく 가족
なんにん 몇 명

TRACK 082

2

치 찌 또　하 하　소 시 떼
ちちと はは、そして、
아버지와　어머니,　그리고,

아 네 또　오 또 - 또 또　보 꾸 데 스
あねと おとうとと ぼくです。
누나와　남동생과　저입니다.

가족을 지칭하는 표현

일본어는 자신의 가족을 다른 사람 앞에서 말할 때와 다른 사람의 가족을 말할 때의 호칭이 다릅니다. 잘 구분해서 기억해 두세요.

✳✳✳
자신의 남동생이나 여동생을 부를 때는 우리와 마찬가지로 직접 이름을 부릅니다.

자신의 가족을 지칭할 때	다른 사람의 가족을 지칭할 때
そふ(祖父) 할아버지	おじいさん 할아버님
そぼ(祖母) 할머니	おばあさん 할머님
ちち(父) 아빠, 아버지	おとうさん 아버님
はは(母) 엄마, 어머니	おかあさん 어머님
あに(兄) 형, 오빠	おにいさん 형님, 오라버님
あね(姉) 누나, 언니	おねえさん 누님, 언니분
おとうと(弟) 남동생	おとうとさん 남동생분
いもうと(妹) 여동생	いもうとさん 여동생분

～と ~와/과

「～と」는 열거를 나타낼 때 사용하는 조사입니다.

ケーキと コーヒーが いちばん すきです。
케이크와 커피를 가장 좋아합니다.

WORDS

そして 그리고
ぼく 나, 저(남성이 사용하는 말)
ケーキ 케이크
コーヒー 커피
いちばん 가장, 제일
すきだ 좋아하다

회화의 토대는 문법

TRACK 083

탄 죠 - 비 와 이 쯔 데 스 까

3 たんじょうびは いつですか。

생일은 언제입니까?

● いつ 언제

날짜를 물을 때는「いつですか 언제입니까?」를 사용하여 말합니다.

けっこんしきは いつですか。 결혼식은 언제입니까?

● 날짜를 나타내는 표현

월을 말할 때는 숫자 뒤에 '월'을 나타내는「がつ(月)」를 붙입니다.

がつ(月) ~월					
1월	2월	3월	4월	5월	6월
いちがつ	にがつ	さんがつ	しがつ	ごがつ	ろくがつ
7월	8월	9월	10월	11월	12월
しちがつ	はちがつ	くがつ	じゅうがつ	じゅういちがつ	じゅうにがつ

날짜는 1~10일까지와 20일의 읽기 방법이 특이하므로 주의합시다. 나머지 날짜는 숫자 뒤에 '일'을 나타내는「にち(日)」를 붙여 말합니다.

1일	2일	3일	4일	5일	6일	7일
ついたち	**ふつか**	**みっか**	**よっか**	**いつか**	**むいか**	**なのか**
8일	9일	10일	11일	12일	13일	14일
ようか	**ここのか**	**とおか**	じゅう いちにち	じゅう ににち	じゅう さんにち	**じゅう よっか**
15일	16일	17일	18일	19일	20일	21일
じゅう ごにち	じゅう ろくにち	じゅう しちにち	じゅう はちにち	じゅう くにち	**はつか**	にじゅう いちにち
22일	23일	24일	25일	26일	27일	28일
にじゅう ににち	にじゅう さんにち	**にじゅう よっか**	にじゅう ごにち	にじゅう ろくにち	にじゅう しちにち	にじゅう はちにち
29일	30일	31일				
にじゅう くにち	さんじゅう にち	さんじゅう いちにち				

✳✳✳

1 '몇 월 며칠입니까?'는 일본어로 말할 때「なんがつ なんにちですか」라고 말합니다.

2 4일, 14일, 24일처럼 4일로 끝나는 날짜는 뒤에「~よっか」로 말한다는 것을 기억해 두세요.

WORDS

たんじょうび 생일
けっこんしき 결혼식

TRACK 084

4 きむらさんは おいくつですか。

키 무 라 상 와 오 이 꾸 쯔 데 스 까

기무라 씨는 / 나이가 어떻게 되세요?

● おいくつですか 몇 살입니까?

「おいくつですか」는 나이를 물을 때 사용하는 표현입니다. 대답을 할 때는 나이에 해당하는 숫자 뒤에 '~살, ~세'를 나타내는 조수사 「さい(歳)」를 붙여 말합니다.

さい(歳) ~살, ~세				
1살	2살	3살	4살	5살
いっさい	にさい	さんさい	よんさい	ごさい
6살	7살	8살	9살	10살
ろくさい	ななさい	はっさい	きゅうさい	じゅっさい/ じっさい

わたしは にじゅういっさいです。
저는 스물한 살이에요.

わたしの いもうとは はたちです。
제 여동생은 스무 살이에요.

わたしの あねは さんじゅうごさいです。
제(우리) 누나/언니는 서른다섯 살이에요.

✳✳✳

1 나이를 묻는 표현에 「なんさいですか 몇 살입니까?」도 있지만, 이는 정중한 표현이 아니므로 손윗사람에게는 사용하지 않도록 주의합시다.

2 20살은 「はたち」라고 합니다.

WORDS

わたし 나, 저
いもうと 여동생
あね 누나, 언니

✱  실전 같은 문형 연습

TRACK 085

1

와 따 시 와 고 닝 카 조 꾸 데 스

わたしは 5にん かぞくです。

저는 5인 가족입니다.

①	かれ	ふたり
②	たなかさん	3にん
③	キムさん	4にん
④	かのじょ	6にん

WORDS

5にん 5명
かぞく 가족
かれ 그
ふたり 2명
たなか 다나카
3にん 3명
キム 김
4にん 4명
かのじょ 그녀
6にん 6명

TRACK 086

2

아 네 또 오 토 - 또 또 보 꾸 데 스

あねと おとうとと ぼくです。

누나와 남동생과 저입니다.

①	いもうと	あに	わたし
②	はは	ちち	ぼく
③	そふ	そぼ	わたし
④	あね	あに	ぼく

WORDS

あね 누나, 언니
～と ~와/과
おとうと 남동생
ぼく 나, 저
いもうと 여동생
あに 형, 오빠
わたし 나, 저
はは 엄마
ちち 아빠
そふ 할아버지
そぼ 할머니

음성 듣기

TRACK 087

3

탄 죠 - 비 와 이 쯔 데 스 까

A たんじょうびは いつですか。

생일은 언제입니까?

탄 죠 - 비 와 쿠 가 쯔 쥬-이치 니 찌 데 스

B たんじょうびは 9がつ 11にちです。

생일은 9월 11일입니다.

①	こどもの ひ	5がつ いつか
②	クリスマス	12がつ 25にち
③	かいぎ	4がつ にじゅうよっか
④	しけん	7がつ はつか

WORDS

たんじょうび 생일
こどもの ひ 어린이날
クリスマス 크리스마스
かいぎ 회의
しけん 시험

TRACK 088

기 무 라 상 와 오 이 꾸 쯔 데 스 까

A きむらさんは おいくつですか。

기무라 씨는 나이가 어떻게 되세요?

기 무 라 상 와 니쥬-핫 사 이 데 스

B きむらさんは 28さいです。

기무라 씨는 28살입니다.

①	いもうとさん	いもうと	7さい
②	おとうとさん	おとうと	19さい
③	おねえさん	あね	32さい
④	おかあさん	はは	54さい

WORDS

いもうとさん 여동생분
おとうとさん 남동생분
おねえさん 누님, 언니분
おかあさん 어머님

 술술 나오는 회화

TRACK 089 | 090 | 091

きむら

코레와 와따시노 탄 죠 -비노 샤 신데스
これは、わたしの たんじょうびの しゃしんです。

ユナ

키무라상와 고닝 카조꾸데스까
きむらさんは 5にん かぞくですか。

きむら

하이 치찌또 하하 소시떼
はい。ちちと はは、そして、

아네또 오또-또또 와따시데스
あねと おとうとと わたしです。

유나상노 탄 죠 -비와 이쯔데스까
ユナさんの たんじょうびは いつですか。

ユナ

와따시노 탄 죠 -비와 코도모노 히데스
わたしの たんじょうびは、こどもの ひです。

きむら

소-데스까 고가쯔 이쯔까데스네
そうですか。5がつ いつかですね。

ユナ

토꼬로데 키무라상와 오이꾸쯔데스까
ところで、きむらさんは おいくつですか。

きむら

니쥬-핫사이데스
28さいです。

WORDS TRACK 092

これ 이것	わたし 나, 저	たんじょうび 생일	しゃしん 사진
5にん 5명	かぞく 가족	はい 네	ちち 아빠, 아버지
～と ~와/과	はは 엄마, 어머니	そして 그리고	あね 누나, 언니
おとうと 남동생	いつ 언제	こどもの ひ 어린이날	そうですか 그렇습니까?
5がつ 5월	いつか 5일	～ね ~네요, ~군요, ~이죠?	ところで 그런데
おいくつ 몇 살	28さい 28살		

TRACK 093

기무라　이건 제 생일 사진이에요.

유나　기무라 씨는 5인 가족이에요?

기무라　네. 아버지와 어머니, 그리고 누나와 남동생과 저예요.
유나 씨의 생일은 언제예요?

유나　제 생일은 어린이날이에요.

기무라　그래요? 5월 5일이군요.

유나　그런데 기무라 씨는 나이가 어떻게 되세요?

기무라　28살입니다.

독학 플러스

• 일본어의 접속사

접속사란 문장과 문장, 또는 단어와 단어를 이어줄 때 사용되는 말입니다. 일상생활에서 자주 쓰는 접속사를 알아봅시다.

(1) **첨가/보충**　そして 그리고 | それから 그러고 나서, 그다음에 | それに 게다가

(2) **선택**　または 또는, 혹은 | あるいは 혹은, 아니면 | それとも 그렇지 않으면, 아니면, 혹은

(3) **화제 전환**　それでは 그러면, 그럼 | ところで 그런데

(4) **순접(원인·이유·조건)**　だから 그러므로 | それで 그래서 | すると 그러자

(5) **역접**　しかし 그러나, 하지만 | けれども 그렇지만 | でも 그러나, 하지만, 근데

(6) **설명 및 보충 설명**　たとえば 예를 들면 | つまり 요컨대, 즉 | なぜなら 왜냐하면

✱ 도전! 연습문제

1 **다음 단어를 잘 듣고 맞는 것을 고르세요.** TRACK 094

(1) ① だんしょうび　② たんしょうび
　　③ だんじょうび　④ たんじょうび

(2) ① ふたり　② さんにん
　　③ よにん　④ きゅうにん

2 **다음 문장을 발음에 주의하여 잘 읽어 보세요.**

(1) 5にん かぞくですか。

(2) ちちと はは、そして、あねと おとうとと ぼくです。

(3) たんじょうびは いつですか。

(4) きむらさんは おいくつですか。

3 **다음 우리말 의미를 참고하여 빈칸에 들어갈 알맞은 일본어를 써 보세요.**

(1) わたしは ________ かぞくです。
저는 4인 가족입니다.

(2) ________と ________と わたしです。
여동생과 언니와 저입니다.

(3) こどもの ひは ________ ________です。
어린이날은 5월 5일입니다.

(4) おとうとは ________です。
남동생은 열아홉 살입니다.

4 다음 질문을 읽고 자신의 상황에 맞게 대답해 봅시다.

(1) たんじょうびは いつですか。

(2) なんにん かぞくですか。

(3) きょうは なんがつ なんにちですか。

(4) おいくつですか。

5 다음 문장의 ___★___ 에 들어갈 가장 적당한 것을 1・2・3・4에서 하나 고르세요.

(1) キムさん______ ______ ___★___ ______です。

1 は　　2 にん　　3 かぞく　　4 5

(2) クリスマス______ ___★___ ______ ______にちです。

1 12　　2 25　　3 がつ　　4 は

UNIT

06

스즈끼상와
すずきさんは
도꼬니 이마스까
どこに いますか。

스즈키 씨는 어디에 있습니까?

영상 보기

✳ 학습 내용

- 사물·식물의 존재를 나타내는 표현
- 위치를 나타내는 표현
- 사람·동물의 존재를 나타내는 표현
- 명사 + なら

✳ 확인해 볼까요?

1 5______ かぞくですか。
5인 가족입니까?

2 ______と ______、そして、あねと おとうとと ______ です。
아버지와 어머니, 그리고 누나와 남동생과 저입니다.

3 たんじょうびは ______ ですか。
생일은 언제입니까?

4 きむらさんは ______ ですか。
기무라 씨는 나이가 어떻게 되세요?

TRACK 095

1 ワインは どこに ありますか。

와인 와 도꼬니 아리마스까

와인은 | 어디에 | 있습니까?

～に ~에

「～に」는 '~에, ~하러, ~으로' 등 다양한 의미가 있는 조사인데, 여기서는 사람이나 사물이 존재하는 장소를 나타낼 때 사용하는 '~에'의 의미로 쓰였습니다.

スマホは かばんの 中(なか)に あります。
스마트폰은 가방 안에 있습니다.

> ✳✳✳
> 「～に」 뒤에 '가다, 나가다, 오다'와 같은 동작성 동사가 오면 '~하러'의 의미가 됩니다.
> • ～に 行(い)く ~하러 가다
> [UNIT 15 (p.215) 참고]

あります 있습니다 (사물·식물)

존재를 나타내는 말인 '있습니다'의 경우, 일본어에서는 「あります」와 「います」 두 가지가 사용됩니다. 여기서 「あります」는 자신의 의지로 동작을 할 수 없는 사물(무생물)이나 식물에 쓰이고, 「います」는 자신의 의지로 동작을 할 수 있는 사람이나 동물, 곤충 등의 존재 표현을 말할 때 쓰입니다. 여기서는 사물인 「ワイン 와인」의 존재를 묻고 있으므로 「あります」가 쓰였습니다.

참고로, 「あります」의 의문 표현은 「ありますか 있습니까?」, 부정 표현은 「ありません 없습니다」입니다.

日本語(にほんご)の 本(ほん)は ここに あります。
일본어 책은 여기에 있습니다.

A 部屋(へや)の 中(なか)に 何(なに)が ありますか。
방 안에 무엇이 있습니까?

B そこには 何(なに)も ありません。
거기에는 아무것도 없습니다.

WORDS

ワイン 와인
どこに 어디에
スマホ 스마트폰
かばん 가방
中(なか) 안, 속
日本語(にほんご)の 本(ほん) 일본어 책
ここ 여기
部屋(へや) 방
何(なに)が 무엇이
そこ 거기
何(なに)も 아무것도

TRACK 096

2 テーブルの 上(うえ)に あります。

테-부루노 우에니 아리마스

테이블 위에 있습니다.

위치를 나타내는 표현

또한, 구체적인 위치를 말할 때는 「명사 + の + 上(うえ) / 下(した) / 左(ひだり) / 右(みぎ) / 前(まえ) / 後(うし)ろ / そば / 中(なか) / 外(そと)」와 같이 표현합니다.

テーブルの 上(うえ)に 本(ほん)が あります。
테이블 위에 책이 있습니다.

かばんの 中(なか)に ノートと ボールペンが あります。
가방 안에 공책과 볼펜이 있습니다.

WORDS

テーブル 테이블
上(うえ) 위
本(ほん) 책
ノート 노트, 공책
～と ~와/과
ボールペン 볼펜

TRACK 097

3 すずきさんは どこに いますか。
(스즈끼 상 와 / 도꼬니 / 이마스까)
스즈키 씨는 / 어디에 / 있습니까?

● います 있습니다 (사람·동물)

존재를 나타내는 '있습니다'라는 표현 중, 「います」는 사람이나 동물 또는 곤충처럼 자신의 의지로 동작을 하는 것에 쓰입니다. 여기서는 사람의 존재를 묻고 있으므로 「います」가 쓰였습니다.

참고로, 「います」의 의문 표현은 「いますか 있습니까?」, 부정 표현은 「いません 없습니다」입니다.

教室(きょうしつ)に 先生(せんせい)が います。
교실에 선생님이 있습니다.

A たなかさんは お兄(にい)さんが いますか。
다나카 씨는 형이(오빠가) 있습니까?

B いいえ、私(わたし)は 兄(あに)が いません。
아니요, 저는 형이(오빠가) 없습니다.

WORDS

教室(きょうしつ) 교실
先生(せんせい) 선생님
お兄(にい)さん (다른 사람의) 형, 오빠
私(わたし) 나, 저
兄(あに) (내 가족의) 형, 오빠

TRACK 098

4 すずきさんなら ドアの 前(まえ)に います。

스즈끼 상 나라 도아노 마에니 이마스

스즈키 씨라면 / 문 / 앞에 / 있습니다.

명사 + なら ~(이)라면

명사 뒤에 「なら」가 오면 '~(이)라면'이라는 뜻을 나타내는 가정 표현이 됩니다.

くまなら 動物園(どうぶつえん)に います。
곰이라면 동물원에 있습니다.

あしたなら ひまです。
내일이라면 한가합니다.

「~なら」는 다른 품사에도 연결되는데, 동사와 い형용사에는 기본형에 그대로 붙이며, な형용사는 어미 「だ」를 떼고 붙입니다.

예 おもしろいなら
재미있다면

ひまなら
한가하다면

~の 前(まえ) ~(의) 앞

「~の 前(まえ)」는 위치를 나타내는 표현 중 하나입니다.

弟(おとうと)は ドアの 前(まえ)に います。
남동생은 문 앞에 있습니다.

コンビニは えきの 前(まえ)に あります。
편의점은 역 앞에 있습니다.

WORDS

ドア 문
くま 곰
動物園(どうぶつえん) 동물원
あした 내일
ひまだ 한가하다
弟(おとうと) (내 가족이) 남동생
コンビニ 편의점
えき 역

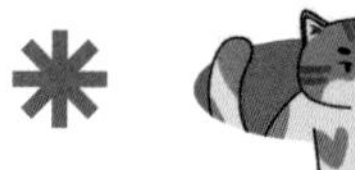

실전 같은 문형 연습

TRACK 099

1

와 인 와 도 꼬 니 아 리 마 스 까
ワインは どこに ありますか。

와인은 어디에 있습니까?

①	日本語の 本 (にほんご ほん)
②	テレビ
③	ケーキ
④	ノート

WORDS

ワイン 와인
どこ 어디
ありますか 있습니까?
日本語の 本 (にほんご ほん) 일본어 책
テレビ TV, 텔레비전
ケーキ 케이크
ノート 노트, 공책

TRACK 100

2

테 - 부 루 노 우에 니 아 리 마 스
テーブルの 上(うえ)に あります。

테이블 위에 있습니다.

①	かばん	中 (なか)
②	えき	前 (まえ)
③	テレビ	下 (した)
④	コンビニ	そば

WORDS

テーブル 테이블
上 (うえ) 위
あります 있습니다
かばん 가방
中 (なか) 안, 속
えき 역
前 (まえ) 앞
下 (した) 아래, 밑
コンビニ 편의점
そば 옆, 곁

TRACK 101

3

스 즈 끼 상 와 도 꼬 니 이 마 스 까

すずきさんは どこに いますか。

스즈키 씨는 어디에 있습니까?

①	先生(せんせい)	教室(きょうしつ)
②	お母(かあ)さん	どこ
③	たなかさん	えき
④	おねえさん	会社(かいしゃ)

WORDS

いますか 있습니까?
先生(せんせい) 선생님
教室(きょうしつ) 교실
お母(かあ)さん 엄마, 어머니
おねえさん 누님, 언니분
会社(かいしゃ) 회사

TRACK 102

4

스 즈 끼 상 나 라 도 아 노 마에 니 이 마 스

すずきさんなら ドアの 前(まえ)に います。

스즈키 씨라면 문 앞에 있습니다.

①	くま	動物園(どうぶつえん)
②	学生(がくせい)	教室(きょうしつ)の 中(なか)
③	キムさん	車(くるま)の 後(うし)ろ
④	お父(とう)さん	お母(かあ)さんの そば

WORDS

くま 곰
動物園(どうぶつえん) 동물원
学生(がくせい) 학생
車(くるま) 자동차, 차
後(うし)ろ 뒤
お父(とう)さん 아빠, 아버지

술술 나오는 회화

TRACK 103 | 104 | 105

ユナ

와 인 와 도 꼬 니 아 리 마 스 까
ワインは どこに ありますか。

きむら

무 꼬 - 노 테 - 부 루 노 우에 니 아 리 마 스
むこうの テーブルの 上に あります。

ユナ

테 - 부 루 노 우에 니 코 - 히 - 모 아 리 마 스 까
テーブルの 上(うえ)に コーヒーも ありますか。

きむら

이 - 에 코 - 히 - 와 아 리 마 셍
いいえ、コーヒーは ありません。

캉 코 - 히 - 나 라 보꾸 노 카 반 노 나까 니 히또 쯔 아 리 마 스 가
缶(かん)コーヒーなら 僕(ぼく)の かばんの 中(なか)に 一(ひと)つ ありますが……。

TRACK 106

유나	와인은 어디에 있어요?
기무라	건너편 테이블 위에 있어요.
유나	테이블 위에 커피도 있나요?
기무라	아니요, 커피는 없어요. 캔 커피라면 제 가방 안에 하나 있습니다만…….

독학 플러스

• 사물의 개수를 세는 표현(고유어 숫자)

우리말의 '하나, 둘, 셋……'처럼 사물의 개수를 세는 고유어 숫자를 알아봅시다. 일본어 고유어 숫자는 1~10까지만 존재하고, 나머지 열하나부터는 일반적인 숫자 세기와 동일합니다.

ひとつ 한 개	ふたつ 두 개	みっつ 세 개
よっつ 네 개	いつつ 다섯 개	むっつ 여섯 개
ななつ 일곱 개	やっつ 여덟 개	
ここのつ 아홉 개	とお 열 개	

WORDS TRACK 107

ワイン 와인	どこに 어디에	ありますか 있습니까? (사물·식물)	むこう 건너편, 저쪽
テーブル 테이블	上(うえ) 위	あります 있습니다 (사물·식물)	コーヒー 커피
～も ~도	いいえ 아니요	ありません 없습니다 (사물·식물)	缶(かん)コーヒー 캔 커피
～なら ~(이)라면	僕(ぼく) 나, 저 (남자가 쓰는 말)	かばん 가방	中(なか) 안, 속
一(ひと)つ 하나, 한 개	～が ~(이)지만		

2

TRACK 108 | 109 | 110

ユナ

스즈끼 상 와 도꼬니 이마스까
すずきさんは どこに いますか。

きむら

스즈끼 상 나라 도아노 마에니 이마스
すずきさんなら ドアの 前(まえ)に います。

ユナ

토나리노 죠세-와 스즈끼 상노 옥상 데스까
となりの 女性(じょせい)は すずきさんの おくさんですか。

きむら

이-에 카노죠와 에-교-부노 카쵸-데스
いいえ、彼女(かのじょ)は 営業部(えいぎょうぶ)の 課長(かちょう)です。

ユナ

아- 소-데스까 토떼모 키레-나 카따데스네
ああ、そうですか。とても きれいな 方(かた)ですね。

에-교-부니와 죠세-가 난닝 이마스까
営業部(えいぎょうぶ)には 女性(じょせい)が 何人(なんにん) いますか。

きむら

후따리 이마스
二人(ふたり) います。

TRACK 111

유나	스즈키 씨는 어디에 있나요?
기무라	스즈키 씨라면 문 앞에 있어요.
유나	옆의 여성은 스즈키 씨 부인인가요?
기무라	아니요, 그녀는 영업부 과장님이에요.
유나	아~, 그런가요?(그렇군요.) 너무 예쁜 분이네요. 영업부에는 여성이 몇 명 있어요?
기무라	두 명 있어요.

독학 플러스

● **課長(かちょう)** 과장(님)

우리말로는 '과장'과 같은 직함 뒤에 '님'을 붙여 '과장님'처럼 쓰는 것이 일반적이지만, 일본어의 경우 「課長(かちょう)」의 직함 안에 존칭의 의미가 포함되어 있기 때문에 「~さん」이나 「~さま」를 붙이지 않습니다. 한국어의 영향으로 자주 틀리는 표현이니 주의하세요.

WORDS TRACK 112

いますか 있습니까? (사람·동물)	ドア 문	前(まえ) 앞	います 있습니다 (사람·동물)
となり 옆	女性(じょせい) 여성	おくさん 부인	彼女(かのじょ) 그녀
営業部(えいぎょうぶ) 영업부	課長(かちょう) 과장(님)	ああ 아~	そうですか 그런가요?
とても 굉장히, 매우, 너무	きれいだ 예쁘다, 깨끗하다	方(かた) 분	何人(なんにん) 몇 명
二人(ふたり) 두 명			

도전! 연습문제

듣기

1 다음 대화를 잘 듣고 맞는 것을 고르세요. TRACK 113

(1) 와인은 어디에 있습니까?

① 테이블 위 ② 가방 속

③ 테이블 아래 ④ 가방 옆

(2) 스즈키 씨는 어디에 있습니까?

① 문 뒤 ② 문 앞

③ 책상 뒤 ④ 책상 앞

읽기

2 다음 문장을 발음에 주의하여 잘 읽어 보세요.

(1) ワインは どこに ありますか。

(2) テーブルの 上(うえ)に あります。

(3) すずきさんは どこに いますか。

(4) すずきさんなら ドアの 前(まえ)に います。

쓰기

3 다음 우리말 의미를 참고하여 빈칸에 들어갈 알맞은 일본어를 써 보세요.

(1) ノートは どこに ＿＿＿＿＿＿＿＿＿＿。

공책은 어디에 있습니까?

(2) かばんの ＿＿＿＿＿＿に ＿＿＿＿＿＿＿＿＿＿。

가방 안에 있습니다.

(3) お母(かあ)さんは どこに ＿＿＿＿＿＿＿＿＿＿。

어머니는 어디에 있습니까?

(4) お母(かあ)さん＿＿＿＿＿＿ お父(とう)さんの ＿＿＿＿＿＿に います。

어머니라면 아버지 옆(곁)에 있습니다.

4 학습한 어휘와 문형을 이용하여 제시된 우리말을 일본어로 말해 봅시다.

(1) 고양이는 문 앞에 있습니다.

(2) 가방은 테이블 위에 있습니다.

(3) 스마트폰은 가방 안에 있습니다.

(4) 유나 씨는 교실 안에 있습니다.

5 다음 문장의 ___★___에 들어갈 가장 적당한 것을 1・2・3・4에서 하나 고르세요.

(1) ワインは ＿＿＿ ＿★＿ ＿＿＿ ＿＿＿ あります。

1 上(うえ)　　2 の　　3 テーブル　　4 に

(2) すずきさん＿＿＿ ＿＿＿ ＿★＿ ＿＿＿に います。

1 ドア　　2 前(まえ)　　3 の　　4 なら

UNIT 07

센타꾸야
せんたくや
료-리오 시마스
料理を します。

빨래랑 요리를 합니다.

영상 보기

✳ 학습 내용

- 동사의 종류
- 동사의 정중한 긍정 표현
  ～ます
- 동사의 정중한 부정 표현
  ～ません
- 동사의 정중한 과거 표현
  ～ました
- 동사의 정중한 과거 부정 표현
  ～ませんでした

✳ 확인해 볼까요?

1 ワインは どこに ＿＿＿＿か。
와인은 어디에 있습니까?

2 テーブルの ＿＿＿に
あります。
테이블 위에 있습니다.

3 すずきさんは どこに
＿＿＿＿か。
스즈키 씨는 어디에 있습니까?

4 すずきさん＿＿＿ ドアの
前(まえ)に います。
스즈키 씨라면 문 앞에 있습니다.

✳  회화의 토대는 **문법**

TRACK 114

동사의 종류

일본어 동사의 기본형은 모두 「う・く・ぐ・す・つ・ぬ・ぶ・む・る」처럼 「う단」으로 끝나며, 다음과 같이 총 세 종류로 나뉩니다.

1그룹 동사	1. 어미가 「る」 이외의 「う단」으로 끝나는 동사 예 いく 가다　　かう 사다
	2. 어미가 「る」인 경우, 「る」 앞의 음이 「あ단・う단・お단」인 동사 예 つくる 만들다　　わかる 알다
	3. 형태는 2그룹 동사이지만, 예외적으로 1그룹 동사에 속하는 동사 예 はいる 들어가(오)다　　きる 자르다 しる 알다　　いる 필요하다 かえる 돌아가(오)다　　へる 줄다
2그룹 동사	어미가 「る」로 끝나며, 「る」 앞의 음이 「い단・え단」인 동사 예 みる 보다　　たべる 먹다
3그룹 동사	1, 2그룹 동사와 달리 정해져 있는 활용 규칙이 없어 불규칙 동사라고도 하며, 3그룹에는 단 두 개의 동사만 존재 예 くる 오다　　する 하다

✳✳✳

1 3그룹 동사는 활용형에 정해진 규칙이 없으므로 각 활용형들을 있는 그대로 무조건 외워야 합니다.
공부, 운동, 산책 등 동작의 성격을 가진 명사에 「する 하다」를 연결시켜 '공부하다, 운동하다, 산책하다'와 같은 동사를 만들 수 있습니다.

2 예외 1그룹 동사의 「いる 필요하다」와 2그룹 동사의 「いる (사람・동물이) 있다」는 발음은 같지만 다른 그룹의 동사입니다.

TRACK 115

せんたくや 料理を します。

센 타 꾸 야 료-리 오 시 마 스

りょう り

빨래랑 요리를 합니다.

동사의 정중한 긍정 표현(ます형): ～ます ~습니다, ~합니다

명사와 형용사의 서술 표현에 「～です」를 붙이면 정중한 긍정 표현이 된다고 앞서 배웠습니다. 동사에는 「～ます」를 붙여 '~습니다'라는 정중한 긍정 표현을 만들 수 있습니다. 그런데, 「～ます」의 경우에는 현재 표현뿐만 아니라, '~할 겁니다', '~하겠습니다'와 같은 미래나 의지를 나타낼 때도 쓰입니다. 예를 들어 「たべますか」의 경우, 문맥에 따라 '먹습니까?, 먹겠어요?, 먹을 거예요?'의 뜻으로 사용됩니다. 우리말과 다른 가장 두드러진 특징이니 잘 기억해 두세요.

동사의 ます형을 만드는 방법은 다음과 같습니다.

1그룹 동사	어미를 「い단」으로 바꾼 후, 「ます」를 붙입니다. 예 いく 가다 → いきます 갑니다 / 가겠습니다 / 갈 겁니다
2그룹 동사	어미 「る」를 떼고, 「ます」를 붙입니다. 예 たべる 먹다 → たべます 먹습니다 / 먹겠습니다 / 먹을 겁니다
3그룹 동사	불규칙하므로 그대로 외웁니다. 예 くる 오다 → きます 옵니다 / 오겠습니다 / 올 겁니다 する 하다 → します 합니다 / 하겠습니다 / 할 겁니다

＊＊＊

「～ますか ~습/합니까?」는 동사의 정중한 의문 표현입니다.

예 いきますか 갑니까?
しますか 합니까?

WORDS

せんたく 빨래, 세탁
～や ~(이)나, ~랑
料理(りょうり) 요리
～を ~을/를
します 합니다

회화의 토대는 문법

TRACK 116

2 あまり 来ませんね。

아 마 리 키 마 센 네

(来: き)

별로 / 안 오죠.

동사의 정중한 부정 표현: ～ません ~하지 않습니다

동사에 「～ません」을 붙이면 동사의 정중한 부정 표현이 됩니다. 접속 형태는 「ます」를 활용할 때와 동일합니다.

> 「～ません」 뒤에 「か」를 붙이면 '~하지 않겠습니까?'라는 표현이 됩니다.

1그룹 동사	어미를 「い단」으로 바꾼 후, 「ません」을 붙입니다. 예 いく 가다 → いきません 안 갑니다 / 안 가겠습니다 / 안 갈 겁니다
2그룹 동사	어미 「る」를 떼고, 「ません」을 붙입니다. 예 たべる 먹다 → たべません 안 먹습니다 / 안 먹겠습니다 / 안 먹을 겁니다
3그룹 동사	불규칙하므로 그대로 외웁니다. 예 くる 오다 → きません 안 옵니다 / 안 오겠습니다 / 안 올 겁니다 する 하다 → しません 안 합니다 / 안 하겠습니다 / 안 할 겁니다

WORDS

あまり 그다지, 별로

～ね ~군요, ~네요, ~지요?

TRACK 117

3 昨日は カレーを 作りました。

키노- 와 카 레 - 오 쯔꾸리 마 시 따

昨日(きのう)は カレーを 作(つく)りました。

어제는 / 카레를 / 만들었습니다.

동사의 정중한 과거 표현: ～ました ~했습니다

동사에 「～ました」를 붙이면 동사의 정중한 과거 표현이 됩니다. 접속 형태는 「ます」를 활용할 때와 동일합니다.

1그룹 동사	어미를 「い단」으로 바꾼 후, 「ました」를 붙입니다. 예 いく 가다 → いきました 갔습니다
2그룹 동사	어미 「る」를 떼고, 「ました」를 붙입니다. 예 たべる 먹다 → たべました 먹었습니다
3그룹 동사	불규칙하므로 그대로 외웁니다. 예 くる 오다 → きました 왔습니다 する 하다 → しました 했습니다

＊＊＊

「～ました」 뒤에 「か」를 붙이면 '~했습니까?'라는 표현이 됩니다.

WORDS

昨日(きのう) 어제

カレー 카레

作(つく)る 만들다

  회화의 토대는 **문법**

TRACK 118

케사 와 나니모 쯔꾸리 마 센 데 시 따
今朝(けさ)は 何(なに)も 作りませんでした。

오늘 아침은 / 아무것도 / 만들지 않았습니다.

동사의 정중한 과거 부정 표현: ~ませんでした

~하지 않았습니다

동사에 「~ませんでした」를 붙이면 동사의 정중한 과거 부정 표현이 됩니다. 접속 형태는 「ます」를 활용할 때와 동일합니다.

***

「~ませんでした」 뒤에 「か」를 붙이면 '~하지 않았습니까?'라는 표현이 됩니다.

1그룹 동사	어미를 「い단」으로 바꾼 후, 「ませんでした」를 붙입니다. 예 いく 가다 → いきませんでした 가지 않았습니다
2그룹 동사	어미 「る」를 떼고, 「ませんでした」를 붙입니다. 예 たべる 먹다 → たべませんでした 먹지 않았습니다
3그룹 동사	불규칙하므로 그대로 외웁니다. 예 くる 오다 → きませんでした 오지 않았습니다 する 하다 → しませんでした 하지 않았습니다

WORDS

今朝(けさ) 오늘 아침
何(なに)も 아무것도
作(つく)る 만들다

✳ 동사 미니 테스트 ✳

동사	동사의 종류	동사의 정중한 긍정 표현 (ます형)
예 いく 가다	1그룹 동사	いきます 갑니다, 가겠습니다, 갈 겁니다
① たつ 서다		
② みる 보다		
③ かえる 돌아가(오)다		
④ いる 필요하다		
⑤ かく 쓰다		
⑥ あそぶ 놀다		
⑦ かう 사다		
⑧ かりる 빌리다		
⑨ くる 오다		
⑩ やすむ 쉬다		
⑪ たべる 먹다		
⑫ よむ 읽다		
⑬ おきる 일어나다		
⑭ はなす 이야기하다, 말하다		
⑮ しぬ 죽다		
⑯ のる 타다		
⑰ する 하다		
⑱ ねる 자다		
⑲ おりる 내리다		
⑳ わかる 알다		

실전 같은 문형 연습

TRACK 119

1

료-리 오 시 마 스

料理を します。

りょう り

요리를 합니다.

①	りんご	食(た)べる
②	会社(かいしゃ)	休(やす)む
③	ケーキ	作(つく)る
④	べんきょう	する

WORDS

りんご 사과
食(た)べる 먹다
会社(かいしゃ) 회사
休(やす)む 쉬다
ケーキ 케이크
作(つく)る 만들다
べんきょう 공부
する 하다

TRACK 120

2

아 마 리 키 마 센

あまり 来ません。

き

별로 안 옵니다.

①	バイトを	する
②	ドラマは	見(み)る
③	スマホは	買(か)う
④	日本語(にほんご)は	わかる

WORDS

来(く)る 오다
バイト 아르바이트
ドラマ 드라마
見(み)る 보다
スマホ 스마트폰
買(か)う 사다
日本語(にほんご) 일본어
わかる 알다

음성 듣기

TRACK 121

3

키노- 와 카 레 - 오 쯔꾸 리 마 시 따

昨日(きのう)は カレーを 作(つく)りました。

어제는 카레를 만들었습니다.

①	今朝(けさ)	テレビを 見(み)る
②	先週(せんしゅう)	友達(ともだち)に 会(あ)う
③	先月(せんげつ)	パソコンを 買(か)う
④	昨日(きのう)	会社(かいしゃ)に 行(い)く

WORDS

昨日(きのう) 어제
カレー 카레
今朝(けさ) 오늘 아침
テレビ TV, 텔레비전
先週(せんしゅう) 지난주
友達(ともだち) 친구
会(あ)う 만나다
先月(せんげつ) 지난달
パソコン 컴퓨터
行(い)く 가다

✳✳✳

'~을/를 만나다'라고 할 때는 조사「を」가 아닌,「に」를 써서「友達(ともだち)に 会(あ)う」라고 합니다.

TRACK 122

4

케사 와 나니 모 쯔꾸 리 마 센 데 시 따

今朝(けさ)は 何(なに)も 作(つく)りませんでした。

오늘 아침은 아무것도 만들지 않았습니다.

①	にちようび	どこに	行(い)く
②	今朝(けさ)	何(なに)	食(た)べる
③	昨日(きのう)	誰(だれ)	来(く)る
④	今日(きょう)	何(なに)	飲(の)む

WORDS

何(なに)も 아무것도
にちようび 일요일
どこにも 어디에도
誰(だれ)も 누구도, 아무도
今日(きょう) 오늘
飲(の)む 마시다

술술 나오는 회화

TRACK 123 | 124 | 125

ユナ

키 무 라 상 슈-마쯔와 나니오 시 마 스 까
きむらさん、週末(しゅうまつ)は 何(なに)を しますか。

きむら

타 이 떼 - 이에데 야스미 마 스
たいてい 家(いえ)で 休(やす)みます。

소 레 까 라 센 타 꾸 야 료-리 오 시 마 스
それから せんたくや 料理(りょうり)を します。

ユナ

아 소 - 데 스 까
あ、そうですか。

코 꼬 와 스 떼 끼 나 코-엔 데 스 네
ここは すてきな 公園(こうえん)ですね。

요 꾸 코 꼬 니 키 마 스 까
よく ここに 来(き)ますか。

きむら

이 - 에 아 마 리 키 마 센 네
いいえ、あまり 来(き)ませんね。

TRACK 126

유나	기무라 씨, 주말에는 뭘 해요?
기무라	대개 집에서 쉽니다. 그리고 빨래랑 요리를 합니다.
유나	아, 그런가요? 여기는 멋진 공원이네요. 자주 여기에 오나요?
기무라	아니요, 별로 안 와요.

독학 플러스

● **～や** ~(이)랑, ~(이)나

사물을 열거하거나 두 가지 이상의 것이 같은 종류나 범위 안에 있는 것을 나타낼 때 사용하는 조사입니다. 주로 뒤에 「～など ~등」가 오는 경우가 많으니, 함께 알아 두세요.

예 公園(こうえん)には 木(き)や いけ などが あります。
공원에는 나무랑 연못 등이 있습니다.

WORDS TRACK 127

週末(しゅうまつ) 주말	何(なに)を 무엇을	しますか 합니까?	たいてい 대개, 보통
家(いえ) 집	～で ~에서	休(やす)みます 쉽니다	それから 그리고, 그다음에
せんたく 빨래, 세탁	料理(りょうり) 요리	します 합니다	ここ 여기
すてきだ 멋지다, 근사하다	公園(こうえん) 공원	よく 자주, 잘	来(き)ますか 옵니까?
あまり 그다지, 별로			

음성 듣기

TRACK 128 | 129 | 130

ユナ

키 무 라 상 지 분 데 료-리 오 쯔꾸 리 마 스 까

きむらさん、自分(じぶん)で 料理(りょうり)を 作(つく)りますか。

きむら

하 이 키노- 와 카 레 - 오 쯔꾸 리 마 시 따

はい。昨日(きのう)は カレーを 作(つく)りました。

ユナ

스 고 이 데 스 네

すごいですね。

きむら

쟈 이 쯔 까 쇼-따이 시 마 스 네

じゃ、いつか 招待(しょうたい)しますね。

ユナ

우 와 우 레 시 - 타노 시 미 데 스

うわ~! うれしい。楽(たの)しみです。

케사 모 나니 까 쯔꾸 리 마 시 따 까

今朝(けさ)も 何(なに)か 作(つく)りましたか。

きむら

이 - 에 케사 와 나니 모 쯔꾸 리 마 센 데 시 따

いいえ、今朝(けさ)は 何(なに)も 作(つく)りませんでした。

TRACK 131

유나	기무라 씨, 직접 요리를 만들어요?
기무라	네. 어제는 카레를 만들었어요.
유나	대단하네요.
기무라	그럼, 언젠가 초대할게요.
유나	와~! 기뻐요. 기대할게요. 오늘 아침에도 뭔가 만들었나요?
기무라	아니요, 오늘 아침은 아무것도 만들지 않았어요.

독학 플러스

● **楽(たの)しみです** 기대할게요 / 기대되네요

「楽(たの)しみ」는 '기대, 즐거움, 낙'이라는 뜻이며, 「楽(たの)しみです」라고 하면 '기대할게요, 기대되네요'라는 뜻으로 무언가에 대한 기대감을 나타낼 때 사용하는 표현입니다.

WORDS TRACK 132

自分(じぶん)で 스스로, 직접	作(つく)りますか 만듭니까?	はい 네	昨日(きのう) 어제
カレー 카레	~を ~을/를	作(つく)りました 만들었습니다	すごい 대단하다, 굉장하다
じゃ 그럼, 자	いつか 언젠가	招待(しょうたい)します 초대하겠습니다	
うわ 와, 우와	うれしい 기쁘다	今朝(けさ) 오늘 아침	何(なに)か 무언가
作(つく)りましたか 만들었습니까?	何(なに)も 아무것도	作(つく)りませんでした 만들지 않았습니다	

✱  도전! 연습문제

듣기

1 다음 대화를 잘 듣고 맞는 것을 고르세요. TRACK 133

(1) 기무라 씨는 주말에 무엇을 합니까?

① 공부 ② 일

③ 아르바이트 ④ 빨래

(2) 기무라 씨는 어제 무엇을 만들었습니까?

① 케이크 ② 카레

③ 돈가스 ④ 오니기리

읽기

2 다음 문장을 발음에 주의하여 잘 읽어 보세요.

(1) せんたくや 料理(りょうり)を します。

(2) あまり 来(き)ませんね。

(3) 昨日(きのう)は カレーを 作(つく)りました。

(4) 今朝(けさ)は 何(なに)も 作(つく)りませんでした。

쓰기

3 다음 우리말 의미를 참고하여 빈칸에 들어갈 알맞은 일본어를 써 보세요.

(1) 今日(きょう)は 会社(かいしゃ)を ＿＿＿＿＿＿＿＿。

오늘은 회사를 쉽니다.

(2) ドラマは あまり ＿＿＿＿＿＿＿＿。

드라마는 별로 보지 않습니다.

(3) 先週(せんしゅう) 友達(ともだち)に ＿＿＿＿＿＿＿＿。

지난주 친구를 만났습니다.

(4) 朝(あさ)は 何(なに)も ＿＿＿＿＿＿＿＿。

아침은 아무것도 먹지 않았습니다.

4 다음 주어진 어휘와 문형을 참고하여 자신이 주말에 무엇을 하는지 말해 봅시다.

せんたく　料理(りょうり)　します　休(やす)みます　運動(うんどう)します

作(つく)ります　行(い)きます　食(た)べます　べんきょうします

テレビ　見(み)ます　ドラマ　遊(あそ)びます　会(あ)います

시험대비

5 다음 문장의 __★__에 들어갈 가장 적당한 것을 1・2・3・4에서 하나 고르세요.

(1) せんたく____ ____ __★__ ____。

1 料理(りょうり)　2 や　3 します　4 を

(2) 昨日(きのう)____ __★__ ____ ____ました。

1 は　2 を　3 作(つく)り　4 カレー

UNIT 08

쯔메 따 이 모 노 와
冷たい ものは

아 마 리 타 베 나 이 데 스
あまり 食べないです。

차가운 것은 그다지 먹지 않아요.

영상 보기

✳ 학습 내용

- 동사의 ない형(부정형)
  ～ない
- 동사의 て형(연결형)
  ～て
- 권유 표현
  동사의 ます형 +
  ませんか / ましょう

✳ 확인해 볼까요?

1 せんたくや 料理(りょうり)を ＿＿＿＿。
빨래나 요리를 합니다.

2 あまり ＿＿＿＿＿＿ね。
별로 안 와요.

3 昨日(きのう)は カレーを
＿＿＿＿＿＿＿＿＿。
어제는 카레를 만들었습니다.

4 今朝(けさ)は 何(なに)も
作(つく)り＿＿＿＿＿＿＿＿。
오늘 아침은 아무것도 만들지 않았습니다.

✱ 회화의 토대는 문법

TRACK 134

1

쯔메 따 이 　모 노 와 　아 마 리 　타 베 나 이 데 스

冷(つめ)たい ものは あまり 食(た)べないです。

차가운 / 것은 / 그다지 / 먹지 않아요.

● 동사의 ない형(부정형): ～ない ~하지 않다, ~하지 않는다

동사의 ない형은 어떤 행동이나 동작을 하지 않는다는 부정의 의미를 나타내는 표현으로, 「ない」에 붙는 동사의 형태를 동사의 ない형이라고 합니다. 또한, 「～ないです」는 '~하지 않습니다'라는 뜻의 동사 ない형의 정중한 부정 표현입니다. 손윗사람이나 격식을 차리는 자리에서는 「～ません」의 형태를 사용하는 것이 좋습니다.(p.112 참고) 그럼, 각 동사별 활용 형태를 살펴볼까요?

1그룹 동사	어미를 「あ단」으로 바꾼 후, 「ない」를 붙입니다. 예 いく 가다 → いかない 가지 않다 → いかないです 가지 않습니다
2그룹 동사	어미 「る」를 떼고, 「ない」를 붙입니다. 예 たべ~~る~~ 먹다 → たべない 먹지 않다 → たべないです 먹지 않습니다
3그룹 동사	불규칙하므로 그대로 외웁니다. 예 くる 오다 → こない 오지 않다 → こないです 오지 않습니다 する 하다 → しない 하지 않다 → しないです 하지 않습니다

✱✱✱

어미가 「～う」인 동사를 ない형으로 바꿀 때는 「あ」가 아닌 「わ」가 된다는 것을 꼭 기억해 두세요.

예 あう 만나다
→ あわない 만나지 않다

かう 사다
→ かわない 사지 않다

WORDS

冷(つめ)たい 차갑다
もの 것, 물건
あまり 그다지, 별로
食(た)べる 먹다

TRACK 135

2

하나비오 미떼 오이시- 타베모노모
花火(はなび)を 見(み)て おいしい 食(た)べ物(もの)も
불꽃놀이를 / 보고 / 맛있는 / 음식도

타베떼 토떼모 타노시깟따데스
食(た)べて、とても 楽(たの)しかったです。
먹고, / 매우 / 즐거웠습니다.

동사의 て형(연결형): ~て ~하고, ~해서

동사의 て형은 동사의 행동이나 동작을 연결하여 말할 때 사용하는 표현입니다. 각 동사별 활용 형태를 잘 익혀 둡시다.

<table>
<tr><td rowspan="4">1그룹 동사</td><td>1. 기본형 어미 う・つ・る → ~って
예 あう 만나다 → あって 만나고 / 만나서
まつ 기다리다 → まって 기다리고 / 기다려서
ふる 내리다 → ふって 내리고 / 내려서</td></tr>
<tr><td>2. 기본형 어미 ぬ・ぶ・む → ~んで
예 しぬ 죽다 → しんで 죽고 / 죽어서
あそぶ 놀다 → あそんで 놀고 / 놀아서
のむ 마시다 → のんで 마시고 / 마셔서</td></tr>
<tr><td>3. 기본형 어미 く・ぐ → ~いて・~いで
예 かく 쓰다 → かいて 쓰고 / 써서
いそぐ 서두르다 → いそいで 서두르고 / 서둘러서
예외 いく 가다 → いって 가고 / 가서</td></tr>
<tr><td>4. 기본형 어미 す → ~して
예 はなす 이야기하다 → はなして 이야기하고 / 이야기해서</td></tr>
<tr><td>2그룹 동사</td><td>어미 「る」를 떼고, 「て」를 붙입니다.
예 たべ~~る~~ 먹다 → たべて 먹고 / 먹어서</td></tr>
<tr><td>3그룹 동사</td><td>불규칙하므로 그대로 외웁니다.
예 くる 오다 → きて 오고 / 와서
する 하다 → して 하고 / 해서</td></tr>
</table>

***

「あう 만나다」와 「ある (사물·식물이) 있다」는 て형이 「あって」로 같지만, 앞뒤 문맥이나 한자 표기로 의미를 구분할 수 있습니다.

WORDS

花火(はなび) 불꽃놀이
見(み)る 보다
おいしい 맛있다
食(た)べ物(もの) 음식, 먹을 것
食(た)べる 먹다
とても 매우, 너무
楽(たの)しい 즐겁다

TRACK 136

3 いっしょに 写真を 撮りませんか。

잇 쇼 니 샤 싱 오 토 리 마 셍 까

いっしょに 写真(しゃしん)を 撮(と)りませんか。

함께 / 사진을 / 찍지 않겠습니까?

동사의 ます형 + ませんか ~하지 않겠습니까?

동사의 ます형에 「~ませんか」를 붙이면 상대방에게 의향을 묻거나 권유할 때 사용하는 표현이 됩니다.

いっしょに 公園(こうえん)に 行(い)きませんか。
함께 공원에 가지 않겠습니까?

いっしょに バスに 乗(の)って 帰(かえ)りませんか。
함께 버스를 타고 돌아가지 않겠습니까?

いっしょに 昼(ひる)ご飯(はん)を 食(た)べませんか。
같이 점심을 먹지 않을래요?

いっしょに べんきょうしませんか。
같이 공부하지 않을래요?

'교통수단(탈 것) 등에 탄다'는 의미의 동사 「乗(の)る」 앞에는 조사 「を」가 아닌 「に」를 사용한다는 것을 꼭 기억해 두세요.

예 電車(でんしゃ)に 乗(の)る
전철을 타다

飛行機(ひこうき)に 乗(の)る
비행기를 타다

WORDS

いっしょに 함께, 같이
写真(しゃしん)を 撮(と)る 사진을 찍다
公園(こうえん) 공원
バス 버스
乗(の)る 타다
昼(ひる)ご飯(はん) 점심, 점심밥
食(た)べる 먹다
べんきょうする 공부하다

음성 듣기

TRACK 137

4 そろそろ 帰(かえ)りましょう。

소로소로 카에리마쇼-

슬슬 / 돌아갑시다.

そろそろ 이제 슬슬

「そろそろ」는 어떤 행동을 막 진행시키려고 할 때 사용하는 표현입니다.

そろそろ 始(はじ)めましょう。
이제 슬슬 시작합시다.

「~ましょう」 뒤에 「か」를 붙이면 '~하겠습니까?, ~할까요?'라는 뜻으로, 상대방에게 제안하거나 의향을 물을 때 사용합니다.

동사의 ます형 + ましょう ~합시다

동사의 ます형에 「~ましょう」를 붙이면 상대방에 권유하는 표현이 됩니다.

今日(きょう)、いっぱい 飲(の)みましょう。
오늘 한잔 마십시다.

もう 12時(じ)ですね。そろそろ 行(い)きましょう。
벌써 12시네요. 이제 슬슬 갑시다.

WORDS

帰(かえ)る 되돌아가(오)다
始(はじ)める 시작하다
今日(きょう) 오늘
いっぱい 한잔
飲(の)む 마시다
もう 벌써, 이미
12時(じ) 12시
行(い)く 가다

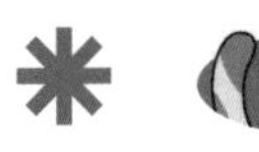

실전 같은 문형 연습

TRACK 138

1

쯔메따이 모노와 아마리 타베나이데스

冷たい ものは あまり 食べないです。

つめ　た

차가운 것은 그다지 먹지 않아요.

①	この 公園(こうえん)	来る(く)
②	テレビ	見る(み)
③	べんきょう	する
④	バス	乗る(の)

WORDS

公園(こうえん) 공원
来る(く) 오다
テレビ TV, 텔레비전
見る(み) 보다
べんきょう 공부
する 하다
バス 버스
乗る(の) 타다

TRACK 139

2

오이시- 타베모노모 타베떼 타노시깟따데스

おいしい 食べ物も 食べて 楽しかったです。

た　もの　た　たの

맛있는 음식도 먹고 즐거웠습니다.

①	学校(がっこう)	行く(い)
②	映画(えいが)	見る(み)
③	ともだち	来る(く)
④	写真(しゃしん)	撮る(と)

WORDS

学校(がっこう) 학교
行く(い) 가다
映画(えいが) 영화
ともだち 친구
写真(しゃしん) 사진
撮る(と) 찍다

음성 듣기

TRACK 140

3

잇 쇼 니 샤 싱 오 토 리 마 셍 까

いっしょに **写真(しゃしん)を** **撮(と)り**ませんか。

함께 사진을 찍지 않겠습니까?

① ご飯(はん)を 食(た)べる

② 買(か)い物(もの)を する

③ コーヒーを 飲(の)む

④ 運動(うんどう)を する

WORDS

ご飯(はん) 밥
食(た)べる 먹다
買(か)い物(もの) 쇼핑, 장보기
コーヒー 커피
飲(の)む 마시다
運動(うんどう) 운동

TRACK 141

4

소 로 소 로 카에 리 마 쇼 -

そろそろ **帰(かえ)り**ましょう。

슬슬 돌아갑시다.

①	たくさん	食(た)べる
②	ちょっと	休(やす)む
③	そろそろ	始(はじ)める
④	そろそろ	行(い)く

WORDS

たくさん 많이
ちょっと 잠깐, 잠시
休(やす)む 쉬다
始(はじ)める 시작하다

1

TRACK 142 | 143 | 144

ユナ

니 혼 노 나쯔 와 타노 시 - 데 스 네
日本(にほん)の 夏(なつ)は 楽(たの)しいですね。

きむら

소 - 데 쇼 - 아 앗 찌 니 카 끼 고오리 가 아 리 마 스 네
そうでしょう。あ、あっちに かき氷(ごおり)が ありますね。

타 베 마 셍 까
食(た)べませんか。

ユナ

스 미 마 셍
すみません。

와 따 시 쯔메 따 이 모 노 와 아 마 리 타 베 나 이 데 스
わたし 冷(つめ)たい ものは あまり 食(た)べないです。

きむら

아 소 - 데 스 까 쟈 타 코 야끼 니 시 마 쇼 - 까
あ、そうですか。じゃ、たこ焼(やき)に しましょうか。

ユナ

하 이 타 코 야끼 니 시 마 쇼 -
はい。たこ焼(やき)に しましょう。

TRACK 145

유나	일본의 여름은 즐겁네요.
기무라	그렇죠? 아, 저쪽에 빙수가 있네요. 먹지 않을래요?
유나	죄송해요. 저 차가운 것은 그다지 먹지 않아요.
기무라	아, 그런가요? 그럼, 다코야키로 할까요?
유나	네. 다코야키로 해요.

독학 플러스

● **すみません** 죄송합니다, 미안합니다

「すみません」은 사과를 할 때 쓰이는 인사 표현입니다. 그 외에도 상대방에 고마움을 표시하거나 상점이나 식당에서 주문하기 위해 '여기요·저기요' 하고 점원을 부를 때도 사용합니다.

WORDS TRACK 146

夏(なつ) 여름	楽(たの)しい 즐겁다	そうでしょう 그렇죠?
あっち 저쪽	かき氷(ごおり) 빙수	あります 있습니다
食(た)べませんか 먹지 않겠습니까?	冷(つめ)たい 차갑다	もの 것, 물건
あまり 그다지, 별로	食(た)べないです 먹지 않습니다	たこ焼(やき) 다코야키
~に しましょうか ~(으)로 할까요?	~に しましょう ~(으)로 합시다	

2

TRACK 147 | 148 | 149

ユナ

키 무 라 상 잇 쇼 니 샤 싱 오 토 리 마 셍 까
きむらさん、いっしょに 写真(しゃしん)を 撮(と)りませんか。

きむら

이 - 데 스 네
いいですね。

＊＊＊

ユナ

쿄- 와 혼 또- 니 아 리 가 또 - 고 자 이 마 시 따
今日(きょう)は 本当(ほんとう)に ありがとう ございました。

키 레 - 나 하나 비 오 미 떼 오 이 시 - 타 베 모노 모 타 베 떼
きれいな 花火(はなび)を 見(み)て、おいしい 食(た)べ物(もの)も食(た)べて、

토 떼 모 타노 시 깟 따 데 스
とても 楽(たの)しかったです。

きむら

소 레 와 요 깟 따 데 스
それは よかったです。

소 로 소 로 카에 리 마 쇼 -
そろそろ 帰(かえ)りましょう。

TRACK 150

유나 기무라 씨, 함께 사진을 찍지 않을래요?

기무라 좋아요.

＊＊＊ 사진을 찍은 후 ＊＊＊

유나 오늘은 정말로 감사했습니다.
예쁜 불꽃놀이를 보고, 맛있는 음식도 먹고,
매우 즐거웠어요.

기무라 정말 다행이에요. 슬슬 돌아갑시다.

독학 플러스

- **それは よかったです** 정말 다행입니다

「それは」는 뒤에 「よかったです」와 함께 쓰이면 우리가 알고 있는 '그것은, 그건'이라는 뜻이 아니라 '정말, 정말로'라는 감동의 표현이 됩니다.

WORDS TRACK 151

いっしょに 함께	写真(しゃしん) 사진	撮(と)りませんか 찍지 않겠습니까?
いいですね 좋아요, 좋네요, 좋군요	今日(きょう) 오늘	本当(ほんとう)に 정말로
ありがとう ございました 감사했습니다	きれいだ 예쁘다, 깨끗하다	花火(はなび) 불꽃놀이
見(み)て 보고, 봐서	おいしい 맛있다	食(た)べ物(もの) 음식, 먹을 것
食(た)べて 먹고, 먹어서	とても 매우, 너무	楽(たの)しかったです 즐거웠습니다
そろそろ 이제 슬슬	帰(かえ)りましょう 돌아갑시다	

도전! 연습문제

듣기

1 다음 대화를 잘 듣고 맞는 것을 고르세요. TRACK 152

(1) 기무라 씨와 유나 씨는 무엇을 먹습니까?

① 빙수 ② 카레

③ 차가운 음료 ④ 다코야키

(2) 기무라 씨와 유나 씨는 무엇을 보았습니까?

① 드라마 ② 영화

③ 불꽃놀이 ④ 사진

읽기

2 다음 문장을 발음에 주의하여 잘 읽어 보세요.

(1) 冷(つめ)たい ものは あまり 食(た)べないです。

(2) 花火(はなび)を 見(み)て おいしい 食(た)べ物も 食(た)べて、とても 楽(たの)しかったです。

(3) いっしょに 写真(しゃしん)を 撮(と)りませんか。

(4) そろそろ 帰(かえ)りましょう。

쓰기

3 다음 우리말 의미를 참고하여 빈칸에 들어갈 알맞은 일본어를 써 보세요.

(1) べんきょうは あまり ＿＿＿＿＿＿＿＿ です。

공부는 그다지 하지 않습니다.

(2) 映画(えいが)も ＿＿＿＿＿ 楽(たの)しかったです。

영화도 보고 즐거웠습니다.

(3) いっしょに 運動(うんどう)を ＿＿＿＿＿＿＿＿。

함께 운동을 하지 않겠습니까?

(4) そろそろ ＿＿＿＿＿＿＿＿。

슬슬 시작합시다.

음성 듣기

4 **학습한 어휘와 문형을 이용하여 제시된 우리말을 일본어로 말해 봅시다.**

(1) 드라마는 그다지 보지 않습니다.

(2) 사진도 찍고 즐거웠습니다.

(3) 함께 커피를 마시지 않겠습니까?

(4) 잠깐 쉽시다.

시험대비

5 **다음 문장의 ___★___ 에 들어갈 가장 적당한 것을 1・2・3・4에서 하나 고르세요.**

(1) 花火(はなび)を 見(み)て ＿＿＿ ＿★＿ ＿＿＿ ＿＿＿ 楽(たの)しかったです。

1 も　　2 食(た)べ物(もの)　　3 食(た)べて　　4 おいしい

(2) いっしょ＿＿＿ ＿＿＿ ＿★＿ ＿＿＿ませんか。

1 写真(しゃしん)　　2 撮(と)り　　3 に　　4 を

UNIT 09

はやく会(あ)いたいですね。

빨리 만나고 싶네요.

영상 보기

✳ 학습 내용

- 동사의 て형에 연결된 표현
  동사의 て형 + て しまいました
- 동사의 ます형에 연결된 표현 1
  동사의 ます형 + たい
- 동사의 ます형에 연결된 표현 2
  동사의 ます형 + にくい
- 동사의 ます형에 연결된 표현 3
  동사의 ます형 + ながら

✳ 확인해 볼까요?

1 冷(つめ)たい ものは あまり 食(た)べ________。

차가운 것은 그다지 먹지 않습니다.

2 花火(はなび)を ______ おいしい 食(た)べ物(もの)も ______、とても 楽(たの)しかったです。

불꽃놀이를 보고 맛있는 음식도 먹고, 매우 즐거웠습니다.

3 いっしょに 写真(しゃしん)を 撮(と)り________。

함께 사진을 찍지 않겠습니까?

4 そろそろ 帰(かえ)り________。

슬슬 돌아갑시다.

✱ 회화의 토대는 **문법**

TRACK 153

1 駅(えき)の 中(なか)で ちょっと 迷(まよ)って しまいました。

역 / 안에서 / 잠시 / 헤매고 / 말았어요.

● ~て しまいました ~하고 말았습니다, ~해 버렸습니다

「~て(で) しまう ~하고 말다, ~해 버리다」의 정중한 과거 표현으로, 말하는 사람의 의지와는 상관없이 부정적인 결과가 발생한 것에 대한 후회, 유감, 곤란함 등의 주관적인 의미를 나타낼 때 사용하는 표현입니다. 회화체에서 「~て しまいました」는 「~ちゃいました」로, 「~で しまいました」는 「~じゃいました」라고 쓰기도 합니다.

道(みち)が 込(こ)んで 約束(やくそく)に おくれて しまいました。
길이 막혀서 약속(시간)에 늦고 말았습니다.

急(きゅう)に 雨(あめ)が 降(ふ)って ぬれて しまいました。
갑자기 비가 내려서 젖고 말았습니다.

ぜんぶ 食(た)べちゃいました。
전부 먹어 버렸습니다.

散歩中(さんぽちゅう)に ガムを 踏(ふ)んじゃいました。
산책 중에 껌을 밟아 버렸습니다.

WORDS

- 駅(えき) 역
- ちょっと 잠시, 좀
- 迷(まよ)う 헤매다
- 道(みち)が 込(こ)む 길이 막히다
- 約束(やくそく) 약속
- おくれる 늦다
- 急(きゅう)に 갑자기
- 雨(あめ)が 降(ふ)る 비가 내리다
- ぬれる 젖다
- ぜんぶ 전부
- 食(た)べる 먹다
- 散歩(さんぽ) 산책
- ~中(ちゅう)に ~중에
- ガム 껌
- 踏(ふ)む 밟다

TRACK 154

2 はやく 会(あ)いたいですね。

빨리 만나고 싶네요.

동사의 ます형 ＋ たい ~(하)고 싶다

동사의 ます형에 「～たい」를 붙이면 말하는 사람의 욕구나 희망을 나타내는 표현이 됩니다. 정중한 긍정 표현은 「～たいです ~(하)고 싶습니다」이며, 부정 표현은 「～たく ないです ~(하)고 싶지 않습니다」가 됩니다.

今日(きょう)は 辛(から)い 食(た)べ物(もの)が(を) 食(た)べたいです。
오늘은 매운 음식을 먹고 싶습니다.

今日(きょう)は なぜか 何(なに)も したく ないです。
오늘은 왠지 아무것도 하고 싶지 않습니다.

참고로, 「～たいです ~(하)고 싶습니다」의 과거 표현은 い형용사와 같은 활용을 하여 정중한 과거 표현은 「～たかったです ~(하)고 싶었습니다」이고, 정중한 과거 부정 표현은 「～たく なかったです ~(하)고 싶지 않았습니다」가 됩니다.

本当(ほんとう)に 会(あ)いたかったです。
정말로 만나고 싶었습니다.

まんがは 読(よ)みたく なかったです。
만화는 읽고 싶지 않았습니다.

＊＊＊

1 「～たいですか」라는 표현은 '~(하)고 싶습니까?'라는 뜻의 의문을 나타내는 표현입니다.

2 희망을 나타내는 표현 「～たい」 앞에는 조사 「が」와 「を」 모두 올 수 있습니다.

3 「～たい」의 반말 표현을 정리해 봅시다.

行(い)きたい
가고 싶다

行(い)きたく ない
가고 싶지 않다

行(い)きたかった
가고 싶었다

行(い)きたく なかった
가고 싶지 않았다

行(い)きたい ところ
가고 싶은 곳

WORDS

はやく 빨리　会(あ)う 만나다　今日(きょう) 오늘　辛(から)い 맵다　食(た)べ物(もの) 음식, 먹을 것　なぜか 왠지
何(なに)も 아무것도　する 하다　本当(ほんとう)に 정말로　まんが 만화(책)　読(よ)む 읽다

TRACK 155

3 やっぱり 出口が 分かりにくいですね。

역시 / 출구가 / 알기 어렵죠?

● やっぱり 역시

「やっぱり」는 '역시, 예상처럼'이라는 뜻을 나타내는 부사로, 「やはり」의 구어체 표현입니다.

やっぱり いい 映画ですね。
역시 좋은 영화네요.

やっぱり ダイエットは 大変ですね。
역시 다이어트는 힘드네요.

● 동사의 ます형 ＋ にくい ~(하)기 어렵다, ~(하)기 힘들다

동사의 ます형에 「～にくい」를 붙이면 '~(하)기 어렵다'는 뜻을 나타내는 표현이 됩니다. 또한, 「～にくい」 뒤에 「です」를 붙여주면 '~(하)기 어렵습니다, ~(하)기 힘듭니다'라는 정중한 표현이 됩니다.

この 本は 字が 小さくて 読みにくいです。
이 책은 글씨가 작아서 읽기 어렵습니다.

この ペンは 書きにくいです。
이 펜은 쓰기 힘듭니다.

この 薬は 飲みにくいです。
이 약은 먹기 힘듭니다.

참고로, 「～にくい」의 반대 표현은 「～やすい ~(하)기 쉽다, ~(하)기 편하다」입니다.

この 本は 読みやすいです。
이 책은 읽기 쉽습니다.

WORDS

- 出口 출구
- 分かる 알다
- いい 좋다
- 映画 영화
- 大変だ 힘들다
- 本 책
- 字 글자
- 小さい 작다
- 読む 읽다
- ペン 펜
- 書く 쓰다
- 薬 약
- 飲む 마시다, (약을) 먹다

TRACK 156

ポップコーンを 食(た)べながら 楽(たの)しく 見(み)ましょう。

팝콘을 먹으면서 즐겁게 봅시다.

동사의 ます형 + ながら ~하면서

동사의 ます형에 「~ながら」를 붙이면 두 가지 일을 동시에 할 때 사용하는 표현이 됩니다.

コーヒーを 飲(の)みながら 話(はなし)を しませんか。
커피를 마시면서 이야기를 하지 않겠습니까?

歩(ある)きながら スマホを 見(み)ます。
걸으면서 스마트폰을 봅니다.

い형용사의 부사적 표현: ~く ~하게

い형용사가 뒤에 오는 동사를 꾸며 주는 부사적 표현으로 사용될 때는 い형용사의 어미 「い」를 「く」로 바꾸면 됩니다.

今日(きょう)は はやく 起(お)きました。
오늘은 빨리 일어났습니다.

昨夜(さくや)は おそく 帰(かえ)りました。
어젯밤에는 늦게 돌아왔습니다.

WORDS

ポップコーン 팝콘
食(た)べる 먹다
楽(たの)しく 즐겁게
見(み)る 보다
コーヒー 커피
話(はなし) 이야기
歩(ある)く 걷다
スマホ 스마트폰
今日(きょう) 오늘
はやく 빨리
起(お)きる 일어나다
昨夜(さくや) 어젯밤
おそく 늦게
帰(かえ)る 돌아가(오)다

TRACK 157

ちょっと 迷(まよ)って しまいました。

잠시 헤매고 말았습니다.

①	たくさん	買(か)う
②	ぜんぶ	食(た)べる
③	約束(やくそく)に	おくれる
④	おそく	戻(もど)る

WORDS

ちょっと 잠시, 좀
迷(まよ)う 헤매다
たくさん 많이
買(か)う 사다
ぜんぶ 전부
約束(やくそく) 약속
おくれる 늦다
おそく 늦게
戻(もど)る 되돌아가(오)다

TRACK 158

2 はやく 会(あ)いたいです。

빨리 만나고 싶습니다.

①	辛(から)い 食(た)べ物(もの)が	食(た)べる
②	冷(つめ)たい コーラが	飲(の)む
③	かばんが	買(か)う
④	ダイエットが	する

WORDS

はやく 빨리
会(あ)う 만나다
辛(から)い 맵다
食(た)べ物(もの) 음식, 먹을 것
冷(つめ)たい 차다
コーラ 콜라
飲(の)む 마시다, (약을) 먹다
かばん 가방
ダイエット 다이어트
する 하다

TRACK 159

3 出口（でぐち）が 分（わ）かりにくいです。

출구가 알기 어렵습니다.

①	この 薬（くすり）は	飲（の）む
②	字（じ）が	読（よ）む
③	この ペンは	書（か）く
④	この 道（みち）は	歩（ある）く

WORDS

薬（くすり） 약
字（じ） 글자
読（よ）む 읽다
ペン 펜
書（か）く 쓰다
道（みち） 길
歩（ある）く 걷다

TRACK 160

4 ポップコーンを 食（た）べながら 見（み）ましょう。

팝콘을 먹으면서 봅시다.

①	音楽（おんがく）を 聞（き）く	運動（うんどう）する
②	コーヒーを 飲（の）む	仕事（しごと）を する
③	公園（こうえん）を 歩（ある）く	話（はな）す
④	ケーキを 食（た）べる	休（やす）む

WORDS

ポップコーン 팝콘
見（み）る 보다
音楽（おんがく） 음악
聞（き）く 듣다
コーヒー 커피
仕事（しごと） 일
公園（こうえん） 공원
話（はな）す 이야기하다, 말하다
休（やす）む 쉬다

술술 나오는 회화

1

TRACK 161 | 162 | 163

ユナ

もしもし、ユナです。

きむら

はい。ユナさん、今(いま) どこですか。

ユナ

すみません。

駅(えき)の 中(なか)で ちょっと 迷(まよ)って しまいました。

でも、すぐ 行(い)きます。

きむら

はい、分(わ)かりました。

はやく 会(あ)いたいですね。

TRACK 164

유나	여보세요, 유나예요.
기무라	네. 유나 씨, 지금 어디예요?
유나	죄송해요. 역 안에서 좀 헤매고 말았어요. 근데, 바로 갈게요.
기무라	네, 알겠습니다. 빨리 만나고 싶네요.

독학 플러스

- **もしもし** 여보세요

「もしもし」는 전화로 상대를 부르거나 대답할 때 사용하는 말입니다.

WORDS TRACK 165

今(いま) 지금	どこ 어디	駅(えき) 역
中(なか) 안, 속	～で ~에서	ちょっと 잠시, 좀
迷(まよ)う 헤매다	～て しまいました ~해 버렸습니다, ~하고 말았습니다	でも 하지만, 근데
すぐ 바로, 곧	行(い)く 가다	分(わ)かる 알다
はやく 빨리	会(あ)う 만나다	～たいです ~(하)고 싶습니다

음성 듣기

TRACK 166 | 167 | 168

ユナ　遅(おく)れて ごめんなさい。

きむら　いいえ、大丈夫(だいじょうぶ)です。
やっぱり 出口(でぐち)が 分(わ)かりにくいですね。ここ。
もうすぐ 映画(えいが)が 始(はじ)まりますよ。

ユナ　はい。ポップコーンは 私(わたし)が おごりますね。

きむら　うわ～！やった！
ポップコーンを 食(た)べながら 楽(たの)しく 見(み)ましょう。

TRACK 169

유나　늦어서 미안해요.
기무라　아니요, 괜찮습니다.
역시 출구가 알기 어렵죠? 여기.
이제 곧 영화가 시작할 거예요.
유나　네. 팝콘은 제가 살게요.
기무라　우와~! 앗싸!
팝콘을 먹으면서 즐겁게 봅시다.

독학 플러스

- **ごめんなさい** 미안합니다

「ごめんなさい」는 사과할 때 사용하는 표현입니다. 앞에서 배운「すみません 죄송합니다」보다는 정중함이 조금 떨어지며, 회화에서 주로 많이 쓰이는 표현입니다.

WORDS　TRACK 170

遅(おく)れる 늦다	大丈夫(だいじょうぶ)だ 괜찮다	やっぱり 역시	出口(でぐち) 출구
分(わ)かる 알다	～にくいです ~(하)기 어렵습니다	ここ 여기	もうすぐ 이제 곧
映画(えいが) 영화	始(はじ)まる 시작되다	～よ ~요, ~해요	ポップコーン 팝콘
私(わたし) 나, 저	おごる 한턱 내다	うわ 우와	やった 됐다, 해냈다, 앗싸
食(た)べる 먹다	～ながら ~하면서	楽(たの)しく 즐겁게	見(み)る 보다
～ましょう ~합시다			

✳  도전! 연습문제

듣기

1 다음 대화를 잘 듣고 질문에 맞는 답을 고르세요. TRACK 171

(1) 유나 씨는 어디서 길을 헤매고 말았습니까?

① 역 ② 버스

③ 공원 ④ 학교

(2) 유나 씨는 무엇을 한턱 내기로 했습니까?

① 커피 ② 콜라

③ 다코야키 ④ 팝콘

읽기

2 다음 문장을 발음에 주의하여 잘 읽어 보세요.

(1) 駅(えき)の 中(なか)で ちょっと 迷(まよ)って しまいました。

(2) はやく 会(あ)いたいですね。

(3) やっぱり 出口(でぐち)が 分(わ)かりにくいですね。

(4) ポップコーンを 食(た)べながら 楽(たの)しく 見(み)ましょう。

쓰기

3 다음 우리말 의미를 참고하여 빈칸에 들어갈 알맞은 일본어를 써 보세요.

(1) 約束(やくそく)に 遅(おく)れて ＿＿＿＿＿＿＿＿。

약속에 늦고 말았습니다.

(2) ダイエットが ＿＿＿＿＿＿＿＿です。

다이어트를 하고 싶습니다.

(3) この ペンは 書(か)き＿＿＿＿＿＿＿＿です。

이 펜은 쓰기 어렵습니다.

(4) 音楽(おんがく)を 聞(き)き＿＿＿＿＿＿＿＿ 運動(うんどう)＿＿＿＿＿＿＿＿。

음악을 들으면서 운동합시다.

4 **학습한 어휘와 문형을 이용하여 제시된 우리말을 일본어로 말해 봅시다.**

(1) 정말로 만나고 싶었습니다.

(2) 오늘은 단 음식을 먹고 싶습니다.

(3) 이 약은 먹기 힘듭니다.

(4) 걸어가면서 스마트폰을 봅니다.

5 **다음 문장의 ___★___에 들어갈 가장 적당한 것을 1 • 2 • 3 • 4에서 하나 고르세요.**

(1) かわいい ______ ___★___ ______ ______ です。

1 かばん　　2 たい　　3 買(か)い　　4 が

(2) ポップコーンを ______ ___★___ ______ ______ 見(み)ましょう。

1 を　　2 食(た)べ　　3 映画(えいが)　　4 ながら

UNIT 10

鍋(なべ)には 触(さわ)らないでください。

냄비에는 손대지 말아 주세요.

영상 보기

✳ 학습 내용

- 의향을 묻는 표현
  いかがですか
- 동사의 ない형에 연결된 표현 1
  동사의 ない형 + ないで ください
- 동사의 ない형에 연결된 표현 2
  동사의 ない형 +
  なければ なりません
- 동사의 ない형에 연결된 표현 3
  동사의 ない형 +
  なくても いいです

✳ 확인해 볼까요?

1 ちょっと 迷(まよ)って

________________。

잠시 헤매고 말았습니다.

2 はやく ____________ですね。

빨리 만나고 싶네요.

3 出口(でぐち)が ________________

ですね。

출구가 알기 어렵죠?

4 ポップコーンを 食(た)べ________

楽(たの)しく 見(み)ましょう。

팝콘을 먹으면서 즐겁게 봅시다.

✱ 회화의 토대는 문법

TRACK 172

1 熱いので 鍋には 触らないで ください。

뜨거우니까 / 냄비에는 / 손대지 말아 / 주세요.

● ～ので ~(이)라서, ~(이)기 때문에

「～ので」는 '~(이)라서, ~(이)기 때문에'라는 뜻으로, 인과나 사실 관계와 같은 객관적인 이유를 나타낼 때 쓰는 표현입니다. 또한, 「～ので」는 각 품사의 연체형(명사 수식형)에 접속되지만, 명사는 「なので」의 형태로 접속된다는 것을 꼭 기억해 두세요.

今日は 日曜日なので、学校に 行きません。
오늘은 일요일이기 때문에 학교에 가지 않습니다.

映画が 好きなので、毎週 映画を 見に 行きます。
영화를 좋아하기 때문에 매주 영화를 보러 갑니다.

料理が おいしかったので、ぜんぶ 食べて しまいました。
요리가 맛있었기 때문에 전부 먹어 버렸습니다.

✱✱✱

「～ので」와 비슷한 뜻을 갖는 조사로 「～から」가 있습니다. 「～から」는 이유나 원인이 적극적이고 주관적일 때 사용되기 때문에 「～ので」 보다 상대방에게 강한 인상을 주며, 말하는 사람이 명령·금지·권유의 뜻을 표현할 때 많이 사용합니다.

● 동사의 ない형 ＋ ないで ください
~하지 마세요, ~하지 말아 주세요

동사의 ない형에 「～ないで ください」를 붙이면 상대방에게 금지를 부탁할 때 사용하는 표현이 됩니다.

この 部屋には 入らないで ください。
이 방에는 들어오지 말아 주세요.

この 薬は 飲まないで ください。
이 약은 먹지 마세요.

WORDS

熱い 뜨겁다
鍋 냄비
触る 만지다, 손대다
日曜日 일요일
好きだ 좋아하다
毎週 매주
～に 行く ~하러 가다
料理 요리
おいしい 맛있다
ぜんぶ 전부
入る 들어가(오)다
薬 약
飲む 마시다, (약을) 먹다

TRACK 173

2 おかわりは いかがですか。

한 그릇 더 어떠세요? (드시겠습니까?)

おかわり 같은 음식을 더 먹음, 또는 그 음식

「おかわり」는 같은 음식을 더 먹을 때, 한 그릇을 더 리필할 때 쓰는 표현입니다. 다른 사람에게 음식을 권유할 때 「おかわり いかがですか」나 「おかわりを どうぞ」 등으로 표현합니다.

みそしるの おかわりを お願(ねが)いします。
된장국 한 그릇 더 부탁합니다.

いかがですか 어떠십니까?

「いかがですか」는 「どうですか 어떻습니까?」의 존경 표현입니다.

少(すこ)し いかがですか。
조금 (더) 어떠십니까?

WORDS

みそしる 된장국
お願(ねが)いします 부탁합니다
少(すこ)し 조금

3 ダイエットを しなければ なりません。

다이어트를 / 하지 않으면 / 안 됩니다.

동사의 ない형 + なければ なりません

~하지 않으면 안 됩니다, ~해야 합니다

동사의 ない형에 「~なければ なりません」을 붙이면 '그렇게 하는 것이 당연하다'는 것을 나타내는 표현이 됩니다.

はやく 帰(かえ)らなければ なりません。
일찍 돌아가지 않으면 안 됩니다.
(일찍 돌아가야 합니다.)

明日(あした) 試験(しけん)が あるので、勉強(べんきょう)を しなければ なりません。
내일 시험이 있어서 공부를 하지 않으면 안 됩니다.
(내일 시험이 있어서 공부를 해야(만) 합니다.)

ここに 名前(なまえ)を 書(か)かなければ なりません。
여기에 이름을 쓰지 않으면 안 됩니다.
(여기에 이름을 써야 합니다.)

1 「~なければ なりません」 뒤에 「~か」를 붙이면 '~하지 않으면 안 됩니까?'라는 의문 표현이 됩니다.

2 회화에서는 「~なければ」를 「~なきゃ」 또는 「~なくちゃ」로 대체해서 말하기도 합니다.

예 **はやく 帰(かえ)らなきゃ なりません。**
일찍 돌아가야 합니다.

WORDS

ダイエット 다이어트
はやく 빨리, 일찍
帰(かえ)る 되돌아가(오)다
明日(あした) 내일
試験(しけん) 시험
ある 있다(사물·식물)
~ので ~(이)기 때문에
勉強(べんきょう)を する 공부를 하다
名前(なまえ) 이름
書(か)く 쓰다

TRACK 175

4 ダイエット しなくても いいですよ。

다이어트를 하지 않아도 돼요.

동사의 ない형 + なくても いいです ~하지 않아도 됩니다

동사의 ない형에 「～なくても いいです」를 붙이면 무언가를 할 필요나 의무는 없다는 것을 나타낼 때 사용하는 표현이 됩니다.

日本語(にほんご)で 話(はな)さなくても いいです。
일본어로 말하지 않아도 됩니다.

明日(あした) 来(こ)なくても いいです。
내일 오지 않아도 됩니다.

連絡(れんらく)しなくても いいです。
연락하지 않아도 괜찮아요.

「～なくても いいです」 뒤에 의문을 나타내는 「～か」를 붙이면 '~하지 않아도 됩니까?'라는 뜻의 허락을 받는 표현으로도 사용할 수 있습니다.

～よ ~요, ~해요 [종조사]

종조사 「～よ」는 문맥에 따라 여러 가지 뜻으로 사용되는데, 주로 가벼운 감동이나 단념, 또는 자신의 의견을 주장하거나 다짐할 때 사용합니다. 부드러운 느낌보다는 의사를 명확히 전달하는 느낌이 있습니다.

もう 帰(かえ)りましょうよ。
그만 돌아갑시다.

心配(しんぱい)しなくても いいですよ。
걱정하지 않아도 돼요.

WORDS

日本語(にほんご) 일본어
～で ~(으)로
話(はな)す 이야기하다, 말하다
明日(あした) 내일
来(く)る 오다
連絡(れんらく)する 연락하다
もう 그만, 이제
心配(しんぱい)する 걱정하다

✱  실전 같은 **문형 연습**

TRACK 176

❶ 熱(あつ)いので さわらないで ください。

뜨거우니까 만지지 마세요.

①	休(やす)み	来(く)る
②	辛(から)い	食(た)べる
③	高(たか)い	買(か)う
④	私(わたし)が 行(い)く	心配(しんぱい)する

WORDS

休(やす)み 휴일, 휴가, 방학
来(く)る 오다
辛(から)い 맵다
食(た)べる 먹다
高(たか)い 비싸다, 높다
買(か)う 사다
行(い)く 가다
心配(しんぱい)する 걱정하다

TRACK 177

❷ おかわりは いかがですか。

한 그릇 더 어떠세요?

①	この かばんは
②	あかい ものは
③	少(すこ)し
④	一杯(いっぱい)

WORDS

かばん 가방
あかい 빨갛다
少(すこ)し 조금
一杯(いっぱい) 한 잔

TRACK 178

❸ ダイエットを しなければ なりません。

다이어트를 하지 않으면 안 됩니다.

①	やさい	食(た)べる
②	薬(くすり)	飲(の)む
③	写真(しゃしん)	撮(と)る
④	名前(なまえ)	書(か)く

WORDS

やさい 야채, 채소
薬(くすり) 약
写真(しゃしん)を 撮(と)る 사진을 찍다
名前(なまえ) 이름
書(か)く 쓰다, 적다

TRACK 179

❹ ダイエット しなくても いいです。

다이어트 하지 않아도 됩니다.

①	お酒(さけ)は	飲(の)む
②	毎日(まいにち)	運動(うんどう)する
③	手(て)を	洗(あら)う
④	はやく	起(お)きる

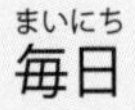

WORDS

お酒(さけ) 술
運動(うんどう)する 운동하다
手(て) 손
洗(あら)う 씻다
はやく 일찍, 빨리
起(お)きる 일어나다

✳ 술술 나오는 회화

1

TRACK 180 | 181 | 182

きむら

カレーが できました。

熱(あつ)いので 鍋(なべ)には 触(さわ)らないで ください。どうぞ。

ユナ

うわ~! いい においですね。

いただきます。

きむらさん、この カレー 辛(から)くて、とても おいしいです。

きむら

本当(ほんとう)ですか。よかった。

TRACK 183

기무라	카레가 완성되었습니다. 뜨거우니까 냄비에는 손대지 마세요. 자, 어서 드세요.
유나	우와~! 냄새가 좋아요. 잘 먹겠습니다. 기무라 씨, 이 카레 맵고 너무 맛있어요.
기무라	정말이요? 다행이다.

✳ 독학 플러스 ✳

- **いただきます** 잘 먹겠습니다

「いただきます」는 음식을 먹기 전에 하는 인사 표현입니다. 참고로, 음식을 다 먹고 난 후에 하는 인사 표현은「ごちそうさまでした 잘 먹었습니다」입니다.

WORDS TRACK 184

カレー 카레	できました 완성되었습니다	熱(あつ)い 뜨겁다
~ので ~(이)라서, ~(이)기 때문에	鍋(なべ) 냄비	~には ~에는
触(さわ)る 만지다, 손대다	~ないで ください ~하지 마세요	どうぞ 드세요, 하세요(허락이나 권유할 때)
うわ 우와	いい 좋다	におい 냄새
辛(から)い 맵다	とても 굉장히, 매우, 너무	おいしい 맛있다

2

TRACK 185 | 186 | 187

きむら

おかわりは いかがですか。

ユナ

いいえ、もう 十分(じゅうぶん)です。

私(わたし)、少(すこ)し ダイエットを しなければ なりません。

きむら

ええ？

ユナさん、ダイエット しなくても いいですよ。

今日(きょう)は ダイエットなんか 気(き)に しないで ください。

TRACK 188

기무라　한 그릇 더 어떠세요?

유나　아뇨, 이미 충분해요.
저 좀 다이어트를 해야 해요.

기무라　네?
유나 씨, 다이어트 하지 않아도 돼요.
오늘은 다이어트 같은 거 신경 쓰지 마세요.

독학 플러스

● **なんか** ~등, ~따위, ~같은 거

「なんか」는 어떤 예를 들어 말할 때 사용하는 표현입니다. 비슷한 표현으로 「なんて」, 「など」가 있습니다.

WORDS TRACK 189

おかわり 한 그릇 더 먹음, 리필	いかがですか 어떠십니까?	もう 벌써, 이미
十分(じゅうぶん)だ 충분하다	少(すこ)し 조금	ダイエット 다이어트
する 하다	～なければ なりません ~하지 않으면 안 됩니다, ~해야 합니다	
ええ 네	～なくても いいです ~하지 않아도 됩니다	今日(きょう) 오늘
～なんか ~등, ~따위, ~같은 거	気(き)に する 마음에 두다, 걱정하다	

✱ 도전! 연습문제

듣기

1 다음 대화를 잘 듣고 질문에 맞는 답을 고르세요. TRACK 190

(1) 이 카레의 맛은 어땠습니까?

① 맛없다 ② 달다

③ 싱겁다 ④ 맛있다

(2) 유나 씨는 무엇을 해야 한다고 했습니까?

① 다이어트 ② 운동

③ 공부 ④ 아르바이트

읽기

2 다음 문장을 발음에 주의하여 잘 읽어 보세요.

(1) 熱(あつ)いので 鍋(なべ)には 触(さわ)らないで ください。

(2) おかわりは いかがですか。

(3) ダイエットを しなければ なりません。

(4) ダイエット しなくても いいですよ。

쓰기

3 다음 우리말 의미를 참고하여 빈칸에 들어갈 알맞은 일본어를 써 보세요.

(1) 辛(から)い__________ 食(た)べないで ____________。

매우니까 먹지 마세요.

(2) 一杯(いっぱい) ____________。

한 잔 어떠십니까?

(3) 薬(くすり)を 飲(の)ま__________ ____________。

약을 먹지 않으면 안 됩니다.

(4) 毎日(まいにち) 運動(うんどう)し__________ ____________。

매일 운동하지 않아도 됩니다.

4 **학습한 어휘와 문형을 이용하여 제시된 우리말을 일본어로 말해 봅시다.**

(1) 이 방에는 들어오지 말아 주세요.

(2) 조금 어떠십니까?

(3) 일본어 공부를 하지 않으면 안 됩니다.

(4) 걱정하지 않아도 됩니다.

5 **다음 문장의 ＿★＿ 에 들어갈 가장 적당한 것을 1・2・3・4에서 하나 고르세요.**

(1) 熱(あつ)い ＿＿＿ ＿＿＿ ＿★＿ ＿＿＿ ください。

1 には　　2 ので　　3 鍋(なべ)　　4 触(さわ)らないで

(2) 漢字(かんじ)で ＿＿＿ ＿＿＿ ＿★＿ ＿＿＿ なりません。

1 を　　2 名前(なまえ)　　3 なければ　　4 書(か)か

UNIT 11

ビールを飲んで いますね。

맥주를 마시고 있네요.

영상 보기

✳ 학습 내용

- 동사의 て형에 연결된 표현1
  동사의 て형 + て います
- 동사의 て형에 연결된 표현2
  동사의 て형 + て みます
- 동사의 て형에 연결된 표현3
  동사의 て형 + て ください
- 동사의 て형에 연결된 표현4
  동사의 て형 + てから
- 동사의 て형에 연결된 표현5
  동사의 て형 + ても いいですか

✳ 확인해 볼까요?

1 鍋(なべ)には 触(さわ)ら＿＿＿＿＿＿＿＿

＿＿＿＿＿＿＿＿。

냄비에는 손대지 말아 주세요.

2 おかわりは ＿＿＿＿＿＿＿＿。

한 그릇 더 드시겠습니까?

3 ダイエットを ＿＿＿＿＿＿＿＿

なりません。

다이어트를 하지 않으면 안 됩니다.

4 ダイエット しなく＿＿＿＿＿＿＿＿

＿＿＿＿＿＿＿＿よ。

다이어트 하지 않아도 돼요.

TRACK 191

ビールを 飲(の)んで いますね。

맥주를 / 마시고 / 있네요.

● 동사의 て형 ＋ て います ~(하)고 있습니다, ~아(어) 있습니다

동사의 て형에 「~て(で) います」를 붙이면 진행이나 상태를 나타내는 표현이 됩니다. 이때 계속성을 띄는 동사와 함께 쓰이는 경우에는 진행을, 순간적으로 동작이 끝나는 동사와 함께 쓰이면 상태를 나타냅니다.

A 今(いま)、何(なに)を して いますか。
지금 무엇을 하고 있습니까? <진행>

B 日本語(にほんご)の 勉強(べんきょう)を して います。
일본어 공부를 하고 있습니다. <진행>

先生(せんせい)は 立(た)って います。
선생님은 서 있습니다. <상태>

学生(がくせい)は 座(すわ)って います。
학생은 앉아 있습니다. <상태>

彼(かれ)は ソウルに 住(す)んで います。
그는 서울에 삽니다.

妹(いもうと)は もう 結婚(けっこん)して います。
여동생은 이미 결혼했습니다.

✳✳✳

다음은 「~て いる」의 형태로 쓰는 대표적인 동사입니다.

- 住(す)む 살다
- 知(し)る 알다
- 似(に)る 닮다
- 結婚(けっこん)する 결혼하다

WORDS

ビール 맥주
今(いま) 지금
何(なに)を 무엇을
日本語(にほんご) 일본어
立(た)つ 서다
座(すわ)る 앉다
彼(かれ) 그
ソウル 서울
妹(いもうと) 여동생
もう 이미, 벌써, 이제

TRACK 192

2 初めてですけど 飲んで みます。

(はじ: 初, の: 飲)

처음이지만 / 마셔 / 보겠습니다.

● ~けど ~(이)지만, ~인데

「~けど」는 앞뒤 문장에 서로 대립되는 내용이 올 때 사용하는 조사입니다. 또한, 「~けど」는 「~けれども」와 「~けれど」의 줄임말입니다.

日本語(にほんご)は できますけど、中国語(ちゅうごくご)は あまり できません。
일본어는 할 수 있습니다만, 중국어는 그다지 못합니다.

● 동사의 て형 ＋ て みます ~해 보겠습니다

동사의 て형에 「~て(で) みます」를 붙이면 어떤 동작을 시험 삼아 해 볼 때 사용하는 표현이 됩니다. 그리고 이때 「みる」는 보조 동사로 쓰이기 때문에 히라가나로 써야 합니다.
참고로, '~하고 싶다'라는 희망을 나타내는 「~たい」와 함께 쓰여 「~て(で) みたいです ~해 보고 싶습니다」의 형태로도 많이 사용되니 함께 익혀 둡시다.

田中(たなか)さんに 電話(でんわ)して みます。
다나카 씨에게 전화해 보겠습니다.

スカートは 初(はじ)めてですけど、はいて みます。
치마는 처음이지만, 입어 보겠습니다.

一度(いちど)、食(た)べて みたいですね。
한번 먹어 보고 싶네요.

WORDS

- 初(はじ)めて 처음, 비로소
- できる 가능하다, 할 수 있다
- 中国語(ちゅうごくご) 중국어
- あまり 그다지, 별로
- 電話(でんわ)する 전화하다
- スカート 치마, 스커트
- はく (치마·바지 등을) 입다
- 一度(いちど) 한번, 한 번

TRACK 193

3 気軽(きがる)に 言(い)って ください。

편하게 / 말해 / 주세요.

동사의 て형 + て ください ~해 주세요, ~하세요

동사의 て형에 「~て(で) ください」를 붙이면 상대방에게 부탁을 하거나 의뢰 또는 지시할 때 사용하는 표현이 됩니다. 보다 공손하게 표현하려면 뒤에 「~ませんか」를 붙여서 「~て(で) くださいませんか ~해 주시지 않겠습니까?」라고 말하면 됩니다. 반대로, 친구에게 편하게 반말로 '~해 줘, ~해'라고 부탁하거나 지시할 때는 「ください」를 빼고 「~て」까지만 말합니다.

A すみませんが、駅(えき)は どこですか。
죄송합니다만, 역은 어디입니까?

B まっすぐ 行(い)って 右(みぎ)に 曲(ま)がって ください。
곧장 가서 오른쪽으로 도세요.

すみませんが、ちょっと 手伝(てつだ)って ください。
죄송합니다만, 좀 도와주세요.

すみませんが、ペンを 貸(か)して くださいませんか。
죄송합니다만, 펜을 빌려주시지 않겠습니까?

ちょっと 手伝(てつだ)って。
좀 도와줘.

ペンを 貸(か)して。
펜을 빌려줘.

> ✳✳✳
> '~하지 말아 주세요, ~하지 마세요'라고 할 때는 앞서 배운 「~ないで ください」를 쓰면 됩니다.
> 예 **写真(しゃしん)を 撮(と)らないで ください。**
> 사진을 찍지 마세요.

WORDS

- 気軽(きがる)に 편하게, 부담 없이
- 言(い)う 말하다
- 駅(えき) 역
- まっすぐ 곧장, 똑바로
- 右(みぎ) 오른쪽
- 曲(ま)がる 돌다
- 手伝(てつだ)う 돕다, 거들다
- ペン 펜
- 貸(か)す 빌려주다

음성 듣기

TRACK 194

4 これを 全部(ぜんぶ) 食(た)べてから 決(き)めても いいですか。

이것을 / 전부 / 먹고 나서 / 정해도 / 됩니까?

동사의 て형 ＋ てから ~하고 나서, 하고 난 후

동사의 て형에 「~て(で)から」를 붙이면 앞의 동작이 끝난 뒤 다음 동작을 할 때 사용하는 표현이 됩니다.

薬(くすり)は 食事(しょくじ)を してから 飲(の)んで ください。
약은 식사를 하고 나서 드세요.

家(いえ)に 帰(かえ)ってから 何(なに)を しますか。
집에 돌아온 후 무엇을 합니까?

동사의 て형 ＋ ても いいですか ~해도 됩니까?

동사의 て형에 「~ても(でも) いいですか」를 붙이면 상대방에게 허락을 구할 때 사용하는 표현이 됩니다. 「~ても(でも) いいですか」라는 질문에, 「はい、どうぞ」나 「もちろんです 물론입니다」라는 표현을 써서 대답할 수 있습니다.

A ここに 座(すわ)っても いいですか。
여기에 앉아도 됩니까?

B はい、どうぞ。
네, 앉으세요.

✻✻✻

반대 의미의 표현은 「~なくても いいですか ~지 않아도 됩니까?」입니다.

WORDS

全部(ぜんぶ) 전부
決(き)める 정하다, 결정하다
食事(しょくじ) 식사
帰(かえ)る 돌아가(오)다
座(すわ)る 앉다

실전 같은 문형 연습

TRACK 195

1 ビールを 飲(の)んで います。

맥주를 마시고 있습니다.

①	ドラマを	見(み)る
②	車(くるま)に	乗(の)る
③	電話(でんわ)を	する
④	いすに	座(すわ)る

WORDS

ドラマ 드라마
車(くるま) 차, 자동차
乗(の)る 타다
電話(でんわ) 전화
いす 의자
座(すわ)る 앉다

TRACK 196

2 日本酒(にほんしゅ)は 初(はじ)めてですけど、飲(の)んで みます。

니혼슈는 처음이지만, 마셔 보겠습니다.

①	この 店(みせ)	入(はい)る
②	スカート	はく
③	肉(にく)	食(た)べる
④	料理(りょうり)	作(つく)る

WORDS

日本酒(にほんしゅ) 니혼슈(일본 전통술)
初(はじ)めて 처음, 비로소
入(はい)る 들어가(오)다
スカート 치마, 스커트
はく (치마·바지 등을) 입다
肉(にく) 고기
作(つく)る 만들다

TRACK 197

3 気軽(きがる)に 言(い)って ください。

편하게 말해 주세요.

①	まっすぐ	行(い)く
②	右(みぎ)に	曲(ま)がる
③	ゆっくり	休(やす)む
④	本(ほん)を	貸(か)す

WORDS

まっすぐ 곧장, 똑바로
右(みぎ) 오른쪽
曲(ま)がる 돌다
ゆっくり 천천히, 느긋하게, 푹
休(やす)む 쉬다
本(ほん) 책
貸(か)す 빌려주다

TRACK 198

4 食(た)べてから 決(き)めても いいですか。

먹고 나서 정해도 됩니까?

①	テレビを 見(み)る	勉強(べんきょう)する
②	少(すこ)し 休(やす)む	走(はし)る
③	運動(うんどう)を する	シャワーを 浴(あ)びる
④	食事(しょくじ)を する	コーヒーを 飲(の)む

WORDS

少(すこ)し 조금
走(はし)る 달리다
シャワーを 浴(あ)びる 샤워를 하다
食事(しょくじ) 식사
コーヒー 커피

술술 나오는 회화

1

TRACK 199 | 200 | 201

きむら

ユナさん、お酒(さけ)は 何(なに)に しましょうか。

ユナ

何(なに)か お勧(すす)めは ありますか。

きむら

周(まわ)りの 人達(ひとたち)は ビールを 飲(の)んで いますね。

まずは、ビールに しましょう。

ユナ

はい、いいですよ。

TRACK 202

기무라	유나 씨, 술은 뭘로 할까요?
유나	뭔가 추천할 만한 게 있나요?
기무라	주변 사람들은 맥주를 마시고 있네요. 우선은 맥주로 합시다.
유나	네, 좋아요.

독학 플러스

• お勧(すす)め 추천

「お勧(すす)め」는 '추천, 권장'이라는 뜻으로, 음식점이나 가게 등에서 많이 사용하는 표현입니다. 우리나라의 '추천 메뉴'에 해당하는 표현이 바로 「お勧(すす)め」이니 잘 기억해 두세요.

WORDS TRACK 203

お酒(さけ) 술	何(なに)に 무엇으로, 뭘로	しましょうか 할까요?, 하겠습니까?
何(なに)か 무언가	周(まわ)り 주변, 주위	人達(ひとたち) 사람들
ビール 맥주	飲(の)む 마시다	～て います ~(하)고 있습니다, ~아/어 있습니다
まず 우선, 먼저	しましょう 합시다	いいですよ 좋아요, 좋습니다

음성 듣기

TRACK **204** | **205** | **206**

きむら　ユナさん、次(つぎ)は 日本酒(にほんしゅ)、どうですか。

ユナ　あ、日本酒(にほんしゅ)は 初(はじ)めてですけど、飲(の)んで みます。

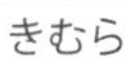
きむら　ほかに 食(た)べたい 料理(りょうり)は ありませんか。
気軽(きがる)に 言(い)って ください。

ユナ　まだ、料理(りょうり)が 残(のこ)って いるので、
これを 全部(ぜんぶ) 食(た)べてから 決(き)めても いいですか。

きむら　はい、もちろんです。

TRACK **207**

기무라	유나 씨, 다음은 니혼슈 어때요?
유나	아, 니혼슈는 처음이지만, 마셔 볼게요.
기무라	그 외에 먹고 싶은 요리는 없어요? 편하게 말해 주세요.
유나	아직 요리가 남아 있으니까, 이걸 전부 먹고 나서 정해도 될까요?
기무라	네, 물론이죠.

✳ 독학 플러스 ✳

● **初(はじ)めて** 처음(으로), 비로소

「初(はじ)めて」는 '처음(으로), 비로소, 첫 번째로'라는 뜻의 부사입니다.

WORDS TRACK **208**

次(つぎ) 다음	日本酒(にほんしゅ) 니혼슈(일본 전통술)	どうですか 어떻습니까?
~けど ~(이)지만, ~인데	~て みます ~해 보겠습니다	ほかに 이외에, 그 밖에
~たい ~하고 싶다	料理(りょうり) 요리	ありませんか 없습니까?
気軽(きがる)に 편하게, 소탈하게	言(い)う 말하다	~て ください ~해 주세요
まだ 아직	残(のこ)る 남다	~て いる ~(하)고 있다, ~아(어) 있다
全部(ぜんぶ) 전부	~て から ~하고 나서, ~한 후	決(き)める 정하다, 결정하다
~ても いいですか ~해도 됩니까?	もちろん 물론	

✱  도전! 연습문제

듣기

1 다음 대화를 잘 듣고 질문에 맞는 답을 고르세요. TRACK 209

(1) 周(まわ)りの 人達(ひとたち)は 何(なに)を 飲(の)んで いますか。

① コーラ　② コーヒー

③ ビール　④ ジュース

(2) 二人(ふたり)は 次(つぎ)に 何(なに)を 飲(の)みますか。

① ビール　② 日本酒(にほんしゅ)

③ コーラ　④ コーヒー

읽기

2 다음 문장을 발음에 주의하여 잘 읽어 보세요.

(1) ビールを 飲(の)んで いますね。

(2) 初(はじ)めてですけど 飲(の)んで みます。

(3) 気軽(きがる)に 言(い)って ください。

(4) これを 全部(ぜんぶ) 食(た)べてから 決(き)めても いいですか。

쓰기

3 다음 우리말 의미를 참고하여 빈칸에 들어갈 알맞은 일본어를 써 보세요.

(1) 車(くるま)に ＿＿＿＿＿＿ います。

자동차에 타고 있습니다.

(2) スカートは 初(はじ)めてですけど、はいて ＿＿＿＿＿＿。

치마는 처음이지만, 입어 보겠습니다.

(3) まっすぐ 行(い)っ＿＿＿＿ ＿＿＿＿＿＿。

곧장 가 주세요. (가세요.)

(4) 食事(しょくじ)を し＿＿＿＿＿ コーヒーを 飲(の)んでも いいですか。

식사를 하고 나서 커피를 마셔도 됩니까?

4 **학습한 어휘와 문형을 이용하여 제시된 우리말을 일본어로 말해 봅시다.**

(1) 학생은 앉아 있습니다.

(2) 일본어는 할 줄 압니다만, 영어는 별로 못합니다.

(3) 펜을 빌려주세요.

(4) 집에 돌아온 후, 무엇을 합니까?

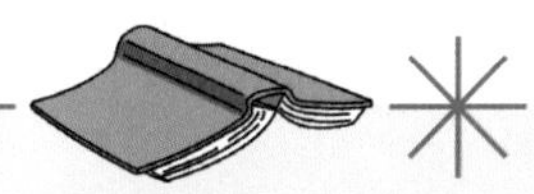

5 **다음 문장의 ___★___에 들어갈 가장 적당한 것을 1・2・3・4에서 하나 고르세요.**

(1) みんな ＿＿＿ ＿★＿ ＿＿＿ ＿＿＿ ね。

1 います　　2 飲(の)んで　　3 を　　4 ビール

(2) 全部(ぜんぶ) ＿＿＿ ＿★＿ ＿＿＿ ＿＿＿ いいですか。

1 食(た)べて　　2 ても　　3 から　　4 決(き)め

UNIT 12

富士山(ふじさん)に 登(のぼ)った ことが ありますか。

후지산에 오른 적이 있습니까?

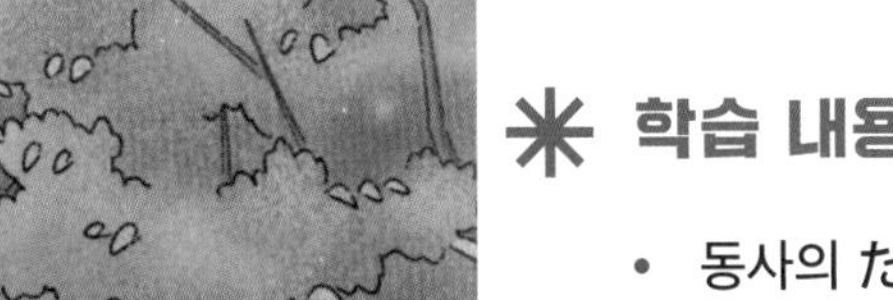

영상 보기

✳ 학습 내용

- 동사의 た형
  ～た
- 동사의 た형에 연결된 표현 1
  동사의 た형 + た ことが あります
- 동사의 た형에 연결된 표현 2
  동사의 た형 + た ばかりです
- 동사의 た형에 연결된 표현 3
  동사의 た형 + たり ～たり します
- 동사의 た형에 연결된 표현 4
  동사의 た형 + た 方(ほう)が いいです

✳ 확인해 볼까요?

1 ビールを 飲(の)ん____ ____ね。
맥주를 마시고 있네요.

2 初(はじ)めてですけど 飲(の)ん____
________。
처음이지만, 마셔 보겠습니다.

3 気軽(きがる)に ____ ____。
편하게 말해 주세요.

4 これを 全部(ぜんぶ) 食(た)べ____
決(き)めても いいですか。
이것을 전부 먹고 나서 정해도 됩니까?

TRACK 210

1 富士山(ふじさん)に 登(のぼ)った ことが ありますか。

후지산에 / 오른 / 적이 / 있습니까?

동사의 た형(과거형): ~た ~했다

동사의 た형은 과거를 나타내는 표현입니다. 동사의 た형은 각 동사별 활용 형태가 다른데, 특히 1그룹 동사는 네 가지 규칙에 따라 활용되니 잘 익혀 둡시다.

1그룹 동사	1. 기본형 어미 う・つ・る → ~った 예 あう 만나다 → あった 만났다 まつ 기다리다 → まった 기다렸다 ふる 내리다 → ふった 내렸다
	2. 기본형 어미 ぬ・ぶ・む → ~んだ 예 しぬ 죽다 → しんだ 죽었다 あそぶ 놀다 → あそんだ 놀았다 のむ 마시다 → のんだ 마셨다
	3. 기본형 어미 く・ぐ → ~いた・~いだ 예 かく 쓰다 → かいた 썼다 いそぐ 서두르다 → いそいだ 서둘렀다 예외 いく 가다 → いった 갔다
	4. 기본형 어미 す → ~した 예 はなす 이야기하다 → はなした 이야기했다
2그룹 동사	어미「る」를 떼고,「~た」를 붙입니다. 예 たべる 먹다 → たべた 먹었다
3그룹 동사	불규칙하므로 그대로 외웁니다. 예 くる 오다 → きた 왔다 する 하다 → した 했다

✳✳✳

동사의 た형은 앞에서 배운 동사의 て형과 활용 방법이 동일하므로, て형 활용만 제대로 알고 있다면 た형은 쉽게 익힐 수 있습니다.

동사의 た형 뒤에 명사를 바로 연결하면 '~했던'의 의미로 수식할 수 있습니다.

예 会(あ)った 人(ひと)
만났던 사람

WORDS

富士山(ふじさん) 후지산
登(のぼ)る 오르다

동사의 た형 + た ことが あります ~한 적이 있습니다

동사의 た형에 「~た(だ) ことが あります」를 붙이면 어떤 일에 대한 경험을 말할 때 사용하는 표현이 됩니다. 또한, 문장 끝에 「~か」를 붙여 「~た(だ) ことが ありますか」라고 하면 '~한 적이 있습니까?'라고 경험의 유무를 묻는 표현이 됩니다.

日本(にほん)に 行(い)った ことが あります。
일본에 간 적이 있습니다.

A お見合(みあ)いを した ことが ありますか。
맞선을 본 적이 있습니까?

B はい、一度(いちど) した ことが あります。
네, 한 번 본 적이 있습니다.

✳✳✳

'~한 적이 없습니다'라고 답할 때는 「~た(だ) ことが ありません」 또는 「~た(だ) ことが ないです」라고 하면 됩니다.

WORDS

お見合(みあ)いを する 맞선을 보다
一度(いちど) 한 번

✳ 동사 て형·た형 활용 연습 ✳

동사 (기본형)	동사의 て형	동사의 た형
예 いく 가다	いって 가고, 가서	いった 갔다
① たつ 서다		
② みる 보다		
③ かえる 돌아가(오)다		
④ はいる 들어가(오)다		
⑤ かく 쓰다		
⑥ あそぶ 놀다		
⑦ かう 사다		
⑧ かりる 빌리다		
⑨ くる 오다		
⑩ する 하다		

TRACK 211

2 始(はじ)めた ばかりですが、
시작한 지 / 얼마 안 되었지만,

走(はし)ったり 泳(およ)いだり して います。
뛰거나 / 수영하거나 / 하고 / 있습니다.

동사의 た형 + た ばかりです ~한 지 얼마 안 되었습니다

동사의 た형에 「~た(だ) ばかりです」를 붙이면 '~한 지 얼마 안 되었습니다', '막 ~했습니다'라는 뜻이 되며, 어떤 동작이 끝나거나 시작한 지 얼마 안 되었음을 나타낼 때 사용합니다.

今(いま) 起(お)きた ばかりです。
지금 막 일어났습니다.

日本(にほん)に 来(き)た ばかりです。
일본에 온 지 얼마 안 되었습니다.

동사의 た형 + たり ~たり します ~하거나 ~하거나 합니다

동사의 た형에 「~たり(だり) ~たり(だり) します」를 붙이면 '~하기도 하고 ~하기도 합니다'라는 뜻이 되며, 동작을 나열할 때 사용합니다. 이때 형태는 과거형이지만, 우리말로 옮길 때는 현재형으로 말해야 한다는 것을 기억해 두세요.

日曜日(にちようび)は 友達(ともだち)と 映画(えいが)を 見(み)たり 遊(あそ)んだり します。
일요일은 친구와 영화를 보기도 하고 놀기도 합니다.
(일요일은 친구와 영화를 보거나 놀거나 합니다.)

家(いえ)で 掃除(そうじ)を したり 洗濯(せんたく)を したり しました。
집에서 청소를 하기도 하고 빨래를 하기도 했습니다.
(집에서 청소를 하거나 빨래를 하거나 했습니다.)

WORDS

始(はじ)める 시작하다
走(はし)る 달리다, 뛰다
泳(およ)ぐ 헤엄치다, 수영하다
起(お)きる 일어나다
友達(ともだち) 친구
遊(あそ)ぶ 놀다
掃除(そうじ) 청소
洗濯(せんたく) 빨래, 세탁

음성 듣기

TRACK 212

3 はやく 帰(かえ)った 方(ほう)が いいですね。

일찍 / 돌어가는 / 편이 / 좋겠군요.

동사의 た형 + た 方(ほう)が いいです ~하는 편(것)이 좋습니다

동사의 た형에 「~た(だ) 方(ほう)が いいです」를 붙이면 '~하는 편이 좋습니다(낫습니다)'라는 뜻이 되며, 상대방에게 충고나 조언을 할 때 사용합니다.

風邪(かぜ)ですね。今日(きょう)は 休(やす)んだ 方(ほう)が いいですよ。
감기군요. 그럼, 오늘은 쉬는 게 좋겠어요.

道(みち)が 込(こ)んで いますから、電車(でんしゃ)で 行(い)った 方(ほう)が いいです。
길이 막히니까, 전철로 가는 편이 좋습니다.

明日(あした)は 試合(しあい)が あるから、はやく 寝(ね)た 方(ほう)が いいです。
내일은 시합이 있으니까, 빨리 자는 게 좋습니다.

'~하지 않는 편이 좋습니다'라고 할 때는 「~ない 方(ほう)が いいです」라고 하면 됩니다.

예 **行(い)かない 方(ほう)が いいです。**
가지 않는 편이 좋습니다.

WORDS

風邪(かぜ) 감기
休(やす)む 쉬다
道(みち)が 込(こ)む 길이 막히다
電車(でんしゃ) 전철
試合(しあい) 시합
寝(ね)る 자다

✱  실전 같은 문형 연습

TRACK 213

❶ 富士山(ふじさん)に 登(のぼ)った ことが あります。

후지산에 오른 적이 있습니다.

①	中国(ちゅうごく)に	行(い)く
②	お見合(みあ)いを	する
③	飛行機(ひこうき)に	乗(の)る
④	テレビに	出(で)る

WORDS

中国(ちゅうごく) 중국
お見合(みあ)いを する 맞선을 보다
飛行機(ひこうき) 비행기
テレビ TV, 텔레비전
出(で)る 나가(오)다

TRACK 214

❷ 始(はじ)めた ばかりです。

시작한 지 얼마 안 되었습니다.

①	会社(かいしゃ)に 入(はい)る
②	日本(にほん)に 来(く)る
③	家(いえ)に 帰(かえ)る
④	授業(じゅぎょう)が 終(お)わる

WORDS

会社(かいしゃ) 회사
入(はい)る 들어가(오)다
家(いえ) 집
帰(かえ)る 돌아가(오)다
授業(じゅぎょう) 수업
終(お)わる 끝나다

TRACK 215

❸ 走(はし)ったり 泳(およ)いだり して います。

뛰기도 하고 수영하기도 하고 있습니다.

①	まんがを 読(よ)む	ドラマを 見(み)る
②	掃除(そうじ)を する	洗濯(せんたく)を する
③	歩(ある)く	自転車(じてんしゃ)に 乗(の)る
④	食事(しょくじ)を する	お酒(さけ)を 飲(の)む

WORDS

まんが 만화
読(よ)む 읽다
掃除(そうじ) 청소
洗濯(せんたく) 빨래, 세탁
歩(ある)く 걷다
自転車(じてんしゃ) 자전거
食事(しょくじ) 식사
お酒(さけ) 술
飲(の)む 마시다

TRACK 216

❹ はやく 帰(かえ)った 方(ほう)が いいです。

일찍 돌아가는 편이 좋습니다.

①	先(さき)に	電話(でんわ)する
②	今日(きょう)	休(やす)む
③	一度(いちど)は	食(た)べて みる
④	はやく	寝(ね)る

WORDS

先(さき)に 먼저
電話(でんわ)する 전화하다
休(やす)む 쉬다
一度(いちど) 한 번
寝(ね)る 자다

술술 나오는 회화

1

TRACK 217 | 218 | 219

ユナ

もう すっかり 秋(あき)に なりましたね。

きむら

そうですね。

この 公園(こうえん)の 景色(けしき)も ずいぶん 変(か)わりましたね。

ユナさん、富士山(ふじさん)に 登(のぼ)った ことが ありますか。

ユナ

いいえ、日本(にほん)では なかなか 山(やま)に 登(のぼ)る 機会(きかい)が ないですね。

きむら

じゃ、いつか 一緒(いっしょ)に 富士山(ふじさん)に 登(のぼ)りましょう。

TRACK 220

유나	벌써 완연한 가을이 되었네요.
기무라	그렇네요. 이 공원의 경치도 꽤 변했네요. 유나 씨, 후지산에 오른 적이 있나요?
유나	아니요, 일본에서는 좀처럼 산에 오를 기회가 없네요.
기무라	그럼, 언젠가 함께 후지산에 올라갑시다.

독학 플러스

● **～に なる** ~이/가 되다, ~해지다

「명사, な형용사 어간 + に なる」는 '~이/가 되다, ~해지다'라는 뜻으로, 어떠한 상태로 바뀌는 변화를 나타내는 표현입니다. 여기서는 「～に なる」의 정중한 과거 표현인 「～に なりました」의 형태로 쓰였습니다.

예 便利(べんり)だ 편리하다 → 便利(べんり)に なる 편리해지다

WORDS TRACK 221

もう 벌써, 이미, 이제	すっかり 완전히, 완연히	秋(あき) 가을	公園(こうえん) 공원
景色(けしき) 경치	ずいぶん 꽤, 몹시	変(か)わる 변하다, 바뀌다	富士山(ふじさん) 후지산
～に ~에	登(のぼ)る 오르다, 올라가다	なかなか 좀처럼, 전혀	山(やま) 산
機会(きかい)が ない 기회가 없다			

음성 듣기

TRACK 222 | 223 | 224

きむら

何(なに)か 運動(うんどう)は して いますか。

ユナ

最近(さいきん) ジムに 通(かよ)って います。

始(はじ)めた ばかりですが、

走(はし)ったり、泳(およ)いだり して います。

今日(きょう)も 行(い)きます。

きむら

そうですか。

じゃあ、今日(きょう)は はやく 帰(かえ)った 方(ほう)が いいですね。

TRACK 225

기무라　뭔가 운동은 하고 있어요?

유나　최근 헬스장에 다니고 있어요.
시작한 지 얼마 안 되었지만,
뛰기도 하고 수영하기도 하고 있어요.
오늘도 갈 거예요.

기무라　그렇군요. 그럼, 오늘은 일찍 돌아가는 게 좋겠네요.

WORDS　　TRACK 226

何(なに)か 무언가, 뭔가	運動(うんどう) 운동	して 하고, 해서	いますか 있습니까?
最近(さいきん) 최근, 요즘	ジム 헬스장, 스포츠 센터	通(かよ)う 다니다	始(はじ)める 시작하다
走(はし)る 달리다	泳(およ)ぐ 헤엄치다, 수영하다	はやく 빨리, 일찍	帰(かえ)る 돌아가(오)다

✳ 도전! 연습문제

듣기

1 다음 대화를 잘 듣고 질문에 맞는 답을 고르세요. TRACK 227

(1) ユナさんは 富士山(ふじさん)に 登(のぼ)った ことが ありますか。

① ない　　② 一度(いちど)

③ 二度(にど)　　④ 三度(さんど)

(2) ユナさんは 最近(さいきん) どこに 通(かよ)って いますか。

① 学校(がっこう)　　② 公園(こうえん)

③ ジム　　④ 会社(かいしゃ)

읽기

2 다음 문장을 발음에 주의하여 잘 읽어 보세요.

(1) 富士山(ふじさん)に 登(のぼ)った ことが ありますか。

(2) 始(はじ)めた ばかりですが、走(はし)ったり 泳(およ)いだり して います。

(3) はやく 帰(かえ)った 方(ほう)が いいですね。

쓰기

3 다음 우리말 의미를 참고하여 빈칸에 들어갈 알맞은 일본어를 써 보세요.

(1) お見合(みあ)いを した ________ ________________。

맞선을 본 적이 있습니까?

(2) 会社(かいしゃ)に 入(はい)っ________ ________________。

회사에 막 들어왔습니다.

(3) まんがを ________ ドラマを 見(み)たり して います。

만화를 읽거나 드라마를 보거나 하고 있습니다.

(4) はやく 寝(ね)______ ________ ________________。

일찍 자는 편이 좋습니다.

음성 듣기

4 다음 질문을 읽고 자신의 상황에 맞게 대답해 봅시다.

(1) 山(やま)に 登(のぼ)った ことが ありますか。

(2) 日本(にほん)に 行(い)った ことが ありますか。

(3) 何(なに)か 運動(うんどう)を して いますか。

5 다음 문장의 ___★___에 들어갈 가장 적당한 것을 1・2・3・4에서 하나 고르세요.

(1) 富士山(ふじさん) ______ ___★___ ______ ______ か。

1 登(のぼ)った　　2 ことが　　3 に　　4 あります

(2) はやく ______ ______ ___★___ ______ ね。

1 帰(かえ)った　　2 いいです　　3 が　　4 方(ほう)

UNIT 13

水(みず)の 中(なか)で 使(つか)う ことが できます。

물 속에서 사용할 수 있습니다.

영상 보기

✳ 학습 내용

- 동사 기본형에 연결된 표현1
  동사 기본형 + ことが できます
- 동사 기본형에 연결된 표현2
  동사 기본형 + 前(まえ)に
- 동사 기본형에 연결된 표현3
  동사 기본형 + つもりです
- 동사 보통형에 연결된 표현1
  동사 보통형 + と 思(おも)います

✳ 확인해 볼까요?

1 富士山(ふじさん)に 登(のぼ)っ____ ______
ありますか。
후지산에 오른 적이 있습니까?

2 始(はじ)めた ____________が、
走(はし)っ______ 泳(およ)い______
して います。
시작한 지 얼마 안 되었지만,
뛰거나 수영하거나 하고 있습니다.

3 はやく 帰(かえ)っ____ ______
__________ね。
일찍 돌아가는 편이 좋겠군요.

TRACK 228

1 水の 中で 使う ことが できます。

(みず / なか / つか)

물 | 속에서 | 사용하는 | 것이 | 가능합니다.

동사 기본형 + ことが できます ~(할) 수 있습니다

동사의 기본형에 「~ことが できます」를 붙이면 '~할 수 있습니다, ~하는 것이 가능합니다'라는 뜻이 되며, 어떤 일에 대한 능력이나 가능성을 말할 때 사용합니다.

名前(なまえ)を 漢字(かんじ)で 書(か)く ことが できます。
이름을 한자로 쓸 수 있습니다.

A 運転(うんてん)を する ことが できますか。
운전을 할 수 있습니까?

B いいえ、できません。
아니요, 못합니다.

「できる」는 '할 수 있다'라는 뜻의 2그룹 동사입니다. 「する」의 가능형이기도 합니다. 의문 표현으로 물을 때는 「~ことが できますか ~(할) 수 있습니까?」라고 하며 부정 표현은 「~ことが できません ~(할) 수 없습니다」이 됩니다.

WORDS

水(みず) 물
中(なか) 안, 속
使(つか)う 사용하다
名前(なまえ) 이름
漢字(かんじ) 한자
書(か)く 쓰다
運転(うんてん)を する 운전을 하다

TRACK 229

2 乾杯(かんぱい)する 前(まえ)に 何(なに)か ひとこと お願(ねが)いします。

건배하기 / 전에 / 뭔가 / 한마디 / 부탁합니다.

동사 기본형 + 前(まえ)に ~하기 전에

동사의 기본형에 「~前(まえ)に」를 붙이면 '~하기 전에'라는 뜻이 되며, 어떤 동작이 행해지기 전 상황이나 동작을 나타낼 때 사용합니다.

寝(ね)る 前(まえ)に シャワーを 浴(あ)びます。
자기 전에 샤워를 합니다.

朝(あさ)ご飯(はん)を 食(た)べる 前(まえ)に コーヒーを 飲(の)みます。
아침밥을 먹기 전에 커피를 마십니다.

電話(でんわ)する 前(まえ)に メールを 送(おく)りました。
전화하기 전에 메일을 보냈습니다.

＊＊＊

반대의 의미인 '~한 후에'는 「た형 + あとで」를 씁니다.

예 シャワーを **した あとで** 寝(ね)ます。
샤워를 한 후에 잡니다.

お願(ねが)いします 부탁합니다

「お願(ねが)いします」는 상대방에게 부탁을 하거나 처음 만났을 때 앞으로 잘 부탁한다는 의미의 인사말로 사용합니다.

これから どうぞ よろしく お願(ねが)いします。
앞으로 부디 잘 부탁합니다.

WORDS

乾杯(かんぱい)する 건배하다
ひとこと 한마디 (말)
寝(ね)る 자다
シャワーを 浴(あ)びる 샤워를 하다
朝(あさ)ご飯(はん) 아침밥
電話(でんわ)する 전화하다
メール 메일
送(おく)る 보내다

✱ 

TRACK 230

3 ユナさんを 大事(だいじ)に する つもりです。

유나 씨를 소중하게 여길 생각입니다.

● 동사 기본형 ＋ つもりです ~할 생각입니다, ~할 작정입니다

「つもり」는 속셈, 작정, 예정 등의 뜻을 가진 명사입니다. 동사의 기본형에 「~つもりです」를 붙이면 말하는 사람의 강한 의지나 결심을 나타내는 표현이 됩니다. 주로 미리 계획 등을 세워서 그 의지가 굳어졌을 때 사용합니다. 참고로 「~ない つもりです」는 '~(하)지 않을 생각(작정)입니다'라는 표현입니다.

来月(らいげつ)には 会社(かいしゃ)を やめる つもりです。
다음 달에는 회사를 그만둘 생각입니다.

来週(らいしゅう)から ジムに 通(かよ)う つもりです。
다음 주부터 헬스장에 다닐 생각입니다.

今日(きょう) 彼女(かのじょ)に 告白(こくはく)する つもりです。
오늘 그녀에게 고백할 작정입니다.

これから お酒(さけ)を 飲(の)まない つもりです。
앞으로 술을 마시지 않을 생각입니다.

会社(かいしゃ)を やめない つもりです。
회사를 그만두지 않을 작정입니다.

✱✱✱

「~つもりです」와 비슷한 표현으로 「~よていです ~할 예정입니다」가 있습니다. 「~つもりです」가 말하는 사람의 개인적인 생각이나 예정을 나타낸다면, 「~よていです」는 다른 사람과 상의 후에 결정한 사항이나 공적인 결정 사항을 말할 때 사용합니다.

WORDS

大事(だいじ)に する 소중하게 여기다, 소중히 하다
来月(らいげつ) 다음 달
やめる 그만두다, 끊다
来週(らいしゅう) 다음 주
ジム 헬스장, 스포츠 센터
通(かよ)う 다니다
告白(こくはく)する 고백하다
これから 앞으로, 이제부터
お酒(さけ) 술
飲(の)む 마시다
会社(かいしゃ) 회사

음성 듣기

TRACK 231

4 きっと 永遠(えいえん)に 続(つづ)くと 思(おも)います。

반드시 / 영원히 / 계속될 거라고 / 생각합니다.

● 보통형 ＋ と 思(おも)います ~(이)라고 생각합니다

각 품사의 보통형에 「～と 思(おも)います」를 붙이면 '~(이)라고 생각합니다, ~일 겁니다'라는 뜻으로, 말하는 사람의 의견이나 판단을 말할 때 사용하는 표현입니다. 주로 말하는 사람의 주관적인 판단에 의한 추측인 경우가 많습니다. 명사와 な형용사의 현재 시제 긍정문에는 「～だと 思(おも)います」가 붙습니다.

木村(きむら)さんは たぶん 恋人(こいびと)が いると 思(おも)います。
기무라 씨는 아마도 애인이 있다고 생각합니다(있을 거예요).

彼女(かのじょ)は 来年(らいねん) 結婚(けっこん)すると 思(おも)います。
그녀는 내년에 결혼할 거라 생각합니다.

田中(たなか)さんは バイトが あるので、来(こ)ないと 思(おも)います。
다나카 씨는 아르바이트가 있기 때문에 오지 않을 거라고 생각합니다.

この 料理(りょうり)は、母(はは)が 作(つく)ったと 思(おも)います。
이 요리는, 엄마가 만들었다고 생각합니다.

二人(ふたり)は 昨日(きのう) 会(あ)わなかったと 思(おも)います。
두 사람은 어제 만나지 않았다고 생각합니다.

明日(あした)は 寒(さむ)いと 思(おも)います。
내일은 추울 거라고 생각합니다.

この 店(みせ)の 店員(てんいん)は 親切(しんせつ)じゃないと 思(おも)います。
이 가게의 점원은 친절하지 않다고 생각합니다.

その 人(ひと)は 学生(がくせい)だと 思(おも)います。
그 사람은 학생이라고 생각합니다.

＊＊＊

'보통형'은 반말체를 의미합니다. '~이다, ~하다, ~었다, ~했다, ~이 아니다, ~하지 않다, ~이 아니었다, ~하지 않았다' 등과 같은 반말 표현을 가리킵니다.(p.232 참고)

WORDS

きっと 반드시, 꼭
永遠(えいえん)に 영원히
続(つづ)く 계속되다
たぶん 아마, 아마도
恋人(こいびと) 애인
いる 있다
来年(らいねん) 내년
結婚(けっこん)する 결혼하다
料理(りょうり) 요리
作(つく)る 만들다
会(あ)う 만나다
店(みせ) 가게
店員(てんいん) 점원
親切(しんせつ)だ 친절하다

실전 같은 문형 연습

TRACK 232

1 水(みず)の 中(なか)で 使(つか)う ことが できます。

물 속에서 사용하는 것이 가능합니다.

①	一人(ひとり)で	行(い)く
②	日本語(にほんご)で	話(はな)す
③	漢字(かんじ)を	読(よ)む
④	運転(うんてん)を	する

WORDS

一人(ひとり)で 혼자서
行(い)く 가다
話(はな)す 이야기하다, 말하다
漢字(かんじ) 한자
読(よ)む 읽다
運転(うんてん)を する 운전을 하다

TRACK 233

2 乾杯(かんぱい)する 前(まえ)に ひとこと お願(ねが)いします。

건배하기 전에 한마디 부탁합니다.

①	寝(ね)る	音楽(おんがく)を 聞(き)く
②	メールを 送(おく)る	電話(でんわ)を する
③	食事(しょくじ)する	手(て)を 洗(あら)う
④	書(か)く	読(よ)んで みる

WORDS

音楽(おんがく)を 聞(き)く 음악을 듣다
メール 메일
送(おく)る 보내다
電話(でんわ)を する 전화를 하다
食事(しょくじ)する 식사하다
手(て)を 洗(あら)う 손을 씻다

TRACK 234

3 ユナさんを 大事(だいじ)に する つもりです。

유나 씨를 소중하게 여길 생각입니다.

①	日本(にほん)で	仕事(しごと)を する
②	彼女(かのじょ)に	告白(こくはく)する
③	車(くるま)を	買(か)う
④	来月(らいげつ)	会社(かいしゃ)を やめる

WORDS

仕事(しごと)を する 일을 하다
告白(こくはく)する 고백하다
車(くるま) 자동차, 차
買(か)う 사다
来月(らいげつ) 다음 달
やめる 그만두다

TRACK 235

4 二人(ふたり)の 愛(あい)は 永遠(えいえん)に 続(つづ)くと 思(おも)います。

두 사람의 사랑은 영원히 계속될 거라고 생각합니다.

①	彼女(かのじょ)	来年(らいねん) 結婚(けっこん)する
②	彼(かれ)	恋人(こいびと)が いる
③	一度(いちど)	来(く)る
④	一人(ひとり)で	行(い)かない

WORDS

愛(あい) 사랑
結婚(けっこん)する 결혼하다
恋人(こいびと) 애인
一度(いちど) 한 번
一人(ひとり)では 혼자서는

✳ 술술 나오는 회화

1 TRACK 236 | 237 | 238

ユナ

木村(きむら)さん、お誕生日(たんじょうび) おめでとうございます!
これ、プレゼントです。

きむら

ありがとうございます。開(あ)けても いいですか。

ユナ

はい、どうぞ。

きむら

うわ~! おしゃれな 時計(とけい)ですね。

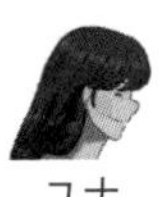
ユナ

これは、このまま 水(みず)の 中(なか)で 使(つか)う ことが できます。

TRACK 239

유나	기무라 씨, 생일 축하해요! 이거 선물이에요.
기무라	감사합니다. 열어 봐도 돼요?
유나	네, 열어 보세요.
기무라	우와~! 멋진 시계네요.
유나	이건 이대로 물 속에서 사용할 수 있어요.

✳ 독학 플러스 ✳

● **このまま** 이대로

「~まま」 앞에 「この·その·あの」를 붙이면 「このまま 이대로」, 「そのまま 그대로」, 「あのまま 저대로」라는 표현이 됩니다.

WORDS TRACK 240

お誕生日(たんじょうび) 생일	おめでとうございます 축하합니다	プレゼント 선물
ありがとうございます 감사합니다	開(あ)ける 열다	~ても いいですか ~해도 됩니까?
おしゃれだ 화려하다, 멋지다	時計(とけい) 시계	水(みず) 물
中(なか) 안, 속	使(つか)う 사용하다	

TRACK 241 | 242 | 243

ミンジュン

木村さん、乾杯する 前に 何か ひとこと
お願いします。

きむら

はい。ミンジュンさんの おかげで
ユナさんと 付き合う ことに なりました。
これから もっと ユナさんを 大事に する つもりです。

ミンジュン

いいですね。
二人の 愛は きっと 永遠に 続くと 思います。
じゃあ、乾杯～!

TRACK 244

민준　기무라 씨, 건배하기 전에 뭔가 한마디 부탁합니다.

기무라　네. 민준 씨 덕분에 유나 씨와 사귀게 되었습니다.
앞으로 더욱 유나 씨를 소중하게 여길 생각입니다.

민준　좋네요.
두 사람의 사랑은 꼭 영원히 계속될 거예요.
자, 건배~!

✳ 독학 플러스 ✳

- **～ことに なりました**

~하게 되었습니다

「동사 기본형 + ことに なりました」는 어떤 사정으로 인해 그렇게 된 상태임을 말할 때 사용하는 표현입니다.

WORDS　　TRACK 245

乾杯(かんぱい)する 건배하다	ひとこと 한마디 (말)	お願(ねが)いします 부탁합니다
おかげで 덕분에	付(つ)き合(あ)う 사귀다, 교제하다	これから 이제부터, 앞으로
もっと 더, 더욱	大事(だいじ)に する 소중히 여기다	二人(ふたり) 두 사람
愛(あい) 사랑	きっと 꼭, 반드시	永遠(えいえん)に 영원히
続(つづ)く 계속되다		

도전! 연습문제

듣기

1 다음 대화를 잘 듣고 질문에 맞는 답을 고르세요. TRACK 246

(1) 木村(きむら)さんの 誕生日(たんじょうび)の プレゼントは 何(なん)ですか。

① かばん ② ノート

③ 時計(とけい) ④ 車(くるま)

(2) 誰(だれ)の おかげで ユナさんと 付(つ)き合(あ)う ことに なりましたか。

① ユナ ② 木村(きむら)

③ 鈴木(すずき) ④ ミンジュン

읽기

2 다음 문장을 발음에 주의하여 잘 읽어 보세요.

(1) 水(みず)の 中(なか)で 使(つか)う ことが できます。

(2) 乾杯(かんぱい)する 前(まえ)に 何(なに)か ひとこと お願(ねが)いします。

(3) ユナさんを 大事(だいじ)に する つもりです。

(4) きっと 永遠(えいえん)に 続(つづ)くと 思(おも)います。

쓰기

3 다음 우리말 의미를 참고하여 빈칸에 들어갈 알맞은 일본어를 써 보세요.

(1) 日本語(にほんご)で 話(はな)す ＿＿＿＿＿＿ ＿＿＿＿＿＿＿＿。

일본어로 이야기하는 것이 가능합니다.

(2) 書(か)く ＿＿＿＿＿＿ 読(よ)んで みます。

쓰기 전에 읽어 보겠습니다.

(3) 彼女(かのじょ)に 告白(こくはく)する ＿＿＿＿＿＿＿＿。

그녀에게 고백할 생각입니다.

(4) 一人(ひとり)では 行(い)かない＿＿＿ ＿＿＿＿＿＿＿＿。

혼자서는 가지 않을 거라고 생각합니다.

4 **다음 질문을 읽고 자신의 상황에 맞게 대답해 봅시다.**

(1) 日本語(にほんご)で 話(はな)す ことが できますか。

(2) 漢字(かんじ)を 読(よ)む ことが できますか。

(3) 寝(ね)る 前(まえ)に 何(なに)を しますか。

시험대비

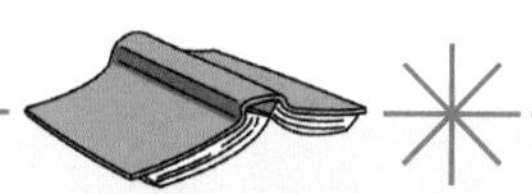

5 **다음 문장의 ＿★＿ 에 들어갈 가장 적당한 것을 1・2・3・4에서 하나 고르세요.**

(1) 水(みず)の 中(なか) ＿＿＿ ＿＿＿ ＿★＿ ＿＿＿ できます。

1 こと　　2 で　　3 使(つか)う　　4 が

(2) ユナさんを ＿★＿ ＿＿＿ ＿＿＿ ＿＿＿ です。

1 する　　2 つもり　　3 に　　4 大事(だいじ)

UNIT 14
ときどき
時々
あ
会えますよね。
때때로 만날 수 있는 거죠?

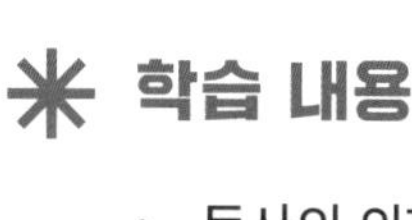

영상 보기

✳ 학습 내용

- 동사의 의지형
  ～う/よう
- 동사 의지형에 연결된 표현 1
  동사 의지형 + と しました
- 동사 의지형에 연결된 표현 2
  동사 의지형 + と 思(おも)って います
- 동사의 가능형
- 가정 표현
  ～たら

✳ 확인해 볼까요?

1 水(みず)の 中(なか)で ＿＿＿＿ ことが できます。
물 속에서 사용하는 것이 가능합니다.

2 ＿＿＿＿＿＿ ＿＿＿＿ 何(なに)か ひとこと お願(ねが)いします。
건배하기 전에 뭔가 한마디 부탁합니다.

3 大事(だいじ)に する ＿＿＿＿＿＿。
소중하게 여길 생각입니다.

4 きっと 永遠(えいえん)に 続(つづ)く＿＿＿＿ ＿＿＿＿＿＿。
반드시 영원히 계속 될 거라고 생각합니다.

TRACK 247

1 ユナさんに 話(はな)そうと しました。

유나 씨에게 / 이야기하려고 / 했습니다.

● 동사의 의지형: ～う / よう ~하자, ~하겠다, ~해야지

동사의 의지형은 상대방 에게 제안을 하거나, 자신의 생각이나 의지를 나타낼 때 사용합니다. 동사 그룹별로 어떻게 의지형을 만드는지 확인해 봅시다.

1그룹 동사	어미를 「お단」으로 바꾼 후, 「う」를 붙입니다. 예 いく 가다 → いこう 가자 / 가겠다 / 가야지
2그룹 동사	어미 「る」를 떼고, 「よう」를 붙입니다. 예 たべる 먹다 → たべよう 먹자 / 먹겠다 / 먹어야지
3그룹 동사	불규칙하므로 그대로 외웁니다. 예 くる 오다 → こよう 오자 / 오겠다 / 와야지 する 하다 → しよう 하자 / 하겠다 / 해야지

✱✱✱

의지형 「～う/よう」를 발음할 때는 '오-, 요-'와 같이 장음으로 발음한다는 것에 유의합시다.

예 食(た)べよう [tabeyo-]

● 동사의 의지형 ＋ と しました ~하려고 했습니다

동사의 의지형에 「～と しました」를 붙이면 어떤 일을 시도하거나 어떤 변화가 일어나기 직전 상태를 나타내는 표현이 됩니다. 또한, '그 행동을 하려고 했지만 결국 하지 못했다'라는 뉘앙스가 포함된 경우가 많습니다.

新(あたら)しい 服(ふく)を 買(か)おうと しましたが、お金(かね)が なかったです。
새 옷을 사려고 했습니다만, 돈이 없었습니다.

電話(でんわ)しようと しました。
전화하려고 했습니다(만 못 했습니다).

WORDS

話(はな)す 이야기하다
新(あたら)しい 새롭다
服(ふく) 옷
買(か)う 사다
お金(かね)が ない 돈이 없다
電話(でんわ)する 전화하다

TRACK 248

2 時々(ときどき) 会(あ)えますよね。

때때로 만날 수 있는 거죠?

동사의 가능형

동사의 가능형은 '~할 수 있다'라는 뜻으로, 동사를 가능형으로 직접 바꾸는 형태입니다. 동사 그룹별로 가능형 만드는 방법을 알아봅시다.

1그룹 동사	어미를「え단」으로 바꾼 후,「る」를 붙입니다. 예 いく 가다 → いける 갈 수 있다
2그룹 동사	어미「る」를 떼고,「られる」를 붙입니다. 예 たべる 먹다 → たべられる 먹을 수 있다
3그룹 동사	불규칙하므로 그대로 외웁니다. 예 くる 오다 → こられる 올 수 있다 する 하다 → できる 할 수 있다

일본어의 가능 표현에는 두 가지가 있는데, 동사를 직접 가능형으로 바꾸는 방법과 앞에서 배운 동사의 기본형에「～ことが できる」를 붙이는 방법이 있습니다.

예 갈 수 있다
行(い)ける
行(い)く ことが できる

日本語(にほんご)が 話(はな)せます。
일본어를 말할 수 있습니다.

朝早(あさはや)く 起(お)きられます。
아침 일찍 일어날 수 있습니다.

일반적으로 가능 동사 앞에는 대상을 나타낼 때 조사「を」가 아닌「が」가 옵니다.

WORDS

時々(ときどき) 때때로, 가끔
会(あ)える 만날 수 있다
朝早(あさはや)く 아침 일찍
起(お)きる 일어나다

TRACK 249

3

来年(らいねん) 大学(だいがく)を 卒業(そつぎょう)したら、

내년(에) 대학을 졸업하면,

どうする つもりですか。

어떻게 할 생각입니까?

● 가정 표현: ~たら ~하면, ~한다면

일본어의 가정 표현 중 「~たら」는 '~하면, ~한다면'이라는 뜻으로, 어떤 일이 이루어진 것을 가정하여 조건으로 내세울 때 사용하는 표현입니다. 그럼, 「~たら」에 연결되는 가정 표현을 만드는 방법에 대해서 알아볼까요?

동사	동사를 た형으로 바꾸고 「たら」를 붙입니다. 예 いく 가다 → いったら 가면
い형용사	어미 「い」를 떼고, 「かったら」를 붙입니다. 예 さむい 춥다 → さむかったら 추우면
な형용사	어미 「だ」를 떼고, 「だったら」를 붙입니다. 예 ひまだ 한가하다 → ひまだったら 한가하면

2月(がつ)に なったら 引(ひ)っ越(こ)しする つもりです。
2월이 되면 이사할 생각입니다.

明日(あした) 雨(あめ)が 降(ふ)ったら 試合(しあい)は 中止(ちゅうし)です。
내일 비가 온다면 시합은 중지됩니다.

夏休(なつやす)みに なったら、何(なに)が したいですか。
여름 방학이 되면, 무엇을 하고 싶나요?

***

명사는 「だったら」를 붙입니다. 부정형도 함께 기억해 둡시다.

예 お金持(かねも)ちだったら
부자라면
お金持(かねも)ちじゃなかったら
부자가 아니라면

WORDS

来年(らいねん) 내년
大学(だいがく) 대학
卒業(そつぎょう)する 졸업하다
つもり 생각, 작정, 예정
引(ひ)っ越(こ)し 이사
雨(あめ)が 降(ふ)る 비가 내리다
試合(しあい) 시합
中止(ちゅうし) 중지
夏休(なつやす)み 여름 방학(휴가)

TRACK 250

4 日本(にほん)で 就職(しゅうしょく)しようと 思(おも)って います。

일본에서 / 취직하려고 / 생각하고 있습니다.

동사의 의지형 + と思(おも)って います ~하려고 생각하고 있습니다

동사의 의지형에 「~と 思(おも)って います」를 붙이면 말하는 사람의 계획이나 적극적인 의지를 나타내는 표현이 됩니다.

今日(きょう)から 日記(にっき)を 書(か)こうと 思(おも)って います。
오늘부터 일기를 쓰려고 생각하고 있습니다.

来年(らいねん) 家(いえ)を 買(か)おうと 思(おも)って います。
내년에 집을 사려고 생각하고 있습니다.

明日(あした)から 朝早(あさはや)く 起(お)きようと 思(おも)って います。
내일부터 아침 일찍 일어나려고 생각하고 있습니다.

앞 과에서 배운, 말하는 사람의 의견이나 판단을 나타내는 표현인 「보통형 + ~と思(おも)います ~라고 생각합니다」와 형태가 비슷하므로 함께 기억해 두세요.

WORDS

就職(しゅうしょく)する 취직하다
日記(にっき) 일기
書(か)く 쓰다
家(いえ) 집
買(か)う 사다

✱ 

실전 같은 문형 연습

TRACK 251

1 ユナさんに 話(はな)そうと しました。

유나 씨에게 말하려고 했습니다.

①	朝早(あさはや)く	起(お)きる
②	彼女(かのじょ)に	告白(こくはく)する
③	外国語(がいこくご)を	習(なら)う
④	お酒(さけ)を	やめる

WORDS

朝早(あさはや)く 아침 일찍
起(お)きる 일어나다
告白(こくはく)する 고백하다
外国語(がいこくご) 외국어
習(なら)う 배우다
お酒(さけ) 술
やめる 끊다, 그만두다

TRACK 252

2 時々(ときどき) 会(あ)えます。

때때로 만날 수 있습니다.

①	料理(りょうり)が	作(つく)る
②	日本語(にほんご)が	話(はな)す
③	漢字(かんじ)が	読(よ)む
④	ピアノが	ひく

WORDS

料理(りょうり) 요리
作(つく)る 만들다
話(はな)す 이야기하다, 말하다
漢字(かんじ) 한자
読(よ)む 읽다
ピアノを ひく 피아노를 치다

TRACK 253

3 **大学(だいがく)を 卒業(そつぎょう)したら どうする つもりですか。**

대학을 졸업하면 어떻게 할 생각입니까?

①	日本(にほん)に	行(い)く
②	友達(ともだち)に	会(あ)う
③	お金(かね)が	ある
④	会社(かいしゃ)を	やめる

WORDS

友達(ともだち) 친구
会(あ)う 만나다
お金(かね) 돈
ある 있다
会社(かいしゃ) 회사
やめる 끊다, 그만두다

TRACK 254

4 **日本(にほん)で 就職(しゅうしょく)しようと 思(おも)って います。**

일본에서 취직하려고 생각하고 있습니다.

①	今日(きょう)から	ダイエットを する
②	来年(らいねん)	結婚(けっこん)する
③	毎日(まいにち)	運動(うんどう)する
④	毎日(まいにち)	朝(あさ)ご飯(はん)を 食(た)べる

WORDS

ダイエット 다이어트
来年(らいねん) 내년
結婚(けっこん)する 결혼하다
毎日(まいにち) 매일
運動(うんどう)する 운동하다
朝(あさ)ご飯(はん) 아침밥

1

TRACK 255 | 256 | 257

ユナ　大事(だいじ)な 話(はなし)って 何(なん)ですか。

きむら　実(じつ)は、来月(らいげつ) 中国(ちゅうごく)に 転勤(てんきん)する ことに なりました。

ユナ　え、そんな……。急(きゅう)にですか。

きむら　はい。先週(せんしゅう) 聞(き)いて 僕(ぼく)も すごく 驚(おどろ)きました。
実(じつ)は この前(まえ) 会(あ)った 時(とき)に ユナさんに 話(はな)そうと しましたが、
なかなか 話(はな)せなくて……。

TRACK 258

유나	중요한 얘기라는 게 뭐예요?
기무라	실은 다음 달 중국에 전근 가게 되었습니다.
유나	에? 그런……. 갑자기요?
기무라	네. 지난주에 듣고 저도 너무 놀랐습니다. 실은 요전에 만났을 때 유나 씨에게 말하려고 했습니다만, 좀처럼 말할 수 없어서…….

독학 플러스

- **~って** ~라는 것은, ~란, ~라니

「~って」는 단어나 문장을 인용하는 조사 「~と ~라고」의 구어체에 해당합니다. '어떤 사항에 대한 정의나 의미를 설명할 때 사용하는 표현으로, 일상 회화에서 많이 씁니다.

WORDS TRACK 259

大事(だいじ)だ 중요하다, 소중하다	話(はなし) 이야기	~ことに なりました ~하게 되었습니다
実(じつ)は 실은, 사실은	来月(らいげつ) 다음 달	中国(ちゅうごく) 중국
転勤(てんきん)する 전근하다	そんな 그런	急(きゅう)に 갑자기
先週(せんしゅう) 지난주	聞(き)く 듣다, 묻다	僕(ぼく) 나, 저 (남자가 자신을 가리킬 때)
すごく 굉장히, 몹시	驚(おどろ)く 놀라다	この前(まえ) 요전, 지난번
時(とき) 때	話(はな)す 이야기하다, 말하다	なかなか 좀처럼

2

TRACK 260 | 261 | 262

ユナ
日本(にほん)には いつ 戻(もど)って 来(き)ますか。

きむら
たぶん 2~3年(ねん)は 戻(もど)れません。

ユナ
でも 中国(ちゅうごく)は 日本(にほん)から そんなに 遠(とお)くないので 時々(ときどき) 会(あ)えますよね。

きむら
はい、でも……。ユナさんは 来年(らいねん) 大学(だいがく)を 卒業(そつぎょう)したら、どうする つもりですか。

ユナ
私(わたし)は 日本(にほん)で 就職(しゅうしょく)しようと 思(おも)って います。

TRACK 263

유나	일본에는 언제 돌아오세요?
기무라	아마 2~3년은 못 돌아올 거예요.
유나	하지만 중국은 일본에서 그렇게 멀지 않으니까, 때때로 만날 수 있겠죠?
기무라	네, 하지만……. 유나 씨는 내년에 대학을 졸업하면, 어떻게 할 생각이에요?
유나	저는 일본에서 취직하려고 생각하고 있어요.

독학 플러스

● **時々(ときどき)** 때때로, 가끔

「時々(ときどき)」는 '때때로, 가끔'이라는 뜻을 나타내는 부사입니다. 원래는 「時時」이지만, 같은 한자가 반복되었다는 것을 나타내는 기호 「々」를 넣어 표기합니다. 또한, 동일한 글자가 반복되거나 명사와 명사가 결합된 복합어의 경우, 뒤에 오는 첫 글자가 탁음으로 발음되는 경우가 있습니다.(연탁 현상)

예 人々(ひとびと) 사람들

WORDS TRACK 264

いつ 언제	戻(もど)って 来(く)る 되돌아오다	たぶん 아마	そんなに 그렇게
遠(とお)くない 멀지 않다	~ので ~(이)기 때문에, ~(이)라서	時々(ときどき) 때때로, 가끔	会(あ)える 만날 수 있다
来年(らいねん) 내년	大学(だいがく) 대학교	卒業(そつぎょう)する 졸업하다	どうする 어떻게 할
つもり 생각, 예정, 작정	就職(しゅうしょく)する 취직하다		

✳ 도전! 연습문제

1 다음 대화를 잘 듣고 질문에 맞는 답을 고르세요. TRACK 265

(1) 木村(きむら)さんは どこに 転勤(てんきん)する ことに なりましたか。

① 日本(にほん) ② 中国(ちゅうごく)
③ 韓国(かんこく) ④ アメリカ

(2) ユナさんは 来年(らいねん) 大学(だいがく)を 卒業(そつぎょう)したら どうする つもりですか。

① 勉強(べんきょう) ② 運動(うんどう)
③ 就職(しゅうしょく) ④ 結婚(けっこん)

읽기

2 다음 문장을 발음에 주의하여 잘 읽어 보세요.

(1) ユナさんに 話(はな)そうと しましたが……。

(2) 時々(ときどき) 会(あ)えますよね。

(3) 来年(らいねん) 大学(だいがく)を 卒業(そつぎょう)したら、どうする つもりですか。

(4) 日本(にほん)で 就職(しゅうしょく)しようと 思(おも)って います。

쓰기

3 다음 우리말 의미를 참고하여 빈칸에 들어갈 알맞은 일본어를 써 보세요.

(1) お酒(さけ)を ______________ と しました。
술을 끊으려고 했습니다.

(2) ピアノが ______________。
피아노를 칠 수 있습니다.

(3) お金(かね)が ______________ どうする つもりですか。
돈이 있다면 어떻게 할 생각입니까?

(4) 来年(らいねん) 結婚(けっこん)し______________ ______________ います。
내년에 결혼하려고 생각하고 있습니다.

4 다음 질문을 읽고 자신의 상황에 맞게 대답해 봅시다.

(1) ピアノが ひけますか。

(2) 何(なん)の 料理(りょうり)が 作(つく)れますか。

(3) お金(かね)が あったら どう しますか。

(4) 日本(にほん)へ 行(い)ったら 何(なに)を しますか。

시험대비

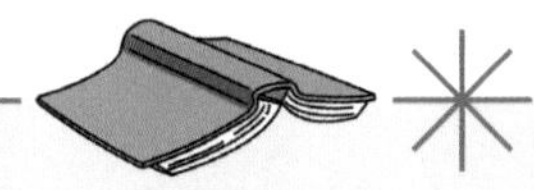

5 다음 문장의 ＿★＿에 들어갈 가장 적당한 것을 1・2・3・4에서 하나 고르세요.

(1) ユナさん ＿＿＿ ＿★＿ ＿＿＿ ＿＿＿ が……。

1 に　　2 しました　　3 と　　4 話(はな)そう

(2) 日本(にほん)で ＿＿＿ ＿＿＿ ＿＿＿ ＿★＿ います。

1 しよう　　2 就職(しゅうしょく)　　3 思(おも)って　　4 と

UNIT 15

とても 寂(さび)しく なりそうです。

너무 쓸쓸해질 것 같습니다.

영상 보기

✳ 학습 내용

- 전달 표현
  ～そうだ
- 추측 표현 1
  ～そうだ
- 추측 표현 2
  ～らしい
- 추측 표현 3
  ～ようだ

✳ 확인해 볼까요?

1 話(はな)＿＿＿＿＿ ＿＿＿＿＿。
이야기하려고 했습니다.

2 時々(ときどき) ＿＿＿＿＿ よね。
때때로 만날 수 있는 거죠?

3 来年(らいねん) 大学(だいがく)を 卒業(そつぎょう)＿＿＿＿、どうする つもりですか。
내년 대학을 졸업하면, 어떻게 할 생각입니까?

4 日本(にほん)で 就職(しゅうしょく) ＿＿＿＿＿ ＿＿＿＿＿。
일본에서 취직하려고 생각하고 있습니다.

1 中国(ちゅうごく)は 今(いま) とても 寒(さむ)いそうです。

중국은 / 지금 / 매우 / 춥다고 합니다.

전달의 ~そうだ ~라고 한다 [전문]

말하는 사람이 다른 곳에서 얻은 정보나 내용을 듣고 제3자에게 다시 전달할 때 사용하는 표현입니다.

품사	접속 형태	활용 예	
		긍정	부정
동사	보통형에 접속	降(ふ)るそうだ 내린다고 한다	降(ふ)らないそうだ 내리지 않는다고 한다
い형용사	보통형에 접속	面白(おもしろ)いそうだ 재미있다고 한다	面白(おもしろ)くないそうだ 재미없다고 한다
な형용사	보통형에 접속	便利(べんり)だそうだ 편리하다고 한다	便利(べんり)では(じゃ)ないそうだ 편리하지 않다고 한다
명사	보통형에 접속	先生(せんせい)だそうだ 선생님이라고 한다	先生(せんせい)では(じゃ)ないそうだ 선생님이 아니라고 한다

明日(あした)は 雪(ゆき)が 降(ふ)るそうです。 내일은 눈이 온다고 합니다.

あの 映画(えいが)は 面白(おもしろ)くないそうです。 저 영화는 재미없다고 합니다.

木村(きむら)さんの 話(はなし)に よると 日本(にほん)の 地下鉄(ちかてつ)は 便利(べんり)だそうです。
기무라 씨의 이야기에 따르면 일본의 지하철은 편리하다고 합니다.

彼女(かのじょ)は この 学校(がっこう)の 先生(せんせい)ではないそうです。
그녀는 이 학교의 선생님이 아니라고 합니다.

彼女(かのじょ)は この 学校(がっこう)の 先生(せんせい)じゃなかったそうです。
그녀는 이 학교의 선생님이 아니었다고 합니다.

***

1 な형용사, 명사의 현재 시제 보통형에서 어미 だ를 붙여야 합니다.

예 先生(せんせい)だそうです。
선생님이라고 합니다.

2 정보의 출처가 되는 부분에 '~에 따르면, ~에 의하면'이라는 뜻을 나타내는 「~に よると」나 「~に よれば」를 쓴다는 것도 함께 알아 두세요.

WORDS

先生(せんせい) 선생님
雪(ゆき) 눈
降(ふ)る 내리다
映画(えいが) 영화
面白(おもしろ)い 재미있다
話(はなし) 이야기
地下鉄(ちかてつ) 지하철
便利(べんり)だ 편리하다
学校(がっこう) 학교

TRACK 267

2 雪(ゆき)も たくさん 降(ふ)って いるらしいです。

눈도 / 많이 / 내리고 / 있다는 것 같습니다.

～らしい ~인 것 같다, ~라는 것 같다 추측

「～らしい」는 어떠한 사실이나 남에게 전해 들은 말을 근거로 완전한 사실이라고 단정할 수는 없지만, 거의 확실하다고 추측할 때 사용되는 표현입니다. 말하는 사람의 주관적인 판단에 의한 추측이 아니라, 객관적인 상태나 사실을 근거로 한 추측을 나타냅니다. 또, 소문 같은 내용을 전달할 때도 쓰이기도 합니다.

품사	접속 형태	활용 예
동사	보통형에 접속	降(ふ)るらしい 내린다는 것 같다
い형용사	보통형에 접속	面白(おもしろ)いらしい 재미있다는 것 같다
な형용사	보통형에 접속 (～~~だ~~)	便利(べんり)らしい 편리하다는 것 같다
명사	보통형에 접속 (～~~だ~~)	先生(せんせい)らしい 선생님이라는 것 같다

✳✳✳

「～らしい」는 '~한 것 같다'라는 추측의 뜻 외에, 접미사로 쓰일 때는 '~답다, ~다운'이라는 뜻으로도 쓰입니다.

예 春(はる)らしい 天気(てんき)
봄다운 날씨

この スマホは とても 便利(べんり)らしいです。
이 스마트폰은 매우 편리하다는 것 같습니다.

隣(となり)の 教室(きょうしつ)に 誰(だれ)かが いるらしいです。
옆 교실에 누군가가 있다는 것 같습니다.

その 映画(えいが)は 面白(おもしろ)く なかったらしいです。
그 영화는 재미있지 않았다는 것 같습니다.

WORDS

隣(となり) 옆
教室(きょうしつ) 교실
誰(だれ)か 누군가
いる 있다

TRACK 268

3 とても 寂(さび)しく なりそうです。

너무 / 쓸쓸해 / 질 것 같습니다.

추측의 ~そうだ ~일 것 같다, ~해 보인다 양태

말하는 사람이 직접 눈앞에 보이는 사물의 느낌을 그 순간의 직관적인 인상으로 말하여 추측하거나 앞으로 일어날 것 같은 가능성을 직감으로 이야기할 때 사용하는 표현입니다. 정보를 듣고 전달하는 전문의「そうだ」와 형태가 유사하지만, 접속 형태와 의미가 다르니 유의하며 살펴봅시다.

품사	접속 형태	활용 예	
		긍정	부정
동사	동사 ます형에 접속	降(ふ)りそうだ 내릴 것 같다	降(ふ)りそうにない 내리지 않을 것 같다
い형용사	어미 い를 떼고 어간에 접속	面白(おもしろ)そうだ 재미있을 것 같다	面白(おもしろ)くなさそうだ 재미있을 것 같지 않다
な형용사	어미 だ를 떼고 어간에 접속	便利(べんり)そうだ 편리할 것 같다	便利(べんり)では(じゃ)なさそうだ 편리할 것 같지 않다

雨(あめ)が 降(ふ)りそうですね。帰(かえ)りましょう。
비가 내릴 것 같네요. 돌아갑시다.

雨(あめ)が しばらく 止(や)みそうに ないです。
비가 금방 그칠 것 같지 않습니다.

この 漫画(まんが)、とても 面白(おもしろ)そうです。
이 만화, 매우 재미있을 것 같습니다.

デザインは いいですが、あまり 便利(べんり)ではなさそうです。
디자인은 좋지만, 그다지 편리할 것 같지 않습니다.

***

1 추측의「~そうだ」는 명사에는 접속되지 않는다는 것을 꼭 기억해 두세요.

2 추측의「~そうだ」가「いい/よい」와「ない」에 연결될 때는 다음과 같은 형태가 됩니다.

いい/よい + そうだ
→ **よさそうだ**

ない + そうだ
→ **なさそうだ**

WORDS

寂(さび)しい 쓸쓸하다, 외롭다
しばらく 당분간, 얼마 동안
止(や)む 멈추다, 그치다
漫画(まんが) 만화
デザイン 디자인
あまり 그다지, 별로

음성 듣기

TRACK 269

4 旅行(りょこう)に 行(い)く 人(ひと)が 多(おお)いようです。

여행을 / 가는 / 사람이 / 많은 것 같습니다.

~ようだ ~인 것 같다, ~인 모양이다 추측

「~ようだ」는 말하는 사람이 직접 보고, 듣고, 체험한 것을 바탕으로 추측하여 주관적인 판단을 내릴 때 사용하는 표현입니다. 주관적인 추측이지만, 직관적인 인상이라기보다는 말하는 사람이 어떤 데이터나 지식, 정보 등으로부터 내린 판단에 의한 추측입니다. '꼭 단정할 수는 없다'라는 뜻을 나타내는 부사 「どうも・どうやら 아무래도」를 동반하는 경우가 많습니다.

품사	접속 형태	활용 예
동사	보통형에 접속	降(ふ)るようだ 내리는 것 같다
い형용사	보통형에 접속	面白(おもしろ)いようだ 재미있는 것 같다
な형용사	보통형에 접속 (~だ→な)	便利(べんり)なようだ 편리한 것 같다
명사	보통형에 접속 (~だ→の)	先生(せんせい)のようだ 선생님인 것 같다

玄関(げんかん)で 音(おと)が しましたよ。誰(だれ)か 来(き)たようです。
현관에서 소리가 났어요. 누군가 온 것 같아요.

私(わたし)、どうも 熱(ねつ)が あるようです。
저 아무래도 열이 있는 것 같습니다.

人(ひと)が たくさん 並(なら)んで いますね。あの 店(みせ)の ケーキは おいしいようです。
사람들이 많이 줄 서 있네요. 저 가게의 케이크는 맛있는 것 같습니다.

***

1 추측의 「~そうだ」가 직관적이고 순간적이라면, 「~ようだ」는 화자의 과거의 경험이나 지식을 기반으로 상황을 판단했다는 느낌이 있습니다.

2 「~ようだ」와 유사한 표현으로 「~みたいだ」가 있는데, 이 표현은 격식을 차리지 않는 회화체에서 주로 사용됩니다.

WORDS

旅行(りょこう) 여행
多(おお)い 많다
玄関(げんかん) 현관
音(おと)が する 소리가 나다
誰(だれ)か 누군가
どうも 아무래도
熱(ねつ)が ある 열이 있다
たくさん 많이
並(なら)ぶ 줄 서다
店(みせ) 가게
ケーキ 케이크
おいしい 맛있다

✱ 실전 같은 문형 연습

TRACK 270

1 中国(ちゅうごく)は 寒(さむ)いそうです。

중국은 춥다고 합니다.

①	授業(じゅぎょう)が	ある
②	学校(がっこう)は	夏休(なつやす)み
③	あの 漫画(まんが)は	面白(おもしろ)い
④	料理(りょうり)が	上手(じょうず)だ

WORDS

授業(じゅぎょう) 수업
学校(がっこう) 학교
夏休(なつやす)み 여름 방학
漫画(まんが) 만화
面白(おもしろ)い 재미있다
料理(りょうり) 요리
上手(じょうず)だ 잘하다, 능숙하다

TRACK 271

2 雪(ゆき)も 降(ふ)って いるらしいです。

눈도 내리고 있다는 것 같습니다.

①	誰(だれ)か	いる
②	あの 人(ひと)は	学生(がくせい)
③	スマホは	便利(べんり)だ
④	部屋(へや)は	きれいだ

WORDS

誰(だれ)か 누군가
学生(がくせい) 학생
スマホ 스마트폰
便利(べんり)だ 편리하다
部屋(へや) 방
きれいだ 깨끗하다

TRACK 272

3 とても 寂(さび)しく なりそうです。

매우 쓸쓸해질 것 같습니다.

①	明日(あした)は	天気(てんき)が よい
②	彼(かれ)は	まじめだ
③	授業(じゅぎょう)は	早(はや)く 終(お)わる
④	彼女(かのじょ)は	来(く)る

WORDS

天気(てんき)が よい 날씨가 좋다
まじめだ 성실하다
早(はや)く 일찍, 빨리
終(お)わる 끝나다

TRACK 273

4 旅行(りょこう)に 行(い)く 人(ひと)が 多(おお)いようです。

여행을 가는 사람이 많은 것 같습니다.

①	熱(ねつ)	ある
②	野菜(やさい)	嫌(きら)いだ
③	雨(あめ)	降(ふ)った
④	部屋(へや)	広(ひろ)い

WORDS

熱(ねつ)が ある 열이 있다
野菜(やさい) 야채, 채소
嫌(きら)いだ 싫어하다
雨(あめ)が 降(ふ)る 비가 내리다
部屋(へや) 방
広(ひろ)い 넓다

✳ 술술 나오는 회화

1

TRACK 274 | 275 | 276

ユナ

中国(ちゅうごく)は 今(いま) とても 寒(さむ)いそうです。
雪(ゆき)も たくさん 降(ふ)って いるらしいです。
木村(きむら)さん、気(き)を つけて ください。

きむら

はい、ありがとう。ユナさんの 泣(な)きそうな 顔(かお)を 見(み)たら、
なかなか 足(あし)が 動(うご)かないです。

ユナ

私(わたし)も 木村(きむら)さんが 行(い)って しまったら
とても 寂(さび)しく なりそうです。

TRACK 277

유나 중국은 지금 매우 춥다고 해요.
눈도 많이 내리고 있다는 것 같아요.
기무라 씨, 몸 조심 하세요.

기무라 네, 고마워요. 유나 씨의 울 것 같은 얼굴을 보니,
좀처럼 발이 움직이질 않네요.

유나 저도 기무라 씨가 가 버리면
너무 쓸쓸해질 것 같아요.

✳ 독학 플러스 ✳

- **なかなか ～ない** 좀처럼 ~않다

「なかなか」는 긍정문에 오면 '상당히, 제법, 꽤'라는 뜻을 나타내지만, 뒤에 부정을 나타내는 표현이 오면 '좀처럼, 도저히'라는 뜻으로 쓰입니다.

WORDS TRACK 278

中国(ちゅうごく) 중국	今(いま) 지금	寒(さむ)い 춥다
雪(ゆき) 눈	たくさん 많이	降(ふ)る 내리다
気(き)を つける 조심하다, 주의하다	ありがとう 고맙다, 고마워	泣(な)く 울다
～そうな ~할 것 같은	顔(かお) 얼굴	足(あし) 발, 다리
動(うご)く 움직이다	寂(さび)しい 쓸쓸하다, 외롭다	～く なる ~해지다

음성 듣기

TRACK 279 | 280 | 281

ユナ　人(ひと)が たくさん 並(なら)んで いますね。

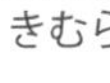

きむら　連休(れんきゅう)なので 旅行(りょこう)に 行(い)く 人(ひと)が 多(おお)いようです。
それじゃ、時間(じかん)なので 行(い)きます。

ユナ　はい。気(き)を つけて。

TRACK 282

유나	사람이 많이 서 있네요.
기무라	연휴라서 여행 가는 사람이 많은 것 같아요. 그럼, 시간이 됐으니 갈게요.
유나	네. 몸 조심 하세요.

독학 플러스

• 「동작성 명사/동사 ます형」+ に 行(い)く・来(く)る

동작성 명사란, 명사 중에 「する 하다」를 붙여 동사를 만들 수 있는 명사를 의미합니다. 동작성 명사 「旅行(りょこう) 여행」, 「買(か)い物(もの) 쇼핑」, 「ドライブ 드라이브」 등이나 동사 ます형에 「~に 行(い)く・来(く)る」를 붙이면, '~하러 가다·오다'와 같이 동작의 목적을 나타내는 표현이 됩니다. 「~に 行(い)く ~하러 가다」, 「~に 来(く)る ~하러 오다」의 형태로 기억해 둡시다.

예　買(か)い物(もの)に 行(い)きます。 쇼핑하러 갑니다.　　遊(あそ)びに 来(き)ました。 놀러 왔습니다.

WORDS　　TRACK 283

人(ひと) 사람	並(なら)ぶ 늘어서다, 줄을 서다	います 있습니다	連休(れんきゅう) 연휴
~ので ~(이)기 때문에, ~(이)라서	旅行(りょこう) 여행	多(おお)い 많다	それじゃ 그럼, 그렇다면
時間(じかん) 시간	買(か)い物(もの) 쇼핑, 장보기	ドライブ 드라이브	遊(あそ)ぶ 놀다

✱ 도전! 연습문제

듣기

1 다음 대화를 잘 듣고 질문에 맞는 답을 고르세요. TRACK 284

(1) 中国(ちゅうごく)は 今(いま) 何(なに)が 降(ふ)って いますか。

① 雨(あめ)　② 雪(ゆき)
③ 水(みず)　④ 風(かぜ)

(2) 旅行(りょこう)に 行(い)く 人(ひと)が 多(おお)いのは なぜですか。

① 連休(れんきゅう)なので　② 時間(じかん)なので
③ 木曜日(もくようび)なので　④ お金(かね)なので

읽기

2 다음 문장을 발음에 주의하여 잘 읽어 보세요.

(1) 中国(ちゅうごく)は 今(いま) とても 寒(さむ)いそうです。

(2) 雪(ゆき)も たくさん 降(ふ)って いるらしいです。

(3) とても 寂(さび)しく なりそうです。

(4) 旅行(りょこう)に 行(い)く 人(ひと)が 多(おお)いようです。

쓰기

3 다음 우리말 의미를 참고하여 빈칸에 들어갈 알맞은 일본어를 써 보세요.

(1) 料理(りょうり)が 上手(じょうず)だ＿＿＿＿＿＿＿＿。

요리를 잘한다고 합니다.

(2) 誰(だれ)か ＿＿＿＿＿＿らしいです。

누군가 있다는 것 같습니다.

(3) 彼(かれ)は ＿＿＿＿＿＿＿そうです。

그는 성실한 것 같습니다.

(4) 子供(こども)は 熱(ねつ)が ＿＿＿＿＿＿ようです。

아이는 열이 있는 것 같습니다.

4 학습한 어휘와 문형을 이용하여 제시된 우리말을 일본어로 말해 봅시다.

(1) 일본은 지금 매우 덥다고 합니다. (「そうだ」를 사용하여)

(2) 이 시계는 매우 편리하다는 것 같습니다. (「らしい」를 사용하여)

(3) 누군가 온 것 같습니다. (「ようだ」를 사용하여)

(4) 이 만화, 정말 재미있을 것 같습니다. (「そうだ」를 사용하여)

시험대비

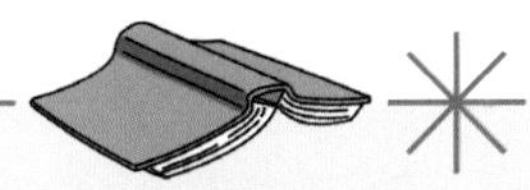

5 다음 문장의 ＿★＿ 에 들어갈 가장 적당한 것을 1・2・3・4에서 하나 고르세요.

(1) 中国(ちゅうごく) ＿＿＿ ＿＿＿ ＿★＿ ＿＿＿ です。

1 は　　2 そう　　3 今(いま)　　4 寒(さむ)い

(2) 私(わたし)は ＿＿＿ ＿＿＿ ＿★＿ ＿＿＿ です。

1 そう　　2 なり　　3 寂(さび)しく　　4 とても

UNIT 16 卒業式に来て くれました。

졸업식에 와 주었습니다.

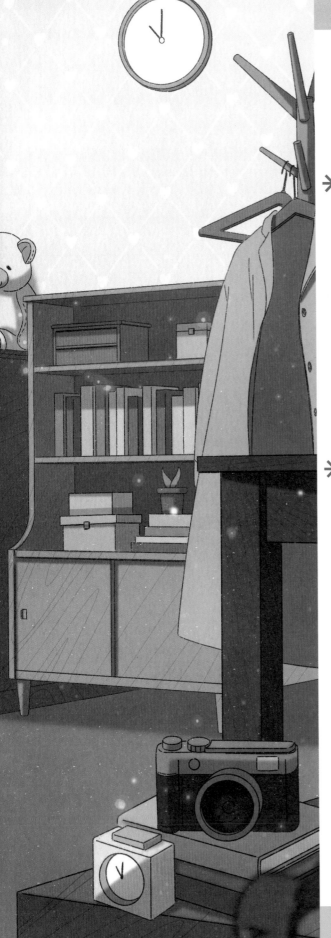

영상 보기

✳ 학습 내용

- 수수 표현 1
  あげる
- 수수 표현 2
  くれる
- 수수 표현 3
  もらう

✳ 확인해 볼까요?

1 中国(ちゅうごく)は 今(いま) とても 寒(さむ)い ________。
중국은 지금 매우 춥다고 합니다.

2 雪(ゆき)も たくさん 降(ふ)って ______ ________。
눈도 많이 내리고 있다는 것 같습니다.

3 とても 寂(さび)しく なり ________。
너무 쓸쓸해 질 것 같습니다.

4 旅行(りょこう)に 行(い)く 人(ひと)が 多(おお)い ________。
여행을 가는 사람이 많은 것 같습니다.

TRACK 285

1 お菓子(かし)を 周(まわ)りの 人達(ひとたち)にも あげました。

과자를 / 주위 / 사람들에게도 / 주었습니다.

● あげる (내가 남에게 / 남이 남에게) 주다

우리말의 '주다, 받다'처럼 무언가를 주고받는 동작을 나타내는 말을 수수 표현이라고 합니다. 일본어의 수수 표현 중 하나인「あげる 주다」는 내가 남에게 또는 남이 남에게 무언가를 줄 때 사용하는 표현입니다.

私(わたし)は 田中(たなか)さんに プレゼントを あげました。
저는 다나카 씨에게 선물을 주었습니다.

木村(きむら)さんは 先生(せんせい)に 本(ほん)を あげました。
기무라 씨는 선생님에게 책을 주었습니다.

● 동사의 て형 ＋ て あげる (내가 남에게 / 남이 남에게) ~해 주다

동사의 て형에「~て(で) あげる」를 붙이면 말하는 사람이 상대방에게 이익이 되는 행위를 해 준다는 의미로 사용됩니다. 하지만, '나'를 주어로 할 경우, 나의 배려를 뽐내거나 생색내는 느낌이 들기 때문에 일상 회화에서 자주 사용하지 않는 편이 좋습니다.

私(わたし)は 彼女(かのじょ)に 花(はな)を 買(か)って あげました。
저는 그녀에게 꽃을 사 주었습니다.

子供(こども)に どんな 本(ほん)を 読(よ)んで あげましたか。
아이에게 어떤 책을 읽어 주었습니까?

✳✳✳

1 내가 남에게 무언가를 준다는 표현으로「あげる」외에「やる」라는 말이 있는데, 이 표현은 주로 동물이나 식물에게 무언가를 줄 때 사용합니다.

예 花(はな)に 水(みず)を **やる**。
꽃에 물을 주다.

2「あげる 주다」보다 정중한 표현은「さしあげる 드리다」입니다.

WORDS

お菓子(かし) 과자
周(まわ)り 주위, 주변
人達(ひとたち) 사람들
プレゼント 선물
花(はな) 꽃
買(か)う 사다
子供(こども) 아이
どんな 어떤, 어떠한
読(よ)む 읽다

TRACK 286

2 父(ちち)と 母(はは)が 卒業式(そつぎょうしき)に 来(き)て くれました。

아버지와 어머니가 졸업식에 와 주었습니다.

● くれる (남이 나에게) 주다

일본어의 수수 표현 중「くれる 주다」는 남이 나(또는 나와 관계된 사람:가족, 동료)에게 무언가를 줄 때 사용하는 표현입니다. 참고로, 윗사람이 나에게 줄 때는 존경 표현인「くださる 주시다」를 사용합니다.

彼女(かのじょ)は 私(わたし)に 誕生日(たんじょうび)の プレゼントを くれました。
그녀는 저에게 생일 선물을 주었습니다.

先生(せんせい)は 私(わたし)に 英語(えいご)の 本(ほん)を くださいました。
선생님은 저에게 영어 책을 주셨습니다.

> ＊＊＊
> 「くださる 주시다」의 정중형(ます형)은 앞에서 배운 활용 규칙과 다르게「くださいます 주십니다」가 된다는 점도 함께 기억해 두세요.

● 동사의 て형 ＋ て くれる (남이 나에게) ~해 주다

「くれる 주다」도 동사의 て형에「~て(で) くれる」를 붙이면 상대방이 나, 또는 나와 관계된 사람에게 이익이 되는 행위를 해 준다는 의미로 사용됩니다.

日本(にほん)の 友達(ともだち)が 私(わたし)に お菓子(かし)を 送(おく)って くれました。
일본 친구가 저에게 과자를 보내 주었습니다.

田中(たなか)さんが 私(わたし)の 弟(おとうと)に 日本語(にほんご)を 教(おし)えて くれました。
다나카 씨가 제 남동생에게 일본어를 가르쳐 주었습니다.

WORDS

- 卒業式(そつぎょうしき) 졸업식
- 誕生日(たんじょうび) 생일
- 英語(えいご) 영어
- 本(ほん) 책
- 友達(ともだち) 친구
- 送(おく)る 보내다
- 教(おし)える 가르치다

회화의 토대는 문법

TRACK 287

3

木村(きむら)さんに 対(たい)する 私(わたし)の 気持(きも)ちを
기무라 씨에 대한 제 마음을

父(ちち)と 母(はは)に 分(わ)かって もらいました。
아버지와 어머니가 알아 주었습니다.

● ～に 対(たい)する ~에 대한

우리말의 '~에 대하여, ~에 있어서, ~에 관하여' 등처럼 일본어 조사 「～に ~에」에 연결하여 쓰이는 복합 조사에 대하여 알아볼까요?

① ～に 対(たい)して ~에 대하여 / **～に 対(たい)する** ~에 대한

鈴木先生(すずきせんせい)は 学生(がくせい)に 対(たい)して とても 厳(きび)しいです。
스즈키 선생님은 학생에 대하여(학생에게) 매우 엄격합니다.

外国人(がいこくじん)に 対(たい)する 支援(しえん)が 必要(ひつよう)です。
외국인에 대한 지원이 필요합니다.

② ～に とって ~에 있어서

それは 私(わたし)に とって 初(はじ)めての 経験(けいけん)でした。
그것은 저에게 있어서 첫 경험이었습니다.

③ ～に ついて ~에 관하여, ~에 대하여

これからの 人生(じんせい)に ついて いろいろ 考(かんが)えました。
앞으로의 인생에 관하여 여러 가지 생각했습니다.

WORDS

気持(きも)ち 마음, 기분
分(わ)かる 알다, 이해하다
厳(きび)しい 엄하다, 엄격하다
外国人(がいこくじん) 외국인
支援(しえん) 지원
必要(ひつよう)だ 필요하다
初(はじ)めて 처음
経験(けいけん) 경험
人生(じんせい) 인생
いろいろ 여러 가지
考(かんが)える 생각하다

음성 듣기

もらう 받다

일본어의 수수 표현 중 '받다'의 의미를 나타내는 표현은 「もらう」입니다. 「もらう」는 「くれる」나 「あげる」와 같은 구분 없이 받는 사람이 주어로, 받는 행위에 초점을 맞춘 표현입니다. 이때 조사는 「に」 또는 「から」가 옵니다.

✳✳✳

「もらう 받다」보다 더 공손한 표현은 「いただく」입니다.

彼氏(かれし)に 指輪(ゆびわ)を もらいました。
남자 친구에게 반지를 받았습니다.

バレンタインデーに 彼女(かのじょ)から チョコレートを もらいました。
밸런타인데이에 여자 친구에게서 초콜릿을 받았습니다.

동사의 て형 ＋ て もらう (다른 사람에게서) ~해 받다

「もらう 받다」도 동사의 て형에 「～て(で) もらう」를 붙이면 '(다른 사람에게서) ~해 받다'라는 뜻이 되는데, 이는 우리말에는 없는 표현입니다. 따라서 해석할 때는 주체를 바꾸어 '~이/가 ~해 주다'로 해야 자연스럽습니다.

私(わたし)は 木村(きむら)さんに 傘(かさ)を 貸(か)して もらいました。
기무라 씨가 저에게 우산을 빌려주었습니다.
(저는 기무라 씨에게 우산을 빌려 받았습니다.)

日本人(にほんじん)の 友達(ともだち)に 日本語(にほんご)を 教(おし)えて もらいました。
일본인 친구가 일본어를 가르쳐 주었습니다.
(일본인 친구에게 일본어를 가르쳐 받았습니다.)

WORDS

彼氏(かれし) 남자 친구
指輪(ゆびわ) 반지
バレンタインデー 밸런타인데이
彼女(かのじょ) 그녀, 여자 친구
チョコレート 초콜릿
傘(かさ) 우산
貸(か)す 빌려주다
日本人(にほんじん) 일본인
友達(ともだち) 친구
教(おし)える 가르치다

실전 같은 문형 연습

TRACK 288

1 お菓子(かし)を 周(まわ)りの 人達(ひとたち)にも あげました。

과자를 주위 사람들에게도 주었습니다.

①	花(はな)	彼女(かのじょ)に
②	お金(かね)	母(はは)に
③	おもちゃ	弟(おとうと)に
④	辞書(じしょ)	友達(ともだち)に

WORDS

花(はな) 꽃
お金(かね) 돈
母(はは) 어머니, 엄마
おもちゃ 장난감
弟(おとうと) 남동생
辞書(じしょ) 사전
友達(ともだち) 친구

TRACK 289

2 父(ちち)と 母(はは)が 卒業式(そつぎょうしき)に 来(き)て くれました。

아버지와 어머니가 졸업식에 와 주었습니다.

①	彼(かれ)	私(わたし)	花(はな)を 買(か)う
②	田中(たなか)さん	私(わたし)の 妹(いもうと)	本(ほん)を 貸(か)す
③	彼女(かのじょ)	私(わたし)	メールを 送(おく)る
④	木村(きむら)さん	私(わたし)の 弟(おとうと)	日本語(にほんご)を 教(おし)える

WORDS

妹(いもうと) 여동생
貸(か)す 빌려주다
メールを 送(おく)る 메일을 보내다
教(おし)える 가르치다

TRACK 290

3 私(わたし)の 気持(きも)ちを 母(はは)に 分(わ)かって もらいました。

어머니가 제 마음을 알아 주었습니다.

①	指輪(ゆびわ)	彼(かれ)	買(か)う
②	傘(かさ)	キムさん	貸(か)す
③	料理(りょうり)	彼女(かのじょ)	作(つく)る
④	プレゼント	友達(ともだち)	送(おく)る

WORDS

指輪(ゆびわ) 반지
傘(かさ) 우산
料理(りょうり) 요리
作(つく)る 만들다
プレゼント 선물

TRACK 291

4 私(わたし)は 皆(みんな)に お菓子(かし)を 買(か)って あげました。

저는 모두에게 과자를 사 주었습니다.

①	私(わたし)	彼(かれ)	財布(さいふ)を 買(か)う
②	田中(たなか)さん	キムさん	手紙(てがみ)を 書(か)く
③	私(わたし)	母(はは)	英語(えいご)を 教(おし)える
④	ユナさん	彼氏(かれし)	パンを 作(つく)る

WORDS

財布(さいふ) 지갑
手紙(てがみ) 편지
英語(えいご) 영어
パン 빵

TRACK 292 | 293 | 294

木村(きむら)さんへ

お元気(げんき)ですか。ユナです。

この前(まえ)は 中国(ちゅうごく)の お菓子(かし)を 送(おく)って くれて ありがとうございます。

お菓子(かし)を 周(まわ)りの 人達(ひとたち)にも あげました。皆(みんな)、喜(よろこ)んで いました。

昨日(きのう)は 卒業式(そつぎょうしき)が ありました。

韓国(かんこく)から 父(ちち)と 母(はは)が 卒業式(そつぎょうしき)に 来(き)て くれました。

木村(きむら)さんの 話(はなし)を しながら、楽(たの)しく 食事(しょくじ)を しました。

木村(きむら)さんに 対(たい)する 私(わたし)の 気持(きも)ちを 父(ちち)と 母(はは)に 分(わ)かって

もらいました。

いつか 木村(きむら)さんに 私(わたし)の 両親(りょうしん)を 紹介(しょうかい)します。

はやく 木村(きむら)さんに 会(あ)いたいです。

WORDS TRACK 295

この前(まえ) 요전, 얼마 전	お菓子(かし) 과자	送(おく)る 보내다
周(まわ)り 주위, 주변	人達(ひとたち) 사람들	～に ~에게, ~에
皆(みんな) 모두	喜(よろこ)ぶ 좋아하다, 기뻐하다	卒業式(そつぎょうしき) 졸업식
韓国(かんこく) 한국	～から ~에서, ~부터	～と ~와/과
～ながら ~하면서	楽(たの)しく 즐겁게	食事(しょくじ)を する 식사를 하다
～に 対(たい)する ~에 대한	気持(きも)ち 마음, 기분	分(わ)かる 알다, 이해하다
いつか 언젠가	両親(りょうしん) 부모님, 양친	紹介(しょうかい)する 소개하다
会(あ)う 만나다	～たいです ~(하)고 싶습니다	

TRACK 296

기무라 씨에게

잘 지내시죠? 유나예요.

요전에 중국 과자를 보내 주어서 감사합니다.

과자를 주위 사람들에게도 주었습니다. 모두 좋아했어요.

어제는 졸업식이 있었습니다.

한국에서 아버지와 어머니가 졸업식에 와 주었어요.

기무라 씨의 이야기를 하면서 즐겁게 식사를 했습니다.

기무라 씨에 대한 제 마음을 아버지와 어머니도 알아(이해해) 주었어요.

언젠가 기무라 씨에게 저희 부모님을 소개해 드릴게요.

빨리 기무라 씨를 만나고 싶어요.

독학 플러스

- **～へ** ~에게

「～へ」는 '~에, ~으로'라는 뜻으로 방향을 나타내는 조사로 쓰이지만, 편지문 등에서는 '~에게'라는 뜻으로도 사용됩니다.

- **お元気(げんき)ですか** 잘 지내시죠?, 건강하시죠?

「お元気(げんき)ですか」는 '잘 지내시죠?, 건강하시죠?'라는 뜻으로, 상대방의 안부를 물을 때 사용하는 대표적인 표현 중 하나입니다. 「お元気(げんき)ですか」라고 인부 인사를 받으면 「私(わたし)は 元気(げんき)です 저는 잘 지내요」라고 답하면 됩니다.

✱ 도전! 연습문제

1 편지글의 음성을 잘 듣고 질문에 맞는 답을 고르세요. TRACK 297

(1) 昨日(きのう)は 何(なに)が ありましたか。

① 試験(しけん)　② 授業(じゅぎょう)

③ 結婚式(けっこんしき)　④ 卒業式(そつぎょうしき)

(2) 卒業式(そつぎょうしき)には 誰(だれ)が 来(き)て くれましたか。

① 父(ちち)と 母(はは)　② 父(ちち)と 弟(おとうと)

③ 母(はは)と 兄(あに)　④ 母(はは)と 姉(あね)

읽기

2 다음 문장을 발음에 주의하여 잘 읽어 보세요.

(1) お菓子(かし)を 周(まわ)りの 人達(ひとたち)にも あげました。

(2) 父(ちち)と 母(はは)が 卒業式(そつぎょうしき)に 来(き)て くれました。

(3) 木村(きむら)さんに 対(たい)する 私(わたし)の 気持(きも)ちを 父(ちち)と 母(はは)に 分(わ)かって もらいました。

쓰기

3 다음 우리말 의미를 참고하여 빈칸에 들어갈 알맞은 일본어를 써 보세요.

(1) 私(わたし)は 弟(おとうと)に おもちゃを ________________。

나는 남동생에게 장난감을 주었습니다.

(2) 彼女(かのじょ)が 私(わたし)に メールを 送(おく)って ________________。

그녀가 저에게 메일을 보내 주었습니다.

(3) 彼(かれ)に 指輪(ゆびわ)を 買(か)って ________________。

그가 반지를 사 주었습니다. (그에게 반지를 사 받았습니다.)

4 **학습한 어휘와 문형을 이용하여 제시된 우리말을 일본어로 말해 봅시다.**

(1) 아이에게 책을 읽어 주었습니다. (「あげる」를 사용하여)

(2) 선생님은 저에게 일본어를 가르쳐 주었습니다. (「くれる」를 사용하여)

(3) 친구가 저에게 우산을 빌려주었습니다. (「もらう」를 사용하여)

시험대비

5 **다음 문장의 ＿★＿에 들어갈 가장 적당한 것을 1・2・3・4에서 하나 고르세요.**

(1) お菓子(かし)を ＿＿ ＿＿ ＿＿ ＿★＿ ました。

1 あげ　　2 人達(ひとたち)にも　　3 の　　4 周(まわ)り

(2) 父(ちち)と 母(はは)が ＿＿ ＿＿ ＿★＿ ＿＿ ました。

1 卒業式(そつぎょうしき)　　2 に　　3 くれ　　4 来(き)て

부록

- 문법 용어
- 품사의 활용표
- 정답
- 스크립트

✱ 문법 용어

일본어를 학습하다 보면 '기본형, 사전형, 보통형, 정중형' 등과 같은 용어가 등장합니다. 각각 어떤 의미인지 간단히 살펴봅시다.

- **기본형(= 사전형)**
  기본형이란 말 그대로 '원형'을 의미하고, 사전형은 '사전에 실려 있는 형태'를 의미합니다. 따라서 기본형과 사전형은 동일한 개념이라고 생각하시면 됩니다.

- **보통형**
  보통형은 보통체라고도 말하는데, '반말체'를 의미합니다. 즉, '~이다, ~하다, ~이었다, ~하였다' 등 처럼 반말체의 표현을 말합니다.

- **정중형**
  정중형은 보통형과 반대의 개념으로, 존댓말을 의미합니다. 즉, '~입니다, ~합니다, ~이었습니다, ~하였습니다' 등 처럼 높임말을 말합니다.

명사

보통형(반말)		정중형(존댓말)	
やすみだ	휴일이다	やすみです	휴일입니다
やすみだった	휴일이었다	やすみでした	휴일이었습니다
やすみでは ない やすみじゃ ない	휴일이 아니다	やすみでは(じゃ) ないです やすみでは(じゃ) ありません	휴일이 아닙니다
やすみでは なかった やすみじゃ なかった	휴일이 아니었다	やすみでは(じゃ) なかったです やすみでは(じゃ) ありませんでした	휴일이 아니었습니다

な형용사

보통형(반말)		정중형(존댓말)	
すきだ	좋아하다	すきです	좋아합니다
すきだった	좋아했다	すきでした	좋아했습니다
すきでは ない すきじゃ ない	좋아하지 않는다	すきでは(じゃ) ないです すきでは(じゃ) ありません	좋아하지 않습니다
すきでは なかった すきじゃ なかった	좋아하지 않았다	すきでは(じゃ) なかったです すきでは(じゃ) ありませんでした	좋아하지 않았습니다

い형용사

보통형(반말)		정중형(존댓말)	
おいしい	맛있다	おいしいです	맛있습니다
おいしかった	맛있었다	おいしかったです	맛있었습니다
おいしく ない	맛있지 않다	おいしく ないです おいしく ありません	맛있지 않습니다
おいしく なかった	맛있지 않았다	おいしく なかったです おいしく ありませんでした	맛있지 않았습니다

동사 다양한 동사의 접속 활용법은 236p를 참고하세요.

그룹	보통형(반말)		정중형(존댓말)	
1 그룹	あう	만나다	あいます	만납니다
	あった	만났다	あいました	만났습니다
	あわない	만나지 않는다	あいません (*あわないです)	만나지 않습니다
	あわなかった	만나지 않았다	あいませんでした (*あわなかったです)	만나지 않았습니다
2 그룹	たべる	먹다	たべます	먹습니다
	たべた	먹었다	たべました	먹었습니다
	たべない	먹지 않는다	たべません (*たべないです)	먹지 않습니다
	たべなかった	먹지 않았다	たべませんでした (*たべなかったです)	먹지 않았습니다
3 그룹	する	하다	します	합니다
	した	했다	しました	했습니다
	しない	하지 않는다	しません (*しないです)	하지 않습니다
	しなかった	하지 않았다	しませんでした (*しなかったです)	하지 않았습니다

* 동사의 정중한 부정형 「~ないです/~なかったです」의 형태는 격식을 차리는 자리에서는 쓰지 않는 것이 좋습니다.

✱ 품사의 활용표

❶ 형용사 및 명사의 접속 활용표

표현 유형 / 형용사 명사 / 접속어	기본형	정중 표현	부정 표현	연결 표현	과거 표현	과거 정중 표현
	~い / だ	~です	~くない ~ではない	~くて ~で	~かった ~だった	~かったです ~でした
い형용사	ひろい 넓다	ひろいです	ひろくない	ひろくて	ひろかった	ひろかったです
	うれしい 기쁘다	うれしいです	うれしくない	うれしくて	うれしかった	うれしかったです
	いい(よい) 좋다	いいです	よくない	よくて	よかった	よかったです
	おおきい 크다	おおきいです	おおきくない	おおきくて	おおきかった	おおきかったです
	すくない 적다	すくないです	すくなくない	すくなくて	すくなかった	すくなかったです
	ない 없다	ないです	なく(は)ない	なくて	なかった	なかったです ありませんでした
い형용사 활용	食(た)べたい 먹고 싶다	食(た)べたいです	食(た)べたくない	食(た)べたくて	食(た)べたかった	食(た)べたかったです
な형용사	きれいだ 깨끗하다	きれいです	きれいではない	きれいで	きれいだった	きれいでした
	同(おな)じだ 같다	同(おな)じです	同(おな)じではない	同(おな)じで	同(おな)じだった	同(おな)じでした
	健康(けんこう)だ 건강하다	健康(けんこう)です	健康(けんこう)ではない	健康(けんこう)で	健康(けんこう)だった	健康(けんこう)でした
명사 + だ	健康(けんこう)だ 건강이다	健康(けんこう)です	健康(けんこう)ではない	健康(けんこう)で	健康(けんこう)だった	健康(けんこう)でした
	学生(がくせい)だ 학생이다	学生(がくせい)です	学生(がくせい)ではない	学生(がくせい)で	学生(がくせい)だった	学生(がくせい)でした

조건 표현 가정 표현	명사 수식	동사 수식	추측 표현(1)	추측 표현(2)	추측 표현(3)
~ければ ~なら（ば）	い/な/の	~く ~に	~だろう ~かろう	~そうだ	~ようだ
ひろければ	ひろい＋명사	ひろく＋동사	ひろいだろう ひろかろう	ひろそうだ	ひろいようだ
うれしければ	うれしい＋명사	うれしく＋동사	うれしいだろう うれしかろう	うれしそうだ	うれしいようだ
よければ	いい(よい)＋명사	よく＋동사	いい(よい)だろう よかろう	よさそうだ	いい(よい)ようだ
おおきければ	おおきい(おおきな) ＋명사	おおきく＋동사	おおきいだろう おおきかろう	おおきそうだ	おおきいようだ
すくなければ	すくない＋명사	すくなく＋동사	すくないだろう すくなかろう	すくなそうだ	すくないようだ
なければ	ない＋명사	なく＋동사	ないだろう なかろう	なさそうだ	ないようだ
食べたければ	食べたい＋명사	食べたく＋동사	食べたいだろう 食べたかろう	食べたそうだ	食べたいようだ
きれいなら(ば)	きれいな＋명사	きれいに＋동사	きれいだろう	きれいそうだ	きれいなようだ
同じなら(ば)	同じ＋명사	同じに＋동사	同じだろう		同じようだ
健康なら(ば)	健康な＋명사	健康に＋동사	健康だろう	健康そうだ	健康なようだ
健康なら(ば)	健康の＋명사		健康だろう		健康のようだ
学生なら(ば)	学生の＋명사		学生だろう		学生のようだ

✱ 품사의 활용표

❷ 동사의 접속 활용표

표현 유형 / 동사 \ 접속어	기본형	ます형(정중형)	ない형(부정형)	て형(연결형)	た형(과거형)
	~u ~다	~ます ~ㅂ니다	~ない ~않다	~て ~고, ~서	~た ~었다
1그룹 동사	押す 누르다	押します	押さない	押して	押した
	行く 가다	行きます	行かない	行って	行った
	書く 쓰다	書きます	書かない	書いて	書いた
	泳ぐ 수영하다	泳ぎます	泳がない	泳いで	泳いだ
	死ぬ 죽다	死にます	死なない	死んで	死んだ
	読む 읽다	読みます	読まない	読んで	読んだ
	飛ぶ 날다	飛びます	飛ばない	飛んで	飛んだ
	言う 말하다	言います	言わない	言って	言った
	待つ 기다리다	待ちます	待たない	待って	待った
	乗る 타다	乗ります	乗らない	乗って	乗った
	くださる 주시다	くださいます	くださらない	くださって	くださった
	減る 줄다	減ります	減らない	減って	減った
	切る 자르다	切ります	切らない	切って	切った
2그룹 동사	着る 입다	着ます	着ない	着て	着た
	寝る 자다	寝ます	寝ない	寝て	寝た
3그룹 동사	する 하다	します	しない	して	した
	来る 오다	来ます	来ない	来て	来た
	分析する 분석하다	分析します	分析しない	分析して	分析した

가정형	명령형	의지형	수동 표현	사역 표현	가능 표현
~ば ~면	~ろ(よ) ~해라	~う/よう ~해야지	~れる/られる ~당하다	~せる/させる ~시키다	~eる/られる ~할 수 있다
押せば	押せ	押そう	押される	押させる	押せる
行けば	行け	行こう	行かれる	行かせる	行ける
書けば	書け	書こう	書かれる	書かせる	書ける
泳げば	泳げ	泳ごう	泳がれる	泳がせる	泳げる
死ねば	死ね	死のう	死なれる	死なせる	死ねる
読めば	読め	読もう	読まれる	読ませる	読める
飛べば	飛べ	飛ぼう	飛ばれる	飛ばせる	飛べる
言えば	言え	言おう	言われる	言わせる	言える
待てば	待て	待とう	待たれる	待たせる	待てる
乗れば	乗れ	乗ろう	乗られる	乗らせる(乗せる)	乗れる
くだされば	ください				
減れば				減らす	減りうる
切れば	切れ	切ろう	切られる	切らせる	切れる
着れば	着ろ(着よ)	着よう	着られる	着させる(着せる)	着られる(着れる)
寝れば	寝ろ(寝よ)	寝よう	寝られる	寝させる	寝られる(寝れる)
すれば	しろ(せよ)	しよう	される	させる	できる
来れば	来い	来よう	来られる	来させる	来られる(来れる)
分析すれば	分析しろ	分析しよう	分析される	分析させる	分析できる

✳ 정답 (확인해 볼까요? / 도전! 연습문제)

UNIT 01

확인해 볼까요?

1 ご
2 けい
3 ぴつ
4 ヒー
5 メン
6 がっ
7 とう

도전! 연습문제

1 (1) ① (2) ①

3 (1) かいしゃいん
(2) こちら
(3) じゃ / ありません
(4) の

4 예시 답안
(1) はじめまして。
わたしは キム・ユナです。
かんこくの がくせいです。
どうぞ よろしく おねがいします。
(2) こんにちは。
こちらは すずきさんです。
すずきさんは かいしゃいんです。

5 (1) 3 (2) 2

UNIT 02

확인해 볼까요?

1 こちら
2 の
3 ですか
4 じゃ / ありません

도전! 연습문제

1 (1) ② (2) ④

3 (1) でした
(2) じゃ / なかったです
(3) から / まで
(4) それは

4 예시 답안
(1) はい、やすみでした。/
いいえ、やすみじゃ なかったです。
(2) きんようびです。
(3) どようびです。

5 (1) 1 (2) 2

UNIT 03

확인해 볼까요?

1 でしたか
2 じゃ / なかったです
3 もくようび / どようび / でした
4 これ

도전! 연습문제

1 (1) ① (2) ④

3 (1) さむい
(2) あかくて
(3) やすく / ない
(4) ひろかった

4 (1) とんかつは おいしいです。
(2) なつは あつくて、ふゆは さむいです。
(3) かれは わたしより せが たかく ない
です。
(4) その へやは たかかったですが、ひろく
なかったです。

5 (1) 1 (2) 4

UNIT 04

확인해 볼까요?

1 あついです

2 なくて / あつい

3 あつく / ない

4 おおかった / あつく / なかった

도전! 연습문제

1 (1) ①　　(2) ④

3 (1) じょうずです

(2) じゃ / ないです

(3) ほうが / ひま

(4) じゃ / なかったです

4 예시 답안

(1) コーヒーが いちばん すきです。

(2) はい、えいごより にほんごの ほうが すきです。/
いいえ、にほんごより えいごの ほうが すきです。

(3) はい、きれいです。/
いいえ、きれいじゃ ないです。

(4) いま さんじです。

5 (1) 4　　(2) 1

UNIT 05

확인해 볼까요?

1 すきです

2 じゃ / ないです

3 ほうが / でした

4 なんじ

도전! 연습문제

1 (1) ④　　(2) ③

3 (1) よにん

(2) いもうと / あね

(3) ごがつ / いつか

(4) じゅうきゅうさい

4 예시 답안

(1) にがつ むいかです。

(2) よにん かぞくです。

(3) きょうは じゅうがつ にじゅうくにち です。

(4) さんじゅういっさいです。

5 (1) 2　　(2) 1

UNIT 06

확인해 볼까요?

1 にん

2 ちち / はは / わたし(ぼく)

3 いつ

4 おいくつ

도전! 연습문제

1 (1) ①　　(2) ②

3 (1) ありますか

(2) 中(なか) / あります

(3) いますか

(4) なら / そば

4 (1) ねこは ドアの 前(まえ)に います。

(2) かばんは テーブルの 上(うえ)に あります。

(3) スマホは かばんの 中(なか)に あります。

(4) ユナさんは 教室(きょうしつ)の 中(なか)に います。

5 (1) 2　　(2) 3

✱ 정답 (확인해 볼까요? / 도전! 연습문제)

UNIT 07

확인해 볼까요?

1 あります

2 上(うえ)

3 います

4 なら

＊ 동사 미니 테스트 ＊

① たつ - 1그룹 동사 - たちます
② みる - 2그룹 동사 - みます
③ かえる - 1그룹 동사 - かえります
④ いる - 1그룹 동사 - いります
⑤ かく - 1그룹 동사 - かきます
⑥ あそぶ - 1그룹 동사 - あそびます
⑦ かう - 1그룹 동사 - かいます
⑧ かりる - 2그룹 동사 - かります
⑨ くる - 3그룹 동사 - きます
⑩ やすむ - 1그룹 동사 - やすみます
⑪ たべる - 2그룹 동사 - たべます
⑫ よむ - 1그룹 동사 - よみます
⑬ おきる - 2그룹 동사 - おきます
⑭ はなす - 1그룹 동사 - はなします
⑮ しぬ - 1그룹 동사 - しにます
⑯ のる - 1그룹 동사 - のります
⑰ する - 3그룹 동사 - します
⑱ ねる - 2그룹 동사 - ねます
⑲ おりる - 2그룹 동사 - おります
⑳ わかる - 1그룹 동사 - わかります

도전! 연습문제

1 (1) ④　(2) ②

3 (1) 休(やす)みます
(2) 見(み)ません
(3) 会(あ)いました
(4) 食(た)べませんでした

4 예시 답안
私(わたし)は 今週(こんしゅう) 家(いえ)で 休(やす)んだり ドラマを 見(み)たり します。それから せんたくや 料理(りょうり)を します。

5 (1) 4　(2) 4

UNIT 08

확인해 볼까요?

1 します

2 来(き)ません

3 作(つく)りました

4 ませんでした

도전! 연습문제

1 (1) ④　(2) ③

3 (1) しない
(2) 見(み)て
(3) しませんか
(4) 始(はじ)めましょう

4 (1) ドラマは あまり 見(み)ません。
(2) 写真(しゃしん)も 撮(と)って 楽(たの)しかったです。
(3) いっしょに コーヒーを 飲(の)みませんか。
(4) ちょっと 休(やす)みましょう。

5 (1) 2　(2) 4

UNIT 09

확인해 볼까요?

1 ないです

2 見(み)て / 食(た)べて

3 ませんか

4 ましょう

도전! 연습문제

1 (1) ① (2) ④

3 (1) しまいました

(2) したい

(3) にくい

(4) ながら / しましょう

4 (1) 本当(ほんとう)に 会(あ)いたかったです。

(2) 今日(きょう)は 甘(あま)い 食(た)べ物(もの)が 食(た)べたいです。

(3) この 薬(くすり)は 飲(の)みにくいです。

(4) 歩(ある)きながら スマホを 見(み)ます。

5 (1) 4 (2) 4

UNIT 10

확인해 볼까요?

1 しまいました

2 会(あ)いたい

3 分(わ)かりにくい

4 ながら

도전! 연습문제

1 (1) ④ (2) ①

3 (1) ので / ください

(2) いかがですか

(3) なければ / なりません

(4) なくても / いいです

4 (1) この 部屋(へや)には 入(はい)らないで ください。

(2) 少(すこ)し いかがですか。

(3) 日本語(にほんご)の 勉強(べんきょう)を しなければ なりません。

(4) 心配(しんぱい)しなくても いいです。

5 (1) 1 (2) 4

UNIT 11

확인해 볼까요?

1 ないで / ください

2 いかがですか

3 しなければ

4 ても / いいです

도전! 연습문제

1 (1) ③ (2) ②

3 (1) 乗(の)って

(2) みます

(3) て / ください

(4) てから

4 (1) 学生(がくせい)は 座(すわ)って います。

(2) 日本語(にほんご)は できますけど、英語(えいご)は あまり できません。

(3) ペンを 貸(か)して ください。

(4) 家(いえ)に 帰(かえ)ってから 何(なに)を しますか。

5 (1) 3 (2) 3

UNIT 12

확인해 볼까요?

1 で / います

2 で / みます

3 言(い)って / ください

4 てから

✳ 정답 (확인해 볼까요? / 도전! 연습문제)

＊ 동사 て형·た형 활용 연습 ＊

① たつ - たって - たった

② みる - みて - みた

③ かえる - かえって - かえった

④ はいる - はいって - はいった

⑤ かく - かいて - かいた

⑥ あそぶ - あそんで - あそんだ

⑦ かう - かって - かった

⑧ かりる - かりて - かりた

⑨ くる - きて - きた

⑩ する - して - した

도전! 연습문제

1 (1) ①　　(2) ③

3 (1) ことが / ありますか

(2) た / ばかりです

(3) 読(よ)んだり

(4) た / 方(ほう)が / いいです

4 예시 답안

(1) はい、(登(のぼ)った ことが) あります。/

いいえ、(登(のぼ)った ことが) ありません。

(2) はい、(行(い)った ことが) あります。/

いいえ、(行(い)った ことが) ありません。

(3) はい、して います。/

いいえ、して いません。

5 (1) 1　　(2) 3

UNIT 13

확인해 볼까요?

1 た / ことが

2 ばかりです / たり / だり

3 た / 方(ほう)が / いいです

도전! 연습문제

1 (1) ③　　(2) ④

3 (1) ことが / できます

(2) 前(まえ)に

(3) つもりです

(4) と / 思(おも)います

4 예시 답안

(1) はい、(日本語(にほんご)で 話(はな)す ことが) できます。/

いいえ、(日本語(にほんご)で 話(はな)す ことが) できません。

(2) はい、(漢字(かんじ)を 読(よ)む ことが) できます。/

いいえ、(漢字(かんじ)を 読(よ)む ことが) できません。

(3) (私(わたし)は 寝(ね)る 前(まえ)に) 本(ほん)を 読(よ)みます。

5 (1) 1　　(2) 4

UNIT 14

확인해 볼까요?

1 使(つか)う

2 乾杯(かんぱい)する / 前(まえ)に

3 つもりです

4 と / 思(おも)います

도전! 연습문제

1 (1) ②　　(2) ③

3 (1) やめよう

(2) ひけます

(3) あったら

(4) ようと / 思(おも)って

4 예시 답안

(1) はい、(ピアノが) ひけます。/

いいえ、(ピアノが) ひけません。

(2) カレーを 作(つく)れます。/
カレーが 作(つく)れます。

(3) 旅行(りょこう)を する つもりです。

(4) 富士山(ふじさん)に 登(のぼ)ります。

5 (1) 4　(2) 3

UNIT 15

확인해 볼까요?

1 そうと / しました

2 会(あ)えます

3 したら

4 しようと / 思(おも)って / います

도전! 연습문제

1 (1) ②　(2) ①

3 (1) そうです

(2) いる

(3) 真面目(まじめ)

(4) ある

4 (1) 日本(にほん)は 今(いま) とても 暑(あつ)いそうです。

(2) この 時計(とけい)は とても 便利(べんり)らしいです。

(3) 誰(だれ)か 来(き)たようです。

(4) この 漫画(まんが)、とても 面白(おもしろ)そうです。

5 (1) 4　(2) 2

UNIT 16

확인해 볼까요?

1 そうです

2 いる / らしいです

3 そうです

4 ようです

도전! 연습문제

1 (1) ④　(2) ①

3 (1) あげました

(2) くれました

(3) もらいました

4 (1) 子供(こども)に 本(ほん)を 読(よ)んで あげました。

(2) 先生(せんせい)は 私(わたし)に 日本語(にほんご)を 教(おし)えて くれました。

(3) 私(わたし)は 友達(ともだち)に 傘(かさ)を 貸(か)して もらいました。

5 (1) 1　(2) 4

✳ 스크립트 (도전! 연습문제/실전 같은 문형 연습)

UNIT 01

도전! 연습문제

1 (1) こんにちは　(2) がくせい

실전 같은 문형 연습

❶ ① かのじょは がくせいです。
② かれは かんこくじんです。
③ せんせいは にほんじんです。
④ すずきさんは かいしゃいんです。

❷ ① にほんごの ほんです。
② かんこくの にんぎょうです。
③ かんこくごの じしょです。
④ えいごの せんせいです。

❸ ① キムさんは ちゅうごくじんですか。
② スミスさんは えいごの せんせいですか。
③ かれは ともだちですか。
④ せんせいは アメリカじんですか。

❹ ① いいえ、かいしゃいんじゃ ありません。
② いいえ、わたしの こどもじゃ ありません。
③ いいえ、かんこくじんじゃ ありません。
④ いいえ、かれの ともだちじゃ ありません。

UNIT 02

도전! 연습문제

1 (1) どようび　(2) せんしゅう

실전 같은 문형 연습

❶ ① にちようびは バイトでしたか。
② がっこうは やすみでしたか。
③ せんしゅうは しゅっちょうでしたか。
④ きのうは てつやでしたか。

❷ ① かんこくじんじゃ なかったです。
② がくせいじゃ なかったです。
③ すずきさんの でんわばんごうじゃ なかったです。
④ かのじょの にんぎょうじゃ なかったです。

❸ ① おとといから きょうまで しごとでした。
② げつようびから きんようびまで じゅぎょうでした。
③ あさから ばんまで あめでした。
④ せんしゅうから こんしゅうまで やすみでした。

❹ ① それは ほんですか。
② あれは じしょですか。
③ ここは へやですか。
④ あそこは がっこうですか。

UNIT 03

도전! 연습문제

1 (1) あつい　(2) おいしい

실전 같은 문형 연습

❶ ① この とんかつは おいしいですね。
② ふゆは さむいですね。

③ この ほんは むずかしいですね。

④ かのじょは せが たかいですね。

❷ ① やすくて おいしいです。

② やさしくて おもしろいです。

③ ひろくて たかいです。

④ あかくて あまいです。

❸ ① あなたより せが たかく ないです。

② きのうより さむく ないです。

③ その みせより やすく ないです。

④ この りんごより あかく ないです。

❹ ① やすみは ながかったですが、あまり おもしろく なかったです。

② その へやは ひろかったですが、あまり たかく なかったです。

③ ケーキは おいしかったですが、あまり あまく なかったです。

④ かれは やさしかったですが、あまり せが たかく なかったです。

UNIT 04

도전! 연습문제

1 (1) すきだ (2) じゅうじ

실전 같은 문형 연습

❶ ① かのじょが いちばん しんせつです。

② スマホが いちばん べんりです。

③ にほんごが いちばん じょうずです。

④ にちようびが いちばん ひまです。

❷ ① この みせは あまり しずかじゃ ないです。

② この へやは あまり きれいじゃ ないです。

③ その かしゅは あまり ゆうめいじゃ ないです。

④ ちゅうごくごは あまり じょうずじゃ ないです。

❸ ① なつより ふゆの ほうが ひまでした。

② にほんごより えいごの ほうが へたでした。

③ たなかさんより すずきさんの ほうが まじめでした。

④ ここより そこの ほうが きれいでした。

❹ ① パソコンは あまり べんりじゃ なかったです。

② やさいは あまり すきじゃ なかったです。

③ その ドラマは あまり ゆうめいじゃ なかったです。

④ せんせいは あまり しんせつじゃ なかったです。

UNIT 05

도전! 연습문제

1 (1) たんじょうび (2) よにん

실전 같은 문형 연습

❶ ① かれは ふたり かぞくです。

② たなかさんは 3さんにん かぞくです。

③ キムさんは 4よにん かぞくです。

④ かのじょは 6ろくにん かぞくです。

❷ ① いもうとと あにと わたしです。

② ははと ちちと ぼくです。

③ そふと そぼと わたしです。

④ あねと あにと ぼくです。

❸ ① A こどもの ひは いつですか。

B こどもの ひは ごがつ いつかです。

② A クリスマスは いつですか。

B クリスマスは じゅうにがつ にじゅうごにちです。

③ A かいぎは いつですか。

B かいぎは しがつ にじゅうよっかです。

④ A しけんは いつですか。

B しけんは しちがつ はつかです。

❹ ① A いもうとさんは おいくつですか。

B いもうとは ななさいです。

② A おとうとさんは おいくつですか。

B おとうとは じゅうきゅうさいです。

③ A おねえさんは おいくつですか。

B あねは さんじゅうにさいです。

④ A おかあさんは おいくつですか。

B ははは ごじゅうよんさいです。

UNIT 06

도전! 연습문제

1 (1) 여 ワインは どこに ありますか。

남 テーブルの 上(うえ)に あります。

(2) 남 すずきさんは どこに いますか。

여 すずきさんなら ドアの 前(まえ)に います。

실전 같은 문형 연습

❶ ① 日本語(にほんご)の 本(ほん)は どこに ありますか。

② テレビは どこに ありますか。

③ ケーキは どこに ありますか。

④ ノートは どこに ありますか。

❷ ① かばんの 中(なか)に あります。

② えきの 前(まえ)に あります。

③ テレビの 下(した)に あります。

④ コンビニの そばに あります。

❸ ① 先生(せんせい)は 教室(きょうしつ)に いますか。

② お母(かあ)さんは どこに いますか。

③ たなかさんは えきに いますか。

④ おねえさんは 会社(かいしゃ)に いますか。

❹ ① くまなら 動物園(どうぶつえん)に います。

② 学生(がくせい)なら 教室(きょうしつ)の 中(なか)に います。

③ キムさんなら 車(くるま)の 後(うし)ろに います。

④ お父(とう)さんなら お母(かあ)さんの そばに います。

UNIT 07

도전! 연습문제

1 (1) 여 木村(きむら)さん、週末(しゅうまつ)は 何(なに)を しますか。

남 せんたくや 料理(りょうり)を します。

(2) 남 昨日(きのう)は カレーを 作(つく)りました。

여 すごいですね。

실전 같은 문형 연습

❶ ① りんごを 食べます。

② 会社を 休みます。

③ ケーキを 作ります。

④ べんきょうを します。

❷ ① バイトを しません。

② ドラマは 見ません。

③ スマホは 買いません。

④ 日本語は わかりません。

❸ ① 今朝は テレビを 見ました。

② 先週は 友達に 会いました。

③ 先月は パソコンを 買いました。

④ 昨日は 会社に 行きました。

❹ ① にちようびは どこにも 行きません でした。

② 今朝は 何も 食べませんでした。

③ 昨日は 誰も 来ませんでした。

④ 今日は 何も 飲みませんでした。

UNIT 08

도전! 연습문제

1 (1) 남 ユナさん、たこ焼に しましょうか。

여 はい、たこ焼に しましょう。

(2) 여 今日は きれいな 花火を 見て、おいしい 食べ物も 食べて、とても 楽しかったです。

남 それは よかったです。

실전 같은 문형 연습

❶ ① この 公園は あまり 来ないです。

② テレビは あまり 見ないです。

③ べんきょうは あまり しないです。

④ バスは あまり 乗らないです。

❷ ① 学校も 行って 楽しかったです。

② 映画も 見て 楽しかったです。

③ ともだちも 来て 楽しかったです。

④ 写真も 撮って 楽しかったです。

❸ ① いっしょに ご飯を 食べませんか。

② いっしょに 買い物を しませんか。

③ いっしょに コーヒーを 飲みませんか。

④ いっしょに 運動を しませんか。

❹ ① たくさん 食べましょう。

② ちょっと 休みましょう。

③ そろそろ 始めましょう。

④ そろそろ 行きましょう。

UNIT 09

도전! 연습문제

1 (1) 남 ユナさん、今 どこですか。

여 すみません。駅の 中で 迷って しまいました。

(2) 남 もうすぐ 映画が 始まりますよ。行きましょう。

여 はい。ポップコーンは 私が おごりますね。

실전 같은 문형 연습

1 ① たくさん 買って しまいました。
② ぜんぶ 食べて しまいました。
③ 約束に おくれて しまいました。
④ おそく 戻って しまいました。

2 ① 辛い 食べ物が 食べたいです。
② 冷たい コーラが 飲みたいです。
③ かばんが 買いたいです。
④ ダイエットが したいです。

3 ① この 薬は 飲みにくいです。
② 字が 読みにくいです。
③ この ペンは 書きにくいです。
④ この 道は 歩きにくいです。

4 ① 音楽を 聞きながら 運動しましょう。
② コーヒーを 飲みながら 仕事を しましょう。
③ 公園を 歩きながら 話しましょう。
④ ケーキを 食べながら 休みましょう。

UNIT 10

도전! 연습문제

1 (1) 남 カレーが できました。どうぞ。
여 この カレー 辛くて とても おいしいです。
(2) 여 私、少し ダイエットを しなければ なりません。
남 ええ？ ユナさん、ダイエット しなくても いいですよ。

실전 같은 문형 연습

1 ① 休みなので 来ないで ください。
② 辛いので 食べないで ください。
③ 高いので 買わないでください。
④ 私が 行くので 心配しないで ください。

2 ① この かばんは いかがですか。
② あかい ものは いかがですか。
③ 少し いかがですか。
④ 一杯 いかがですか。

3 ① やさいを 食べなければ なりません。
② 薬を 飲まなければ なりません。
③ 写真を 撮らなければ なりません。
④ 名前を 書かなければ なりません。

4 ① お酒は 飲まなくても いいです。
② 毎日 運動しなくても いいです。
③ 手を 洗わなくても いいです。
④ はやく 起きなくても いいです。

UNIT 11

도전! 연습문제

1 (1) 여 何か お勧めは ありますか。
남 周りの 人達は ビールを 飲んで いますね。

여 周りの 人達は 何を 飲んで いますか。

(2) 남 ユナさん、次は 日本酒、どうですか。
여 あ、日本酒は 初めてですけど、飲んで みます。

여 二人は 次に 何を 飲みますか。

실전 같은 문형 연습

1 ① ドラマを 見て います。
② 車に 乗って います。
③ 電話を して います。
④ いすに 座って います。

2 ① この 店は 初めてですけど、入って みます。
② スカートは 初めてですけど、はいて みます。
③ 肉は 初めてですけど、食べて みます。
④ 料理は 初めてですけど、作って みます。

3 ① まっすぐ 行って ください。
② 右に 曲がって ください。
③ ゆっくり 休んで ください。
④ 本を 貸して ください。

4 ① テレビを 見てから 勉強しても いいですか。
② 少し 休んでから 走っても いいですか。
③ 運動を してから シャワーを 浴びても いいですか。
④ 食事を してから コーヒーを 飲んでも いいですか。

UNIT 12

도전! 연습문제

1 (1) 남 ユナさん、富士山に 登った ことが ありますか。
여 いいえ、日本では なかなか 山に 登る 機会が ないですね。

여 ユナさんは 富士山に 登った ことが ありますか。

(2) 남 ユナさん、何か 運動は して いますか。
여 最近 ジムに 通って います。

여 ユナさんは 最近 どこに 通って いますか。

실전 같은 문형 연습

1 ① 中国に 行った ことが あります。
② お見合いを した ことが あります。
③ 飛行機に 乗った ことが あります。
④ テレビに 出た ことが あります。

2 ① 会社に 入った ばかりです。
② 日本に 来た ばかりです。
③ 家に 帰った ばかりです。
④ 授業が 終わった ばかりです。

3 ① まんがを 読んだり ドラマを 見たり して います。
② 掃除を したり 洗濯を したり して います。
③ 歩いたり 自転車に 乗ったり して います。
④ 食事を したり お酒を 飲んだり して います。

4 ① 先に 電話した 方が いいです。
② 今日 休んだ 方が いいです。
③ 一度は 食べて みた 方が いいです。
④ はやく 寝た 方が いいです。

✱ 스크립트 (도전! 연습문제 / 실전 같은 문형 연습)

UNIT 13

도전! 연습문제

1 (1) 여 木村さん、お誕生日、おめでとうございます。これ、プレゼントです。

남 ありがとうございます。

うわ～！おしゃれな 時計ですね。

여 木村さんの 誕生日の プレゼントは何ですか。

(2) 남1 ミンジュンさんの おかげでユナさんと 付き合う ことに なりました。これから もっと ユナさんを大事に する つもりです。

남2 いいですね。じゃあ、乾杯！

여 誰の おかげで ユナさんと 付き合うことに なりましたか。

실전 같은 문형 연습

❶ ① 一人で 行く ことが できます。

② 日本語で 話す ことが できます。

③ 漢字を 読む ことが できます。

④ 運転を する ことが できます。

❷ ① 寝る 前に 音楽を 聞きます。

② メールを 送る 前に 電話を します。

③ 食事する 前に 手を 洗います。

④ 書く 前に 読んで みます。

❸ ① 日本で 仕事を する つもりです。

② 彼女に 告白する つもりです。

③ 車を 買う つもりです。

④ 来月 会社を やめる つもりです。

❹ ① 彼女は 来年 結婚すると 思います。

② 彼は 恋人が いると 思います。

③ 一度は 来ると 思います。

④ 一人では 行かないと 思います。

UNIT 14

도전! 연습문제

1 (1) 남 実は、来月 中国に 転勤する ことになりました。

여 え、そんな……。急にですか。

여 木村さんは、どこに 転勤する ことになりましたか。

(2) 남 ユナさんは 来年 大学を 卒業したらどうする つもりですか。

여 私は 日本で 就職しようと 思っています。

여 ユナさんは 来年 大学を 卒業したらどうする つもりですか。

실전 같은 문형 연습

❶ ① 朝早く 起きようと しました。

② 彼女に 告白しようと しました。

③ 外国語を 習おうと しました。

④ お酒を やめようと しました。

❷ ① 料理が 作れます。

② 日本語が 話せます。

③ 漢字が 読めます。

④ ピアノが ひけます。

❸ ① 日本に 行ったら どうする つもりですか。

② 友達に 会ったら どうする つもりですか。

③ お金が あったら どうする つもりですか。

④ 会社を やめたら どうする つもりですか。

❹ ① 今日から ダイエットを しようと 思って います。

② 来年 結婚しようと 思って います。

③ 毎日 運動しようと 思って います。

④ 毎日 朝ご飯を 食べようと 思って います。

UNIT 15

도전! 연습문제

1 (1) 여 中国は 今 雪が たくさん 降って いるらしいです。木村さん、気を つけて ください。

남 はい、ありがとう。

여 中国は 今 何が 降って いますか。

(2) 여 人が たくさん 並んで いますね。

남 連休なので 旅行に 行く 人が 多い ようです。

여 旅行に 行く 人が 多いのは なぜ ですか。

실전 같은 문형 연습

❶ ① 授業が あるそうです。

② 学校は 夏休みだそうです。

③ あの 漫画は 面白いそうです。

④ 料理が 上手だそうです。

❷ ① 誰か いるらしいです。

② あの 人は 学生らしいです。

③ スマホは 便利らしいです。

④ 部屋は きれいらしいです。

❸ ① 明日は 天気が よさそうです。

② 彼は まじめそうです。

③ 授業は 早く 終わりそうです。

④ 彼女は 来そうです。

❹ ① 熱が あるようです。

② 野菜が 嫌いなようです。

③ 雨が 降ったようです。

④ 部屋が 広いようです。

UNIT 16

도전! 연습문제

1 여 木村さんへ

お元気ですか。ユナです。

昨日は 卒業式が ありました。

韓国から 父と 母が 卒業式に 来て くれました。いつか 木村さんに 私の 両親を 紹介します。

はやく 木村さんに 会いたいです。

---

(1) 昨日は 何が ありましたか。

(2) 卒業式には 誰が 来て くれましたか。

실전 같은 문형 연습

❶ ① 花を 彼女に あげました。
② お金を 母に あげました。
③ おもちゃを 弟に あげました。
④ 辞書を 友達に あげました。

❷ ① 彼が 私に 花を 買って くれました。
② 田中さんが 私の 妹に 本を 貸して くれました。
③ 彼女が 私に メールを 送って くれました。
④ 木村さんが 私の 弟に 日本語を 教えて くれました。

❸ ① 指輪を 彼に 買って もらいました。
② 傘を キムさんに 貸して もらいました。
③ 料理を 彼女に 作って もらいました。
④ プレゼントを 友達に 送って もらいました。

❹ ① 私は 彼に 財布を 買って あげました。
② 田中さんは キムさんに 手紙を 書いて あげました。
③ 私は 母に 英語を 教えて あげました。
④ ユナさんは 彼氏に パンを 作って あげました。

memo

memo

memo

착! 붙는
일본어
독학 첫걸음

초판 발행	2015년 10월 15일
1판 93쇄	2024년 1월 30일
개정판 10쇄	2025년 1월 20일

저자	일본어 공부기술연구소
감수	천송이(시사일본어학원 강사)
편집	조은형, 김성은, 오은정, 무라야마 토시오
펴낸이	엄태상
디자인	권진희, 이건화
일러스트	eteecy(표지), 최예나(내지)
콘텐츠 제작	김선웅, 장형진
마케팅	이승욱, 왕성석, 노원준, 조성민, 이선민
경영기획	조성근, 최성훈, 김다미, 최수진, 오희연
물류	정종진, 윤덕현, 신승진, 구윤주

펴낸곳	시사일본어사(시사북스)
주소	서울시 종로구 자하문로 300 시사빌딩
주문 및 교재 문의	1588-1582
팩스	0502-989-9592
홈페이지	www.sisabooks.com
이메일	book_japanese@sisadream.com
등록일자	1977년 12월 24일
등록번호	제 300 - 2014 - 92호

ISBN 978-89-402-9398-0 13730

첫걸음 떼고 JUMP UP!

JLPT N5 / N4

모의고사

시사일본어사

JLPT

N5 / N4

모의고사

시사일본어사

JLPT

N5 * N4

✳ All about JLPT 

- **JLPT란?**

  일본어를 모국어로 하지 않는 사람을 대상으로 일본어 능력을 측정·인정하는 시험으로, 국제교류기금과 일본국제교육지원협회에서 주최하는 '일본어능력시험(日本語能力試験-Japanese Language Proficiency Test)'을 가리킵니다.

- **시험 레벨**

  JLPT는 N1에서 N5까지 총 5단계의 레벨이 있으며, N1이 가장 높은 레벨이고 N5가 가장 기초 레벨이며 각 레벨별 만점은 180점입니다.

- **시험 일정**

  JLPT는 1년에 2회 시험이 실시되며, 1회 시험은 매년 7월 첫째 주 일요일에, 2회 시험은 매년 12월 첫째 주 일요일에 실시됩니다.

- **JLPT N4 / N5 레벨 기준**

N4	**읽기** - 기본적인 어휘나 한자로 이루어진 일상생활 속에서의 일반적 화제의 문장을 읽고 이해할 수 있는 수준 **듣기** - 다소 느린 속도의 회화라면 일상생활 속 대화의 내용을 거의 이해할 수 있는 수준
N5	**읽기** - 히라가나와 가타카나, 일상생활에서 사용되는 기본적인 한자로 쓰인 정형화된 어구나 글, 문장을 읽고 이해할 수 있는 수준 **듣기** - 교실이나 주변 등, 일상생활 속에서 자주 만나는 장면에서 천천히 말하는 짧은 회화라면 필요한 정보를 얻을 수 있는 수준

- **시험 과목과 시험 시간**

구분	언어지식(문자・어휘)	언어지식(문법)・독해	청해
N4	25분	55분	40분
N5	20분	40분	35분

• 합격 점수와 합격 기준점

구분		언어지식 (문자·어휘·문법) · 독해	청해	종합 득점	합격 점수
N4	점수 범위	0~120점	0~60점	0~180점	90점
	합격 기준점	38점	19점		
N5	점수 범위	0~120점	0~60점	0~180점	80점
	합격 기준점	38점	19점		

* 한 과목이라도 기준점에 도달하지 못하면 전체 득점에 관계 없이 불합격입니다.

• 영역별 문제 유형

시험과목		문제	문항 수		문제 내용
			N4	N5	
언어지식	문자·어휘	1. 한자 읽기	7	7	한자 읽기 문제
		2. 표기	5	5	올바른 한자를 찾는 문제
		3. 문맥 규정	8	6	문맥에 맞는 적절한 어휘를 고르는 문제
		4. 유의 표현	4	3	주어진 어휘와 비슷한 의미의 어휘를 찾는 문제
		5. 용법	4	-	제시된 어휘의 의미가 올바르게 쓰였는지를 묻는 문제
언어지식·독해	문법	1. 문장의 문법 1 (문법 형식 판단)	13	9	문장의 내용에 맞는 문형 표현, 즉 기능어를 찾아서 넣는 문제
		2. 문장의 문법 2 (문장 만들기)	4	4	나열된 단어를 의미에 맞게 배열하는 문제
		3. 글의 문법	4	4	글의 흐름에 맞는 문법을 찾는 문제
	독해	4. 내용 이해(단문)	3	2	80~120자 정도의 지문을 읽고 내용을 이해하기
		5. 내용 이해(중문)	3	2	200~250자 정도의 지문을 읽고 내용을 이해하기
		6. 정보 검색	2	1	250자 정도의 글을 읽고 필요한 정보 찾기
청해		1. 과제 이해	8	7	과제 해결에 필요한 정보를 듣고 이후에 무엇을 해야 하는지 찾기
		2. 포인트 이해	7	6	대화나 혼자 말하는 내용을 듣고 포인트 파악하기
		3. 발화 표현	5	5	그림을 보면서 상황 설명을 듣고 화살표가 가리키는 인물의 대답 찾기
		4. 즉시 응답	8	6	짧은 문장을 듣고 그에 맞는 적절한 응답 찾기

✱ N5 가채점표 

• 언어지식(문자·어휘·문법) / 독해

	영역	문항	문제 유형	배점	점수
언어지식	문자·어휘	문제 1	한자 읽기	7문제 × 1점	7
		문제 2	표기	5문제 × 1점	5
		문제 3	문맥 규정	6문제 × 1점	6
		문제 4	유의 표현	3문제 × 1점	3
	문법	문제 1	문법 형식 판단	9문제 × 1점	9
		문제 2	문장 만들기	4문제 × 1점	4
		문제 3	글의 문법	4문제 × 1점	4
독해		문제 4	단문	2문제 × 7점	14
		문제 5	중문	2문제 × 7점	14
		문제 6	정보 검색	1문제 × 8점	8
		합계			**74**

✽ 득점환산법(120점 만점) [득점] ÷ 74 × 120 = [ ]점

• 청해

영역	문항	문제 유형	배점	점수
청해	문제 1	과제 이해	7문제 × 3점	21
	문제 2	포인트 이해	6문제 × 3점	18
	문제 3	발화 표현	5문제 × 2점	10
	문제 4	즉시 응답	6문제 × 1점	6
	합계			**55**

✽ 득점환산법(60점 만점) [득점] ÷ 55 × 60 = [ ]점

※ 위의 배점표는 시사일본어사에서 작성한 것으로, 실제 시험과는 다소 오차가 있을 수 있습니다.
※ N5 모의고사의 정답표는 104p에 있습니다.

✳ N4 가채점표 ✳

● 언어지식(문자·어휘·문법) / 독해

	영역	문항	문제 유형	배점	점수
언어지식	문자・어휘	문제 1	한자 읽기	7문제 × 1점	7
		문제 2	표기	5문제 × 1점	5
		문제 3	문맥 규정	8문제 × 1점	8
		문제 4	유의 표현	4문제 × 1점	4
		문제 5	용법	4문제 × 1점	4
	문법	문제 1	문법 형식 판단	13문제 × 1점	13
		문제 2	문장 만들기	4문제 × 1점	4
		문제 3	글의 문법	4문제 × 1점	4
독해		문제 4	단문	3문제 × 4점	12
		문제 5	중문	3문제 × 4점	12
		문제 6	정보 검색	2문제 × 4점	8
합계					**81**

✽ 득점환산법(120점 만점) [득점] ÷ 81 × 120 = [ ]점

● 청해

영역	문항	문제 유형	배점	점수
청해	문제 1	과제 이해	8문제 × 3점	24
	문제 2	포인트 이해	7문제 × 3점	21
	문제 3	발화 표현	5문제 × 2점	10
	문제 4	즉시 응답	8문제 × 1점	8
합계				**63**

✽ 득점환산법(60점 만점) [득점] ÷ 63 × 60 = [ ]점

※ 위의 배점표는 시사일본어사에서 작성한 것으로, 실제 시험과는 다소 오차가 있을 수 있습니다.
※ N4 모의고사의 정답표는 122p에 있습니다.

N5

げんごちしき (もじ・ごい)

(20ぷん)

ちゅうい
Notes

1. しけんが　はじまるまで、この　もんだいようしを　あけないで　ください。
   Do not open this question booklet until the test begins.

2. この　もんだいようしを　もって　かえる　ことは　できません。
   Do not take this question booklet with you after the test.

3. じゅけんばんごうと　なまえを　したの　らんに、じゅけんひょうと　おなじように　かいて　ください。
   Write your examinee registration number and name clearly in each box below as written on your test voucher.

4. もんだいには　かいとうばんごうの　1、2、3 … が　あります。かいとうは、かいとうようしに　ある　おなじ　ばんごうの　ところに　マークして　ください。
   One of the row numbers 1, 2, 3 … is given for each question. Mark your answer in the same row of the answer sheet.

じゅけんばんごう　Examinee Registration Number	

なまえ　Name	

もんだい1 ＿＿＿の ことばは ひらがなで どう かきますか。1・2・3・4 から いちばん いい ものを ひとつ えらんで ください。

（れい） そとに 出て、れんしゅうを しましょう。

1 でて　　2 だて　　3 でして　　4 だして

（かいとうようし） | （れい） | ● ② ③ ④ |

---

1 外国で はたらきたいです。

1 がいこく　　2 かいこく　　3 がいごく　　4 かいごく

2 はやしさんは しょくどうで 休んで います。

1 やすんで　　2 ならんで　　3 のんで　　4 よんで

3 あかちゃんの 耳は とても ちいさいです。

1 くち　　2 みみ　　3 て　　4 はな

4 その ギターは 古いですね。

1 やすい　　2 ふるい　　3 おもい　　4 きたない

5 ぜんぶで 九千円です。

1 きゅうぜんえん　　2 くせんえん

3 きゅうせんえん　　4 くぜんえん

6　こうばんは　えきの　北がわに　あります。

1　みなみ　　2　にし　　3　ひがし　　4　きた

7　毎日　てがみを　かきます。

1　まいつき　　2　めいにち　　3　まいにち　　4　めいつき

もんだい2　＿＿＿の　ことばは　どう　かきますか。1・2・3・4から　いちばん　いい　ものを　ひとつ　えらんで　ください。

（れい）　はしの　したに　かわが　あります。

1　上　　2　下　　3　丁　　4　于

（かいとうようし）

（れい）	①　●　③　④

8　うんどうの　あとに　しゃわーを　あびます。

1　シャクー　　2　シヤクー　　3　シュワー　　4　シャワー

9　こどもは　めが　いいです。

1　目　　2　日　　3　口　　4　耳

10　わたしの　いもうとは　こうこうせいです。

1　小学生　　2　高校生　　3　中学生　　4　大学生

11　おおきい　きが　たって　います。

1　並んで　　2　立って　　3　止まって　　4　去って

12　おちゃが　あついから　きを　つけて　ください。

1　熱い　　2　多い　　3　甘い　　4　赤い

もんだい3　(　　)に　なにが　はいりますか。1・2・3・4から　いちばん　いい　ものを　ひとつ　えらんで　ください。

（れい）　こうこうで　にほんごを（　　　）います。

1　まなんで　　2　はらって　　3　かわって　　4　わかって

（かいとうようし）

（れい）	● ② ③ ④

13　あしたは（　　　）が　ふります。

1　やま　　2　はな　　3　あめ　　4　つき

14　（　　　）ところに　すわって　ください。

1　すきな　　2　へたな　　3　むりな　　4　べんりな

15　ゆうびんきょくで（　　　）を　かって　きます。

1　てがみ　　2　おかし　　3　きって　　4　きっぷ

16　でんわばんごうは　そこに（　　　）しました。

1　ノート　　2　メモ　　3　レポート　　4　カメラ

17　この　エレベーターは（　　　）のる　ことが　できますか。

1　なんこ　　2　なんにん　　3　なんさい　　4　なんばん

18　にほんごを　べんきょうする　ときは　かんじを（　　　）。

1　おぼえましょう　　2　しりましょう

3　あつめましょう　　4　わかりましょう

もんだい4　＿＿＿の　ぶんと　だいたい　おなじ　いみの　ぶんが　あります。1・2・3・4から　いちばん　いい　ものを　ひとつ　えらんで　ください。

（れい）この　かばんは　とても　じょうぶです。

1　この　かばんは　とても　かるいです。

2　この　かばんは　ものが　たくさん　はいります。

3　この　かばんは　デザインが　いいです。

4　この　かばんは　とても　つよいです。

（かいとうようし）

（れい）	① ② ③ ●

19　10月1日は　18かいめの　たんじょうびです。

1　10月1日までに　18かい　しけんが　あります。

2　10月1日までに　18さつ　ほんを　よみます。

3　10月1日に　18にんで　パーティーを　します。

4　10月1日に　18さいに　なります。

20　この　スープは　すこし　うすいです。

1　この　スープは　いろが　くろいです。

2　この　スープは　たくさん　ありません。

3　この　スープは　みずが　おおいです。

4　この　スープは　おいしく　ありません。

21 <u>きょうしつを　そうじしてから　かえります。</u>

1 きょうしつを　きれいに　してから　かえります。

2 きょうしつを　しずかに　してから　かえります。

3 きょうしつが　きれいだから　かえります。

4 きょうしつが　うるさいから　かえります。

Language Knowledge (Grammar)・Reading

問題用紙

N5

言語知識（文法）・読解

（40ぷん）

注　意
Notes

1. 試験が始まるまで、この問題用紙をあけないでください。
Do not open this question booklet until the test begins.
2. この問題用紙を持ってかえることはできません。
Do not take this question booklet with you after the test.
3. 受験番号となまえをしたの欄に、受験票とおなじようにかいてください。
Write your examinee registration number and name clearly in each box below as written on your test voucher.
4. 問題には解答番号の 1 、 2 、 3 … があります。
解答は、解答用紙にあるおなじ番号のところにマークしてください。
One of the row numbers 1, 2, 3 … is given for each question. Mark your answer in the same row of the answer sheet.

受験番号　Examinee Registration Number	

なまえ　Name	

もんだい1　（　　　）に　何(なに)を　入(い)れますか。1・2・3・4から　いちばん　いい　ものを　一(ひと)つ　えらんで　ください。

（れい）　これ（　　　）えんぴつです。

1　に　　2　を　　3　は　　4　や

（かいとうようし）

（れい）	①　②　●　④

1　A「とても　たのしかったです。」

B「また　あそび（　　　）きて　ください。」

1　て　　2　も　　3　は　　4　に

2　かれは　わたし（　　　）にほんごが　じょうずです。

1　より　　2　にも　　3　でも　　4　まで

3　A「この　電話(でんわ)は　どう　やって　つかいますか。」

B「9番(ばん)を　おした（　　　）電話番号(でんわばんごう)を　おして　ください。

1　ときに　　2　まえに　　3　あとで　　4　なかで

4　A「あしたも　きても　いいですか。」

B「あしたは　いそがしいから（　　　）ない　ほうが　いいです。」

1　き　　2　くる　　3　くれ　　4　こ

5 あしたは　テストが　あるから　しゅくだいは　あさって（　　　）いいです。

1　出しても　　2　出せても　　3　出してから　　4　出したから

6 A「ここに　車を　とめても　いいですか。」

B「車は　ちゅうしゃじょうに　とめた（　　　）いいです。」

1　ことが　　2　ものが　　3　あとが　　4　ほうが

7 本は　あまり（　　　）。

1　読みます　　2　読みません

3　読みたいです　　4　読みましょう

8 A「この　かみを　1まい（　　　）。」

B「ええ、どうぞ。」

1　くださいましょうか　　2　くださいましたか

3　くださいませんか　　4　くださいですか

9 A「先生の　話は　とても　むずかしかったです。」

B「そうですね。ぜんぜん（　　　）。」

1　わかりました　　2　わかりませんでした

3　わかるとおもいます　　4　わかっています

もんだい2　＿★＿に 入る ものは どれですか。1・2・3・4から いちばん いい ものを 一つ えらんで ください。

（もんだいれい）

いまより ＿＿ ＿＿ ＿★＿ ＿＿ すみたいです。

1　へや　　2　きれいな　　3　に　　4　ひろくて

（こたえかた）

1．ただしい 文を つくります。

いまより ＿＿ ＿＿ ＿★＿ ＿＿ すみたいです。 4　ひろくて　2　きれいな　1　へや　3　に

2．＿★＿に 入る ばんごうを くろく ぬります。

（かいとうようし）

（れい）	● ② ③ ④

10　田中さんは　スポーツも ＿＿ ＿＿ ＿★＿ ＿＿ じょうず ですね。

1　つくる　　2　も

3　りょうりを　　4　の

11　わたしの　かさは　おおきいですが ＿＿ ＿＿ ＿★＿ ＿＿ ちいさいです。

1　とても　　2　は　　3　の　　4　いもうと

12 A「なっとうは ＿＿＿ ＿＿＿ ＿★＿ ＿＿＿ か。」

B「いいえ。なまえは　しって　いますが　まだ　ありません。」

1　あります　　2　たべた　　3　が　　4　こと

13 きのうの　よるは ＿＿＿ ＿＿＿ ＿★＿ ＿＿＿ しました。

1　テレビ　　2　見(み)ないで

3　も　　4　しゅくだいを

もんだい3 [14]から [17]に 何を 入れますか。ぶんしょうの いみを かんがえて、1・2・3・4から いちばん いい ものを 一つ えらんで ください。

日本で べんきょうして いる 学生が 「日本人と きもの」の ことを ぶんしょうに 書いて クラスの みんなの 前で 読みました。

(1) ミナさんの話

> きのう しやくしょに 行きました。けんこうほけんの ことで 聞きたい ことが [14]です。でも その 日は 休みでした。そして そこには わかい 人が たくさん いました。女の 人は みんな きものを きて とても きれいでした。20さいで 大人[15] なった 人たちでした。

(2) カルロスさんの話

> 日本では きものを きる 人が たくさん います。わたしの 国にも ほかの 国には ない ふくが あります。でも [16] きる ことが ありません。今 おまつりが 多いです。わたしも [17]が 男も 女も かわいい きものを きて あるいて いました。

14

1　いますから　　2　ありますから

3　いたから　　4　あったから

15

1　の　　2　が　　3　も　　4　に

16

1　ときどき　　2　どちらも　　3　あまり　　4　きっと

17

1　見に　行きました　　2　見て　行きました

3　見に　行く　　4　見て　行った

もんだい４　つぎの　(1)から(3)の　ぶんしょうを　読(よ)んで、しつもんに こたえて　ください。こたえは、1・2・3・4から　いちばん　いい ものを　一(ひと)つ　えらんで　ください。

(1)

学校(がっこう)の　としょかんは　毎週(まいしゅう)　月(げつ)よう日(び)が　休(やす)みです。わたしは　土(ど)よう日(び)と　日(にち)よう日(び)は　アルバイトが　あるので　行(い)けません。火(か)よう日(び)と　木(もく)よう日(び)は　授業(じゅぎょう)で　いそがしいです。でも　1週間(しゅうかん)に　2回(かい)は　としょかんに　行(い)きます。

[18] わたしは　いつ　としょかんに　行(い)きますか。

1　土(ど)よう日(び)と　日(にち)よう日(び)
2　月(げつ)よう日(び)と　水(すい)よう日(び)
3　水(すい)よう日(び)と　金(きん)よう日(び)
4　火(か)よう日(び)と　木(もく)よう日(び)

（2）

大学（だいがく）の　かべに　紙（かみ）が　はって　あります。

いっしょに　日本語（にほんご）を　勉強（べんきょう）しませんか。

毎週（まいしゅう）　土（ど）よう日（び）　大学（だいがく）の　3ごうかん　5かいで、りゅうがくせいと　日本人（にほんじん）の　大学生（だいがくせい）たちが　日本語（にほんご）の　勉強（べんきょう）を　します。いっしょに　勉強（べんきょう）を　したり、おちゃを　飲（の）みながら　話（はな）したり　します。ほかの　大学（だいがく）の　ひとも　くるので　友（とも）だちを　たくさん　作（つく）って　みませんか。

りゅうがくせい会（かい）

19　りゅうがくせい会（かい）で　しない　ことは　何ですか。

1　日本語（にほんご）の　勉強（べんきょう）を　する　こと

2　おちゃを　飲（の）んだり　話（はな）したり　する　こと

3　がいこくに　りゅうがくする　こと

4　友（とも）だちを　たくさん　作（つく）る　こと

もんだい5　つぎの　ぶんしょうを　読んで、しつもんに　こたえて　ください。こたえは、1・2・3・4から　いちばん　いい　ものを　一つ　えらんで　ください。

おもしろかった　こと

ダン・スミス

きのうは　クラスの　みんなと　公園に　あそびに　行きました。公園の　中には　テニスや　サッカーを　する　ところが　ありました。わたしは　サッカーを　あまり　した　ことが　ありません。それでも　みんなと　いっしょに　はしりました。男の　学生と　女の　学生が　いっしょに　スポーツを　したのは　はじめてでした。わたしは　じょうずには　できませんでしたが、とても　おもしろかったです。みんなも　たのしく　わらって　いました。

12時に　なって　おべんとうを　食べた　あと、木が　たくさん　ある　しずかな　公園を　散歩しました。みどりが　きれいで　青い　空には　小さな　鳥も　とんで　いました。来週　もう一度　みんなで　ここに　くる　ことを　約束しました。わたしは　つぎは　きれいな　木や　花の　絵を　かきたいです。

[20] どうして　とても　おもしろかったですか。

1　テニスを　する　ところで　サッカーを　したから

2　クラスの　みんなが　いっしょに　はしったから

3　日本(にほん)で　スポーツを　はじめて　したから

4　みんな　じょうずに　できなかったから

[21] 「わたし」は　来週(らいしゅう)　何(なに)を　したいですか。

1　公園(こうえん)で　散歩(さんぽ)したいです。

2　公園(こうえん)で　絵(え)を　かきたいです。

3　学校(がっこう)で　みんなと　サッカーを　したいです。

4　学校(がっこう)で　みんなと　テニスを　したいです。

**もんだい6　右の　ベージを　見て、下の　しつもんに　こたえて　ください。
こたえは、1・2・3・4から　いちばん　いい　ものを　一つ
えらんで　ください。**

22　ジュリーさんは　きょう　学校から　帰って　家で　テレビを　見ます。4時に　授業が　終わって　学校から　家までは　1時間　かかります。夜　7時から　10時までは　アルバイトです。家から　そこまで　30分かかります。ジュリーさんは　どの　ばんぐみを　見る　ことが　できますか。

1　Aテレビの「アニメ　さかなくん」

2　Bテレビの「ドラマ　夜の　車」

3　Cテレビの「ドラマ　けいさつ　24時」

4　Hテレビの「バスで　旅行　『おおさか』」

きょうの　テレビばんぐみ

Aテレビ	Bテレビ	Cテレビ	Hテレビ
16:40～17:40 アニメ さかなくん	16:00～17:20 ジャパンカップ・ サッカー	16:45～17:30 日本語の　世界	16:30～17:15 バスで　旅行 『おおさか』
17:40～18:40 こどもの　歌	17:20～18:45 ドラマ 夜の　車	17:30～18:15 ドラマ けいさつ　24時	17:15～17:30 ニュース 17:30～18:50 きょうの　料理

Listening

問題用紙

N5

聴解

(35ふん)

청해 음성 듣기

注　意

Notes

1. 試験が始まるまで、この問題用紙を開けないでください。
   Do not open this question booklet until the test begins.
2. この問題用紙を持って帰ることはできません。
   Do not take this question booklet with you after the test.
3. 受験番号と名前を下の欄に、受験票と同じように書いてください。
   Write your examinee registration number and name clearly in each box below as written on your test voucher.
4. この問題用紙にメモをとってもいいです。
   You may make notes in this question booklet.

受験番号　Examinee Registration Number	

名前　Name	

もんだい１

　もんだい１では、はじめに　しつもんを　きいて　ください。それから　はなしを　きいて、もんだいようしの　１から　４の　なかから、いちばん　いい　ものを　ひとつ　えらんで　ください。

れい

1

2

3
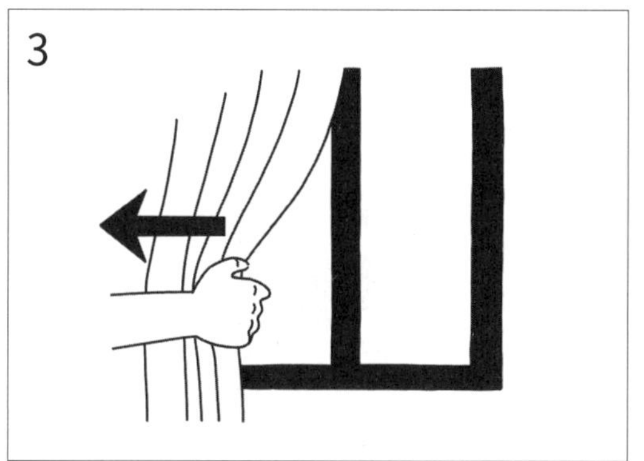

4
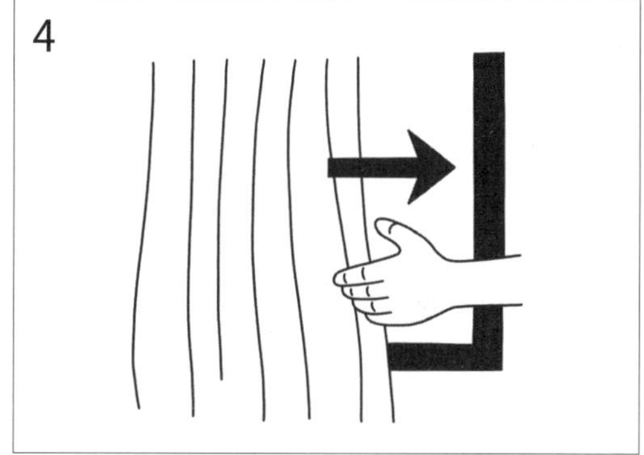

1ばん

1

2

3

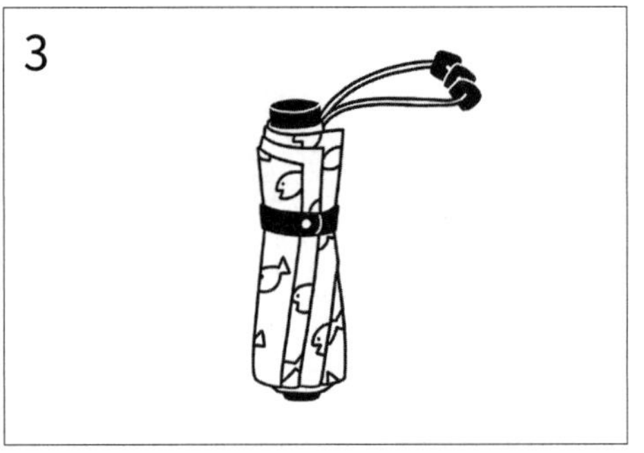

4

2ばん

1

2

3

4

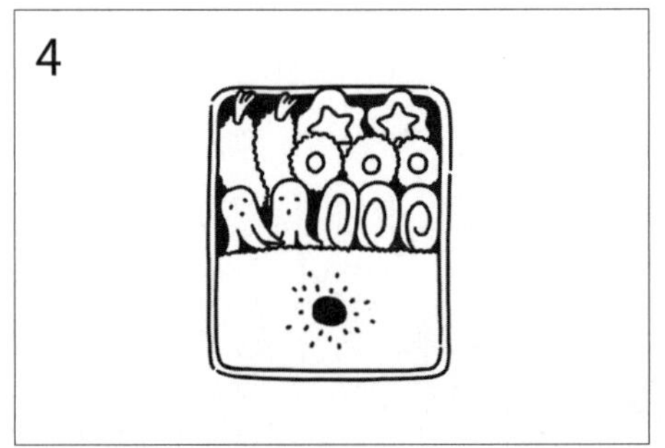

3ばん

4ばん

1　おかあさんに　にもつを　もって　いく

2　おばあさんの　てがみを　もって　いく

3　おばあさんに　でんわする

4　にもつの　なかを　みる

5ばん

1　なまえを　かく

2　かいものに　いく

3　いすに　すわって　まつ

4　メニューを　みる

6ばん

1　1かい

2　3がい

3　4かい

4　5かい

7ばん

1

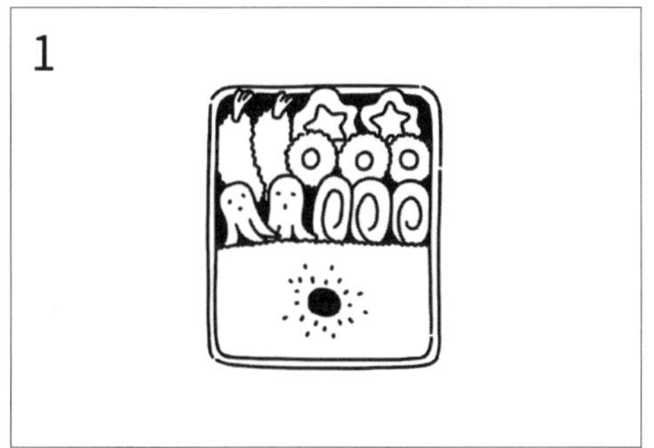

2

3

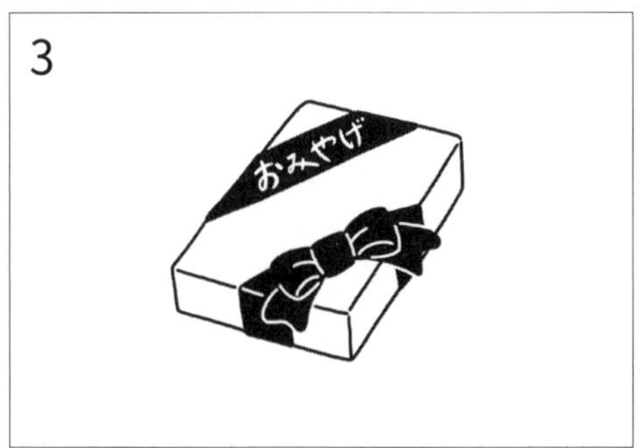

4

もんだい２

もんだい２では、はじめに　しつもんを　きいて　ください。それから はなしを　きいて、もんだいようしの　１から　４の　なかから、いちばん いい　ものを　ひとつ　えらんで　ください。

れい

1　きょう

2　あした

3　あさって

4　きんようび

1ばん

1　1がつ　ついたち

2　1がつ　11にち

3　12がつ　ついたち

4　12がつ　12にち

2ばん

1　ミルクだけ　はいった　こうちゃ

2　ミルクだけ　はいった　コーヒー

3　なにも　いれない　こうちゃ

4　なにも　いれない　コーヒー

3ばん

1

2

3

4

4ばん

1　3にん

2　4にん

3　5にん

4　6にん

5ばん

1　えきの　でぐち

2　デパート

3　きっさてん

4　えきの　まえ

6ばん

1　１じ

2　３じ

3　４じ

4　５じ

もんだい３

もんだい３では、えを　みながら　しつもんを　きいて　ください。
➡（やじるし）の　ひとは　なんと　いいますか。１から　３の　なかから、いちばん　いい　ものを　ひとつ　えらんで　ください。

れい

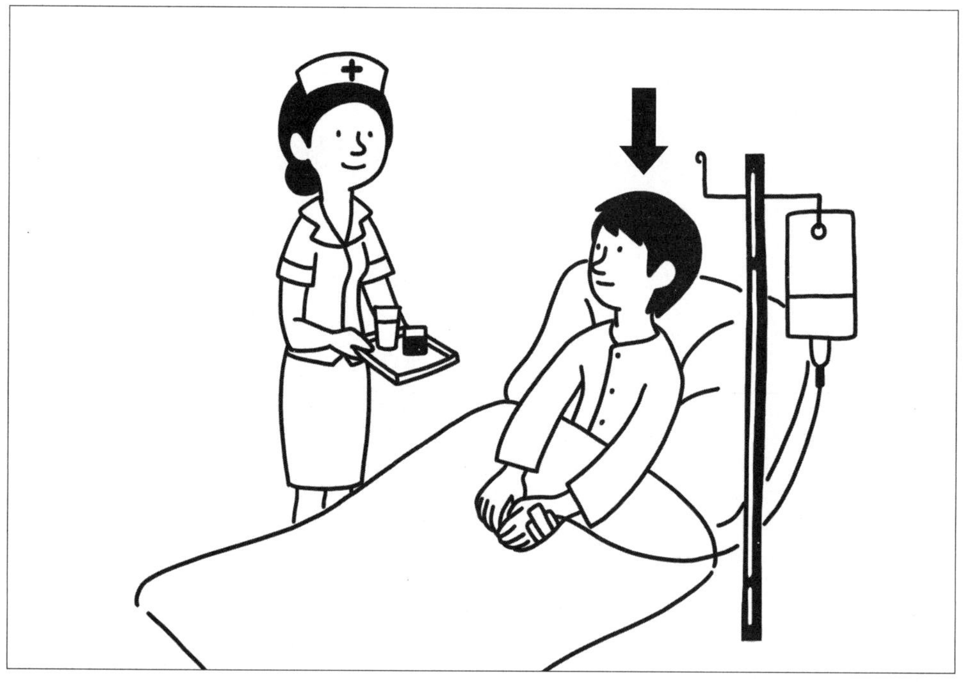

1ばん

2ばん

3ばん

4ばん

5ばん

もんだい４

もんだい４は、えなどが　ありません。ぶんを　きいて、１から　３の　なかから、いちばん　いい　ものを　ひとつ　えらんで　ください。

— メモ —

じゅけんばんごうを　かいて、その　したの　マークらんに　マークして　ください。
Fill in your examinee registration number in this box, and then mark the circle for each digit of the number.

じゅけんばんごう
Examinee Registration Number

2 A 1 C 1 0 0 0 1 - 5 0 0 0 1

せいねんがっぴを　かいて、その　したの　マークらんに　マークして　ください。
Fill in your date of birth in this box, and then mark the circle for each digit of the number.

せいねんがっぴ(Date of Birth)

ねん Year | つき Month | ひ Day

にほんごのうりょくしけん
もぎテスト　かいとうようし

N5
げんごちしき(もじ・ごい)

<ちゅうい　Notes>

1. くろいえんぴつ（HB、No.2）でかいてください。
   Use a black medium soft (HB or No.2) pencil.
   (ペンやボールペンではかかないでください。)
   (Do not use any kind of pen.)
2. かきなおすときは、けしゴムできれいにけしてください。
   Erase any unintended marks completely.
3. きたなくしたり、おったりしないでください。
   Do not soil or bend this sheet.
4. マークれい　Marking Examples

よいれい Correct Example	わるいれい Incorrect Examples
●	⊗ ◌ ◯ ◎ ⊜ ◐ ●

あなたの　なまえを　ローマじで　かいて　ください。

なまえ
Name

もんだい 1				
1	①	②	③	④
2	①	②	③	④
3	①	②	③	④
4	①	②	③	④
5	①	②	③	④
6	①	②	③	④
7	①	②	③	④
もんだい 2				
8	①	②	③	④
9	①	②	③	④
10	①	②	③	④
11	①	②	③	④
12	①	②	③	④

もんだい 3				
13	①	②	③	④
14	①	②	③	④
15	①	②	③	④
16	①	②	③	④
17	①	②	③	④
18	①	②	③	④

もんだい 4				
19	①	②	③	④
20	①	②	③	④
21	①	②	③	④

じゅけんばんごうを　かいて、その　したの　マークらんに
マークして　ください。
Fill in your examinee registration number in this box, and then mark the circle for each digit of the number.

じゅけんばんごう
Examinee Registration Number

2		A	1	0	1	0	0	0	1	-	5	0	0	0	1
⓪	⓪		⓪	●	⓪	●	●	●	⓪			●	●	●	⓪
①	①	●	●	①	●	①	①	①	●		①	①	①	①	●
●	②	Ⓑ	②	②	②	②	②	②	②		②	②	②	②	②
③	③		③	③	③	③	③	③	③		③	③	③	③	③
④	④		④	④	④	④	④	④	④		④	④	④	④	④
⑤	⑤		⑤	⑤	⑤	⑤	⑤	⑤	⑤		●	⑤	⑤	⑤	⑤
⑥	⑥		⑥	⑥	⑥	⑥	⑥	⑥	⑥		⑥	⑥	⑥	⑥	⑥
⑦	⑦		⑦	⑦	⑦	⑦	⑦	⑦	⑦		⑦	⑦	⑦	⑦	⑦
⑧	⑧		⑧	⑧	⑧	⑧	⑧	⑧	⑧		⑧	⑧	⑧	⑧	⑧
⑨	⑨		⑨	⑨	⑨	⑨	⑨	⑨	⑨		⑨	⑨	⑨	⑨	⑨

せいねんがっぴを　かいて、その　したの　マークらんに
マークして　ください。
Fill in your date of birth in this box, and then mark the circle for each digit of the number.

せいねんがっぴ(Date of Birth)

ねん Year					つき Month			ひ Day	
				-			-		
	⓪	⓪	⓪		⓪	⓪		⓪	⓪
①	①	①	①		①	①		①	①
②	②	②	②		②	②		②	②
	③	③	③		③	③		③	③
	④	④	④		④	④		④	④
	⑤	⑤	⑤		⑤	⑤		⑤	⑤
	⑥	⑥	⑥		⑥	⑥		⑥	⑥
	⑦	⑦	⑦		⑦	⑦		⑦	⑦
	⑧	⑧	⑧		⑧	⑧		⑧	⑧
	⑨	⑨	⑨		⑨	⑨		⑨	⑨

にほんごのうりょくしけん
もぎテスト　かいとうようし

N5
げんごちしき(ぶんぽう)・どっかい

<ちゅうい　Notes>

1. くろいえんぴつ（HB、No.2）でかいてください。
   Use a black medium soft (HB or No.2) pencil.
   (ペンやボールペンではかかないでください。)
   (Do not use any kind of pen.)
2. かきなおすときは、けしゴムできれいにけしてください。
   Erase any unintended marks completely.
3. きたなくしたり、おったりしないでください。
   Do not soil or bend this sheet.
4. マークれい　Marking Examples

よいれい Correct Example	わるいれい Incorrect Examples
●	⊗ ◔ ◯ ⓞ ≋ ◑ ◉

あなたの　なまえを　ローマじで　かいて　ください。

なまえ Name																						

もんだい　1				
1	①	②	③	④
2	①	②	③	④
3	①	②	③	④
4	①	②	③	④
5	①	②	③	④
6	①	②	③	④
7	①	②	③	④
8	①	②	③	④
9	①	②	③	④
もんだい　2				
10	①	②	③	④
11	①	②	③	④
12	①	②	③	④
13	①	②	③	④

もんだい　3				
14	①	②	③	④
15	①	②	③	④
16	①	②	③	④
17	①	②	③	④
もんだい　4				
18	①	②	③	④
19	①	②	③	④

もんだい　5				
20	①	②	③	④
21	①	②	③	④
もんだい　6				
22	①	②	③	④

じゅけんばんごうを　かいて、その　したの　マークらんに
マークして　ください。
Fill in your examinee registration number in this box, and then mark the circle for each digit of the number.

↓

じゅけんばんごう
Examinee Registration Number

2		A	1	0	1	0	0	0	1	-	5	0	0	0	1
⓪	⓪		⓪	●	⓪	●	●	●	⓪			●	●	●	⓪
①	①	●	●	①	●	①	①	①	●		①	①	①	①	●
●	②	Ⓑ	②	②	②	②	②	②	②		②	②	②	②	②
③	③		③	③	③	③	③	③	③		③	③	③	③	③
④	④		④	④	④	④	④	④	④		④	④	④	④	④
⑤	⑤		⑤	⑤	⑤	⑤	⑤	⑤	⑤		●	⑤	⑤	⑤	⑤
⑥	⑥		⑥	⑥	⑥	⑥	⑥	⑥	⑥		⑥	⑥	⑥	⑥	⑥
⑦	⑦		⑦	⑦	⑦	⑦	⑦	⑦	⑦		⑦	⑦	⑦	⑦	⑦
⑧	⑧		⑧	⑧	⑧	⑧	⑧	⑧	⑧		⑧	⑧	⑧	⑧	⑧
⑨	⑨		⑨	⑨	⑨	⑨	⑨	⑨	⑨		⑨	⑨	⑨	⑨	⑨

せいねんがっぴを　かいて、その　したの　マークらんに
マークして　ください。
Fill in your date of birth in this box, and then mark the circle for each digit of the number.

↓

せいねんがっぴ(Date of Birth)

ねん Year					つき Month			ひ Day	
				-			-		
	⓪	⓪	⓪		⓪	⓪		⓪	⓪
①	①	①	①		①	①		①	①
②	②	②	②		②	②		②	②
	③	③	③		③	③		③	③
	④	④	④		④	④		④	④
	⑤	⑤	⑤		⑤	⑤		⑤	⑤
	⑥	⑥	⑥		⑥	⑥		⑥	⑥
	⑦	⑦	⑦		⑦	⑦		⑦	⑦
	⑧	⑧	⑧		⑧	⑧		⑧	⑧
	⑨	⑨	⑨		⑨	⑨		⑨	⑨

にほんごのうりょくしけん
もぎテスト　かいとうようし

N5
ちょうかい

<ちゅうい　Notes>

1. くろいえんぴつ（HB、No.2）でかいてください。
   Use a black medium soft (HB or No.2) pencil.
   （ペンやボールペンではかかないでください。）
   (Do not use any kind of pen.)
2. かきなおすときは、けしゴムできれいにけして ください。
   Erase any unintended marks completely.
3. きたなくしたり、おったりしないでください。
   Do not soil or bend this sheet.
4. マークれい　Marking Examples

よいれい Correct Example	わるいれい Incorrect Examples
●	⊗ ◌ ◯ ⦾ ⊜ ⦶ ◉

あなたの　なまえを　ローマじで　かいて　ください。

↓

なまえ Name																						

もんだい　1

れい	①	②	●	④
1	①	②	③	④
2	①	②	③	④
3	①	②	③	④
4	①	②	③	④
5	①	②	③	④
6	①	②	③	④
7	①	②	③	④

もんだい　2

れい	①	●	③	④
1	①	②	③	④
2	①	②	③	④
3	①	②	③	④
4	①	②	③	④
5	①	②	③	④
6	①	②	③	④

もんだい　3

れい	●	②	③
1	①	②	③
2	①	②	③
3	①	②	③
4	①	②	③
5	①	②	③

もんだい　4

れい	●	②	③
1	①	②	③
2	①	②	③
3	①	②	③
4	①	②	③
5	①	②	③
6	①	②	③

Language Knowledge (Vocabulary) もんだいようし

N4

げんごちしき (もじ・ごい)

(25ふん)

ちゅうい
Notes

1. しけんが　はじまるまで、この　もんだいようしを　あけないで　ください。
   Do not open this question booklet until the test begins.

2. この　もんだいようしを　もって　かえる　ことは　できません。
   Do not take this question booklet with you after the test.

3. じゅけんばんごうと　なまえを　したの　らんに、じゅけんひょうと　おなじように　かいて　ください。
   Write your examinee registration number and name clearly in each box below as written on your test voucher.

4. もんだいには　かいとうばんごうの　1、2、3 … が　あります。かいとうは、かいとうようしに　ある　おなじ　ばんごうの　ところに　マークして　ください。
   One of the row numbers 1, 2, 3 … is given for each question. Mark your answer in the same row of the answer sheet.

じゅけんばんごう　Examinee Registration Number	

なまえ　Name	

もんだい1 ＿＿＿の ことばは ひらがなで どう かきますか。1・2・3・4 から いちばん いい ものを ひとつ えらんで ください。

（**れい**） そとに 出て、 れんしゅうを しましょう。

1 でて　　2 だて　　3 でして　　4 だして

（かいとうようし） | （れい） | ● ② ③ ④ |

---

1 なつやすみに かいがいりょこうを 計画して います。

1 けいけん　　2 けいざい　　3 けいが　　4 けいかく

2 わたしは めずらしい きってを 集めて います。

1 もとめて　　2 ほめて　　3 あつめて　　4 きめて

3 ともだちと 遊園地に 行きました。

1 ゆうえんじ　　2 ゆえんじ　　3 ゆうえんち　　4 ゆえんち

4 大人は 200円、子どもは 100円です。

1 だいじん　　2 おおひと　　3 たいじん　　4 おとな

5 ともだちと いっしょに スポーツを するのは 楽しいです。

1 うつくしい　　2 うれしい　　3 たのしい　　4 あたらしい

6 道が　わからない　ときは　ちずを　見ます。

1 まち　　2 みち　　3 どう　　4 えき

7 子(こ)どもたちは　元気に　うたって　います。

1 てんき　　2 げんき　　3 けんぎ　　4 でんき

もんだい2 ＿＿＿の ことばは どう かきますか。1・2・3・4から いちばん いい ものを ひとつ えらんで ください。

（れい） はしの したに かわが あります。

1 上　　2 下　　3 丁　　4 干

（かいとうようし） | （れい） | ① ● ③ ④ |

---

8 この りょうりは あぶらを つかって いません。

1 使って　　2 作って　　3 用って　　4 便って

9 あしたの 午後(ごご)に でんわして ください。

1 電説　　2 電話　　3 雷説　　4 雷話

10 りょこうに ついて しつもんは ありませんか。

1 見学　　2 問題　　3 質問　　4 用事

11 ひろい 海(うみ)を 見て いると きもちが いいです。

1 広い　　2 古い　　3 早い　　4 太い

12 つかれましたから、すこし やすみませんか。

1 小し　　2 少し　　3 近し　　4 正し

もんだい3 （　　）に　なにを　いれますか。1・2・3・4から　いちばん　いい　ものを　ひとつ　えらんで　ください。

（れい）　こうこうで　にほんごを（　　　）います。

1　まなんで　　2　はらって　　3　かわって　　4　わかって

（かいとうようし）

（れい）	● ② ③ ④

13　さくぶんの　しゅくだいは　時間が（　　　）。

1　かけます　　2　かかります

3　あります　　4　おわります

14　お父さんは　テレビで（　　　）を　見て　います。

1　ニュース　　2　デパート　　3　プレゼント　　4　テキスト

15　この　きかいは　あぶないので、（　　　）さわらないで　ください。

1　ぜひ　　2　きっと

3　ぜったいに　　4　かならず

16　よる、本を　読む　ときは　でんきを（　　　）読んで　ください。

1　つけて　　2　しめて　　3　あけて　　4　けして

17 かんじは　とても　(　　　　)です。

1　いそがしい　　2　いたい　　3　わかい　　4　むずかしい

18 日本へ　来た（　　　　）は　何(なん)ですか。

1　りゆう　　2　かんけい　　3　ふうとう　　4　けいけん

19 かぜを（　　　　）、のどが　いたいです。

1　ひいて　　2　なって　　3　して　　4　おきて

20 あした　母(はは)が　来るので、くうこうへ（　　　　）行きます。

1　見に　　2　帰りに　　3　むかえに　　4　おくりに

もんだい4　＿＿＿の　ぶんと　だいたい　おなじ　いみの　ぶんが　あります。1・2・3・4から　いちばん　いい　ものを　ひとつ　えらんでください。

（れい）この　かばんは　とても　じょうぶです。

1　この　かばんは　とても　かるいです。

2　この　かばんは　ものが　たくさん　はいります。

3　この　かばんは　デザインが　いいです。

4　この　かばんは　とても　つよいです。

（かいとうようし）

（れい）	①　②　③　●

21　リーさんの　おじいさんが　なくなりました。

1　リーさんの　おじいさんが　いなくなりました。

2　リーさんの　おじいさんが　なきました。

3　リーさんの　おじいさんが　でかけました。

4　リーさんの　おじいさんが　しにました。

22　ひこうきの　時間に　まにあいませんでした。

1　ひこうきの　時間に　あつまりました。

2　ひこうきの　時間に　おくれました。

3　ひこうきの　時間を　しりませんでした。

4　ひこうきの　時間を　おしえました。

23 きのうの　かいぎは　5人　でました。

1　きのうの　かいぎは　5人　しゅっせきしました。

2　きのうの　かいぎは　5人　けっせきしました。

3　きのうの　かいぎでは　5人　はんたいしました。

4　きのうの　かいぎでは　5人　しょうかいしました。

24 この　問題は　とても　ふくざつです。

1　この　問題は　とても　かんたんです。

2　この　問題は　とても　むずかしいです。

3　この　問題は　とても　おもしろいです。

4　この　問題は　とても　めずらしいです。

もんだい5　つぎの　ことばの　つかいかたで　いちばん　いい　ものを　1・2・3・4から　ひとつ　えらんで　ください。

（れい）おたく

1　こんど　おたくに　遊びに　きて　ください。

2　また、おたくを　する　ときは　おしえて　ください。

3　もしもし、田中（たなか）さんの　おたくですか。

4　子（こ）どもには　おたくが　ひつようです。

（かいとうようし）

（れい）	①　②　●　④

25　だんだん

1　もう　6月ですね。これから　だんだん　あつく　なりますね。

2　時間は　たくさん　ありますから、だんだん　食べて　ください。

3　わたしは　日本語が　だんだん　上手です。

4　毎日　かんじを　だんだん　勉強して　います。

26　めしあがる

1　わたしは　先生の　りょうりを　めしあがりました。

2　わたしは　先生と　いっしょに　ひるごはんを　めしあがりました。

3　先生、ひるごはんは　もう　めしあがりましたか。

4　先生は　きのう　しんぶんを　めしあがりました。

27 大切（たいせつ）

1 ここは　テレビに　出た　大切（たいせつ）な　店（みせ）です。

2 リンさんは　わたしの　大切（たいせつ）な　ともだちです。

3 たいふうが　来る　前に　大切（たいせつ）な　ばしょに　行って　ください。

4 クラスで　うたが　大切（たいせつ）な　人（ひと）は　山田（やまだ）さんです。

28 われる

1 じしんで　家（いえ）が　われました。

2 ふくろが　われますから　おもい　ものは　入れないで　ください。

3 この　テレビは　われて　いますから、見られません。

4 あっ、まどの　ガラスが　われて　いますよ。

Language Knowledge (Grammar)・Reading

問題用紙

N4

言語知識（文法）・読解

（55ふん）

注　意

Notes

1. 試験が始まるまで、この問題用紙を開けないでください。
   Do not open this question booklet until the test begins.

2. この問題用紙を持って帰ることはできません。
   Do not take this question booklet with you after the test.

3. 受験番号と名前を下の欄に、受験票と同じように書いてください。
   Write your examinee registration number and name clearly in each box below as written on your test voucher.

4. 問題には解答番号の 1 、 2 、 3 … があります。
   解答は、解答用紙にある同じ番号のところにマークしてください。
   One of the row numbers 1 , 2 , 3 … is given for each question. Mark your answer in the same row of the answer sheet.

受験番号　Examinee Registration Number	

名前　Name	

もんだい1　（　　　）に　何を　入れますか。1・2・3・4から　いちばん　いい　ものを　一つ　えらんで　ください。

（例(れい)）　これ（　　　）えんぴつです。

1　に　　　2　を　　　3　は　　　4　や

（解答用紙(かいとうようし)）

（例(れい)）	①　②　●　④

1　たいふう（　　　）大きい　木が　たおれました。

1　で　　　2　に　　　3　から　　　4　を

2　朝、天気予報(てんきよほう)では　午後(ごご)から　雨が　ふる（　　　）言って　いました。

1　のに　　　2　から　　　3　ので　　　4　と

3　A「花見(はなみ)に　行きたいんですが、どこか　いい　ところは　ありませんか。」

B「花見(はなみ)に（　　　）駅の　前の　公園(こうえん)が　いいですよ。」

1　行くなら　　　2　行ったら　　　3　行けば　　　4　行っても

4　A「おさけ、飲まないんですか。」

B「ええ。体(からだ)の　ために　さいきん　できるだけ（　　　）して　いるんです。」

1　飲む　ように　　　2　飲まない　ように

3　飲む　ために　　　4　飲まない　ために

5 A 「これ、えんぴつで（　　　）。」

B 「いいえ、黒い　ボールペンで　おねがいします。」

1 書いても　いいですか　　2 書きませんか

3 書いて　いますか　　4 書かなくても　いいですか

6 A 「山田さん、元気が　ありませんね。どうしたんですか。」

B 「かぜを　ひいたようで　頭が（　　　）。」

1 いたいんです　　2 いたかったんです

3 いたそうなんです　　4 いたかったそうなんです

7 A 「昨日　図書館で　かりた　本、もう　読みましたか。」

B 「ええ、とても　おもしろかったので、一日で　ぜんぶ　読んで
（　　　）。」

1 おきました　　2 いました

3 しまいました　　4 ありました

8 A 「先生、卒業試験は　いつですか。」

B 「毎年　2月の　終わりに　試験を（　　　）。」

1 する　ことに　なって　います　　2 しない　ことに　なって　います

3 する　ことも　あります　　4 しない　ことも　あります

9 A 「先生、作文(さくぶん)の しゅくだいは 今日までですか。」

B 「いいえ、今日（　　　）。 明日でも いいですよ。」

1 出さなければ いけません　　2 出しては いけません

3 出さなくても いいです　　4 出さないで ください

10 A 「駅の 前に 新しく できた レストラン、（　　　）ことが ありますか。」

B 「ええ、先週(せんしゅう) はじめて 行きました。とても おいしかったですよ。」

1 行く　　2 行かない

3 行った　　4 行かなかった

11 A 「夏休みは、どこかへ 行かれるんですか。」

B 「いいえ、どこにも（　　　）、うちで ゆっくり 休む つもりです。」

1 出かけないのに　　2 出かけなくても

3 出かけなくて　　4 出かけないで

12 わたしは 子どもに うちの 仕事を（　　　）。

1 てつだいます　　2 てつだわせます

3 てつだわれます　　4 てつだわされます

13 A 「森(もり)先生に（　　　）んですが、いらっしゃいますか。」

B 「はい、ちょっと お待ち ください。」

1 お見えに なりたい　　2 お会いに なりたい

3 お見したい　　4 お会いしたい

もんだい2 ＿★＿に 入る ものは どれですか。1・2・3・4から いちばん いい ものを 一つ えらんで ください。

（問題例）

今より ＿＿ ＿＿ ＿★＿ ＿＿ すみたいです。

1 部屋　　2 きれいな　　3 に　　4 ひろくて

（答え方）

1. 正しい 文を 作ります。

今より ＿＿ ＿＿ ＿★＿ ＿＿ すみたいです。 4 ひろくて 2 きれいな 1 部屋 3 に

2. ＿★＿に 入る 番号を 黒く ぬります。

（解答用紙）

（例）	● ② ③ ④

---

14 A 「あしたから 京都を 旅行するんですが、セーターは いるでしょうか。」
B 「今の きせつは ＿＿ ＿＿ ＿★＿ ＿＿ 、ひつようだと 思いますよ。」

1 寒い　　2 まだ　　3 ので　　4 かもしれない

15 A 「ユナさん、あした 木村さんが ＿＿ ＿★＿ ＿＿ ＿＿ か。」
B 「いいえ、木村さんから まだ れんらくが ないんです。」

1 どうか　　2 います　　3 知って　　4 来るか

16 かぜを　ひくから、＿＿＿＿　＿＿＿＿　★　＿＿＿＿　だめだよ。

1　まま　　2　まどを　　3　寝（ね）ちゃ　　4　開（あ）けた

17 わたしは　肉（にく）は　＿＿＿＿　＿＿＿＿　★　＿＿＿＿　ありません。

1　魚（さかな）は　　2　好きですが

3　あまり　　4　好きでは

もんだい3　[18]から　[21]に　何を　入れますか。文章の　意味を　考えて、1・2・3・4から　いちばん　いい　ものを　一つ　えらんで　ください。

田中さん

今日は　いろいろな　ところを　案内[18]、どうも　ありがとうございました。わたしも　妹も、京都は　はじめてでしたが、とても　楽しかったです。

朝は　くもって　いたので、心配しましたが、午後から　いい　天気に　なって　よかったですね。山の　上に　登った　とき、よく　はれて　いたので、京都の　町が　はっきり　見えました。写真も　[19]　とれましたから、この　メールと　いっしょに　おくります。ほんとうに　ありがとうございました。

[20]、来月の　10日は　妹の　誕生日なので、うちで　パーティーを　したいと　思って　います。大きい　パーティーでは　ありませんが、田中さんにも　ぜひ　来て　いただきたいと　思って　います。ご都合は　いかがですか。パーティーは　来月で、まだ　時間が　ありますが、予定を　[21]ので、すみませんが、ご連絡　ください。

キム　ビョンヒョン

18

1 して　くださって　　2 させて　くださって
3 して　さしあげて　　4 させて　さしあげて

19

1 きれいな　　2 きれい　　3 きれいに　　4 きれいと

20

1 たとえば　　2 ところで　　3 それなら　　4 でも

21

1 うかがわない　　2 うかがった
3 うかがえる　　4 うかがいたい

もんだい4　つぎの（1）から（4）の文章を読んで、質問に答えてください。
答えは、1・2・3・4から、いちばんいいものを一つえらんでください。

（1）

さいきんインターネットで買い物をする人がふえました。それで買い物しすぎてお金がなくなって、困る人も多くなったそうです。わたしはみなさんに買う前に1日考えてから買うようにしてくださいと言っています。インターネットはいつでも買い物ができますから、便利です。でも、みなさん、買いすぎないように気をつけてください。

22　この文章を書いた人がいちばん言いたいことは何ですか。

1　インターネットで買い物をする人が多くなりました。

2　インターネットで買い物しすぎて困る人がふえました。

3　インターネットで買い物をするときは、よく考えてください。

4　インターネットでいつでも買い物ができて、便利になりました。

(2)

先日京都へ行ったとき、新幹線でお弁当を食べました。有名な料理店のお弁当で、1つ1つていねいに作ってあって、味もほんとうにおいしかったです。1つ1,000円のお弁当は、買った時はちょっと高いと思いましたが、食べたあとは、けっして高くないと思いました。このお弁当を作った人は、ほんとうに料理が好きだから、おいしいお弁当が作れるのでしょう。食べながら、とてもいい気分になりました。

23 この文章を書いた人がいちばん言いたいことは何ですか。

1 有名な料理店のお弁当はおいしい。

2 新幹線のお弁当は高い。

3 料理が好きな人にお弁当を作ってもらった。

4 おいしいお弁当が食べられて、うれしかった。

（3）

自転車置き場の使い方

・2時間以内なら無料です。お金はいりません。

・2時間以上は1日150円です。

（1）はじめに入口の機械から、紙を1枚とってください。時間が書いてあります。

（2）出るとき、機械にその紙を入れて、お金を入れると、出口が開きます。

注意：2時間以内でも、必ず紙を入れてください。紙を入れないと、出口が開きません。紙をなくした場合は150円を入れてください。出口が開きます。

24 この自転車置き場に1時間自転車を止めた人はどうしますか。

1 何も入れないで出口から出る。

2 紙だけ入れて出口から出る。

3 紙といっしょに150円を入れて出口から出る。

4 出口が開かないので入口から出る。

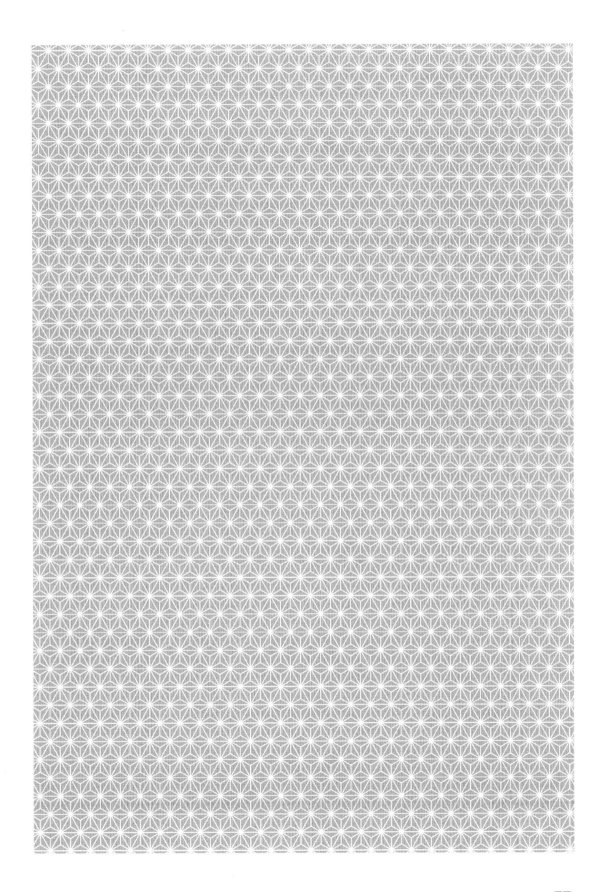

もんだい5　つぎの文章を読んで、質問に答えてください。答えは、1・2・3・4 から、いちばんいいものを一つえらんでください。

わたしは日本語を勉強している学生です。わたしの日本語の先生は、同じテストの問題をたいてい3回使います。1回目は、正しい答えをa・b・c・dの中から選ぶ試験です。これは、だいたいみんなよくできます。

1週間ぐらい後で、1回目と同じ問題で試験をうけます。2回目の試験の紙は、問題の文だけで、a・b・c・dの4つの答えがなくて、自分で答えを考えて書きます。1回目のときはできたのに、間違えてしまうこともあります。

3回目は、その1週間ぐらい後で、自分の1回目の試験の紙を見ながら、どうしてその答えが正しいのか、どうしてほかの答えは正しくないのか、日本語でうまく友だちに説明できるかどうかテストします。正しい答えはわかっていても、うまく説明するのは難しいので、友だちといっしょにわかりやすい説明を考えます。

新しいことをどんどん勉強したいという友だちや、説明するのは難しいから1回目や2回目のテストだけをやりたいという友だちもいますが、わたしはこのやり方がいいと思います。

同じ問題を3回やれば、よく覚えられるし、説明を考えながら、わかりやすい話し方の練習をするので、会話が上手になると思うからです。

[25] 2回目(かいめ)のテストはどんなテストですか。

1　1回目(かいめ)によくできなかった人がもう1回(かい)受(う)けるテスト

2　a・b・c・dの中から、正(ただ)しい答えはどれか、選(えら)ぶテスト

3　1回目(かいめ)と同じ問題で、正(ただ)しい答えを自分で考(かんが)えるテスト

4　みんな1回目(かいめ)よりいい点数(てんすう)がとれるテスト

[26] 3回目(かいめ)にするテストはどうして難(むずか)しいのですか。

1　日本語で説明(せつめい)しなければならないから

2　1回目(かいめ)と2回目(かいめ)の答えを忘(わす)れたから

3　どの答えが正(ただ)しいかわからないから

4　友だちといっしょに考(かんが)えるから

[27] <u>わたしはこのやり方がいいと思います</u>とありますが、それはどうしてですか。

1　3回目(かいめ)にだいたいみんな100点(てん)になるから

2　新しいことをどんどん勉強できるから

3　テストを受(う)けるだけだから

4　よく覚(おぼ)えられるし、会話(かいわ)が上手になるから

もんだい6　右のページの新聞記事を読んで質問にこたえてくただい。答えは、1・2・3・4から、いちばんいいものを一つえらんでください。

28　表を見てわかることは何ですか。

1　本を読む人より本を読まない人のほうが多い。

2　３さつ以上読む人は１さつか２さつを読む人より多い。

3　61さい以上の人は21さいから30さいの人より本を読まない。

4　61さい以上の人はぜんぜん本を読まない。

29　本を読まない理由として正しくないのはどれですか。

1　仕事がいそがしいから本が読めなくなる。

2　目がわるいから本が読みたくない。

3　スマホを使うから本を読まなくなる。

4　テレビを見るから本が読みたくない。

読書についての調査

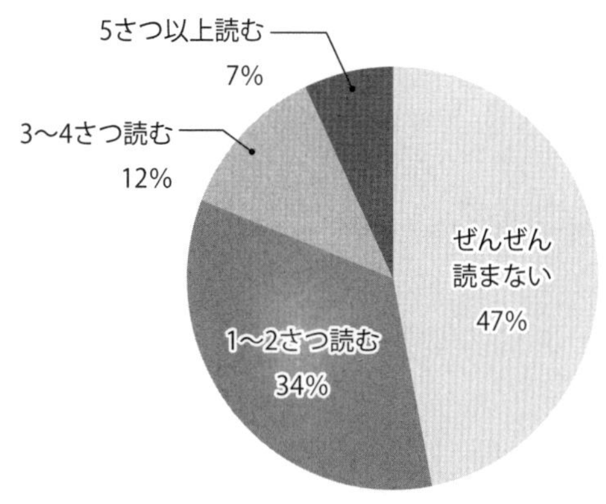

【表1】１か月にどのくらい本を読むか

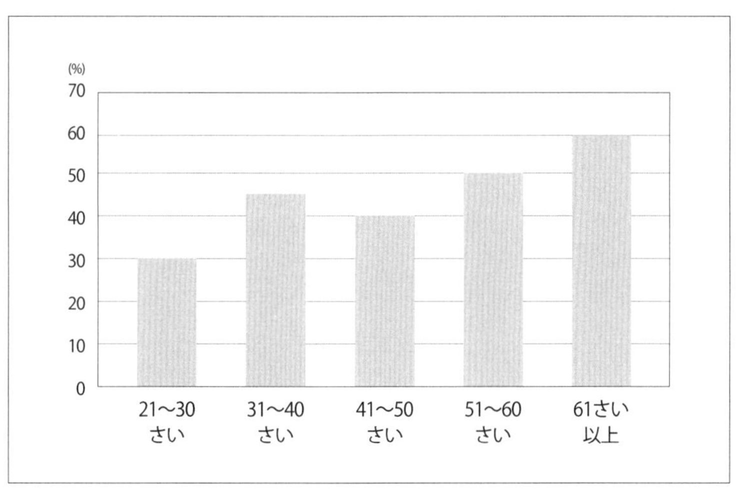

【表2】本をぜんぜん読まない人

※このアンケートでわかった本を読まない理由は、次のようでした。

- 仕事や勉強がいそがしくて本が読めない。
- 目がわるくなるから本を読みたくない。
- スマホ、パソコンを使うため本を読まなくなる。
- テレビがおもしろくて本が読みたくなくなる。

Listening

問題用紙

N4

聴解

(40分)

注　意
Notes

1. 試験が始まるまで、この問題用紙を開けないでください。
Do not open this question booklet until the test begins.

2. この問題用紙を持って帰ることはできません。
Do not take this question booklet with you after the test.

3. 受験番号と名前を下の欄に、受験票と同じように書いてください。
Write your examinee registration number and name clearly in each box below as written on your test voucher.

4. この問題用紙にメモをとってもいいです。
You may make notes in this question booklet.

受験番号 Examinee Registration Number	

名前 Name	

もんだい１

もんだい１では、まず　しつもんを　聞いて　ください。それから　話を聞いて、もんだいようしの　１から　４の　中から、いちばん　いい　ものを一つ　えらんで　ください。

れい

1　ちかてつで　行く

2　バスで　行く

3　あるいて　行く

4　じてんしゃで　行く

1ばん

2ばん

1　9時(じ)に　101きょうしつ

2　10時半(じはん)に　101きょうしつ

3　1時(じ)に　101きょうしつ

4　2時(じ)に　201きょうしつ

3ばん

1　女の　人に　かえします

2　自分の　友だちに　貸します

3　女の　人の　友だちに　貸します

4　もう　いちど　読みます

4ばん

5ばん

1　こやまゆきの　電車に　乗ります

2　３ばんせんの　電車に　乗ります

3　４ばんせんの　電車に　乗ります

4　この　電車に　乗って　行きます

6ばん

1

2

3

4

7ばん

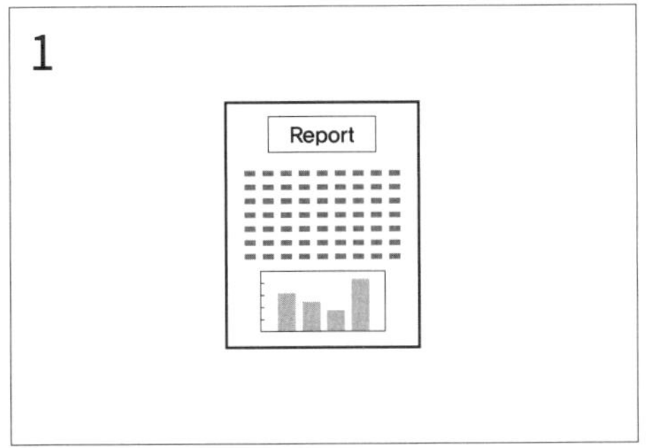
1
Report

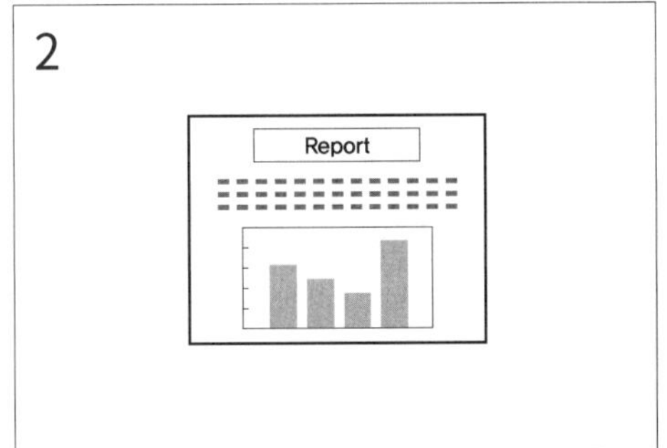
2
Report

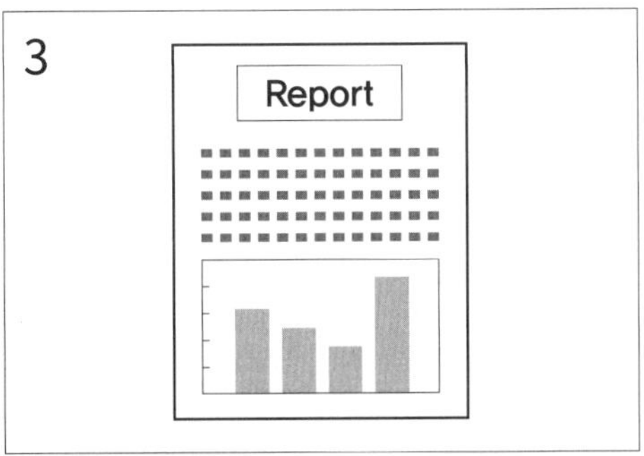
3
Report

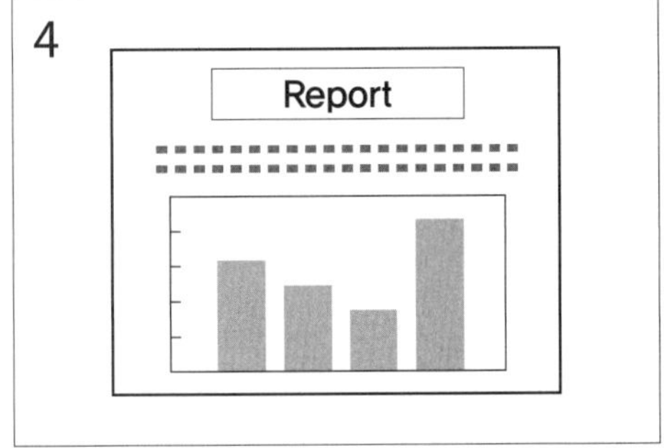
4
Report

8ばん

1
1:00
○○駅

2
2:00
○○駅

3
1:00
KOBAN

4
2:00
KOBAN

もんだい２

もんだい２では、まず　しつもんを　聞いて　ください。その　あと、もんだいようしを　見て　ください。読む　時間が　あります。それから　話を聞いて、もんだいようしの　１から　４の　中から、いちばん　いい　ものを一つ　えらんで　ください。

れい

1　あたらしい　車

2　友だち

3　時間

4　お金

1ばん

1　いろが　きらいだから

2　デザインが　きらいだから

3　やすすぎるから

4　おなじ　スカートを　持(も)って　いるから

2ばん

1　くつを　買(か)って　あげる

2　ふくを　買(か)って　あげる

3　はなを　買(か)って　あげる

4　いっしょに　ミュージカルを　見(み)に　行(い)く

3ばん

1　5人(にん)

2　6人(にん)

3　7人(にん)

4　8人(にん)

4ばん

1　きっぷが　ないと　乗(の)れないから

2　子(こ)どもだけで　乗(の)るから

3　すわる　ところが　ほしいから

4　子(こ)どもは　きっぷが　いらないから

5ばん

1　あしたから　旅行(りょこう)に　行(い)くから

2　としょかんが　開(あ)いて　いるから

3　本(ほん)を　かえす　ボックスが　あるから

4　本(ほん)が　大(おお)きすぎるから

6ばん

1　時間(じかん)が　ないから

2　店(みせ)で　借(か)りるから

3　かばんを　使(つか)わないから

4　友(とも)だちに　借(か)りるから

7ばん

1　作(つく)った　ほうが　やすいから

2　きれいに　作(つく)れるから

3　子(こ)どもが　よろこぶから

4　かたづけるのが　たいへんだから

もんだい3

もんだい3では、えを　見ながら　しつもんを　聞いて　ください。
➡（やじるし）の　人は　何と　言いますか。1から　3の　中から、いちばん　いい　ものを　一つ　えらんで　ください。

れい

1ばん

2ばん

3ばん

4ばん

5ばん

もんだい4

もんだい4では、えなどが　ありません。まず　ぶんを　聞(き)いて　ください。それから、その　へんじを　聞(き)いて、1から　3の　中(なか)から、いちばん　いい　ものを　一(ひと)つ　えらんで　ください。

— メモ —

じゅけんばんごうを　かいて、その　したの　マークらんに　マークして　ください。
Fill in your examinee registration number in this box, and then mark the circle for each digit of the number.

じゅけんばんごう
Examinee Registration Number

2		A	1	0	1	0	0	0	1	-	4	0	0	0	1

せいねんがっぴを　かいて、その　したの　マークらんに　マークして　ください。
Fill in your date of birth in this box, and then mark the circle for each digit of the number.

せいねんがっぴ(Date of Birth)

ねん Year					つき Month			ひ Day	
				–			–		

にほんごのうりょくしけん
もぎテスト　かいとうようし

N4
げんごちしき(もじ・ごい)

<ちゅうい　Notes>

1. くろいえんぴつ（HB、No.2）でかいてください。
Use a black medium soft (HB or No.2) pencil.
(ペンやボールペンではかかないでください。)
(Do not use any kind of pen.)
2. かきなおすときは、けしゴムできれいにけしてください。
Erase any unintended marks completely.
3. きたなくしたり、おったりしないでください。
Do not soil or bend this sheet.
4. マークれい　Marking Examples

よいれい Correct Example	わるいれい Incorrect Examples
●	⊗ ◌ ◯ ⓪ ◌ ◌ ◌

あなたの　なまえを　ローマじで　かいて　ください。

なまえ Name	

もんだい 1				
1	①	②	③	④
2	①	②	③	④
3	①	②	③	④
4	①	②	③	④
5	①	②	③	④
6	①	②	③	④
7	①	②	③	④
もんだい 2				
8	①	②	③	④
9	①	②	③	④
10	①	②	③	④
11	①	②	③	④
12	①	②	③	④

もんだい 3				
13	①	②	③	④
14	①	②	③	④
15	①	②	③	④
16	①	②	③	④
17	①	②	③	④
18	①	②	③	④
19	①	②	③	④
20	①	②	③	④
もんだい 4				
21	①	②	③	④
22	①	②	③	④
23	①	②	③	④
24	①	②	③	④

もんだい 5				
25	①	②	③	④
26	①	②	③	④
27	①	②	③	④
28	①	②	③	④

にほんごのうりょくしけん
もぎテスト　かいとうようし

N4

げんごちしき(ぶんぽう)・どっかい

じゅけんばんごうを　かいて、その　したの　マークらんに　マークして　ください。
Fill in your examinee registration number in this box, and then mark the circle for each digit of the number.

じゅけんばんごう
Examinee Registration Number

2		A	1	0	1	0	0	0	1	-	4	0	0	0	1

<ちゅうい　Notes>

1. くろいえんぴつ（HB、No.2）でかいてください。
   Use a black medium soft (HB or No.2) pencil.
   (ペンやボールペンではかかないでください。)
   (Do not use any kind of pen.)
2. かきなおすときは、けしゴムできれいにけしてください。
   Erase any unintended marks completely.
3. きたなくしたり、おったりしないでください。
   Do not soil or bend this sheet.
4. マークれい　Marking Examples

よいれい Correct Example	わるいれい Incorrect Examples
●	⊗ ◌ ◯ ◎ ⊜ ◐ ◍

あなたの　なまえを　ローマじで　かいて　ください。

なまえ
Name

せいねんがっぴを　かいて、その　したの　マークらんに　マークして　ください。
Fill in your date of birth in this box, and then mark the circle for each digit of the number.

せいねんがっぴ(Date of Birth)

ねん Year				-	つき Month		-	ひ Day	

もんだい 1				
1	①	②	③	④
2	①	②	③	④
3	①	②	③	④
4	①	②	③	④
5	①	②	③	④
6	①	②	③	④
7	①	②	③	④
8	①	②	③	④
9	①	②	③	④
10	①	②	③	④
11	①	②	③	④
12	①	②	③	④
13	①	②	③	④

もんだい 2				
14	①	②	③	④
15	①	②	③	④
16	①	②	③	④
17	①	②	③	④
もんだい 3				
18	①	②	③	④
19	①	②	③	④
20	①	②	③	④
21	①	②	③	④
もんだい 4				
22	①	②	③	④
23	①	②	③	④
24	①	②	③	④

もんだい 5				
25	①	②	③	④
26	①	②	③	④
27	①	②	③	④
もんだい 6				
28	①	②	③	④
29	①	②	③	④

じゅけんばんごうを　かいて、その　したの　マークらんに　マークして　ください。
Fill in your examinee registration number in this box, and then mark the circle for each digit of the number.

じゅけんばんごう
Examinee Registration Number

2		A	1	0	1	0	0	0	1	-	4	0	0	0	1
⓪	⓪		⓪	●	⓪	●	●	●	⓪			●	●	●	⓪
①	①	●	●	○	●	①	①	①	●		①	①	①	①	●
●	②	Ⓑ	②	②	②	②	②	②	②		②	②	②	②	②
③	③		③	③	③	③	③	③	③		③	③	③	③	③
④	④		④	④	④	④	④	④	④		●	④	④	④	④
⑤	⑤		⑤	⑤	⑤	⑤	⑤	⑤	⑤		⑤	⑤	⑤	⑤	⑤
⑥	⑥		⑥	⑥	⑥	⑥	⑥	⑥	⑥		⑥	⑥	⑥	⑥	⑥
⑦	⑦		⑦	⑦	⑦	⑦	⑦	⑦	⑦		⑦	⑦	⑦	⑦	⑦
⑧	⑧		⑧	⑧	⑧	⑧	⑧	⑧	⑧		⑧	⑧	⑧	⑧	⑧
⑨	⑨		⑨	⑨	⑨	⑨	⑨	⑨	⑨		⑨	⑨	⑨	⑨	⑨

せいねんがっぴを　かいて、その　したの　マークらんに　マークして　ください。
Fill in your date of birth in this box, and then mark the circle for each digit of the number.

せいねんがっぴ(Date of Birth)

ねん Year					つき Month			ひ Day	
				-			-		
	⓪	⓪	⓪		⓪	⓪		⓪	⓪
①	①	①	①		①	①		①	①
②	②	②	②		②	②		②	②
	③	③	③		③	③		③	③
	④	④	④		④	④		④	④
	⑤	⑤	⑤		⑤	⑤		⑤	⑤
	⑥	⑥	⑥		⑥	⑥		⑥	⑥
	⑦	⑦	⑦		⑦	⑦		⑦	⑦
	⑧	⑧	⑧		⑧	⑧		⑧	⑧
	⑨	⑨	⑨		⑨	⑨		⑨	⑨

にほんごのうりょくしけん
もぎテスト　かいとうようし

N4
ちょうかい

<ちゅうい　Notes>

1. くろいえんぴつ（HB、No.2）でかいてください。
   Use a black medium soft (HB or No.2) pencil.
   (ペンやボールペンではかかないでください。)
   (Do not use any kind of pen.)
2. かきなおすときは、けしゴムできれいにけしてください。
   Erase any unintended marks completely.
3. きたなくしたり、おったりしないでください。
   Do not soil or bend this sheet.
4. マークれい　Marking Examples

よいれい Correct Example	わるいれい Incorrect Examples
●	⊗ ⦸ ◯ ⓞ ⊜ ◐ ◍

あなたの　なまえを　ローマじで　かいて　ください。

なまえ Name																							

もんだい　1

れい	①	②	③	●
1	①	②	③	④
2	①	②	③	④
3	①	②	③	④
4	①	②	③	④
5	①	②	③	④
6	①	②	③	④
7	①	②	③	④
8	①	②	③	④

もんだい　2

れい	①	②	●	④
1	①	②	③	④
2	①	②	③	④
3	①	②	③	④
4	①	②	③	④
5	①	②	③	④
6	①	②	③	④
7	①	②	③	④

もんだい　3

れい	①	●	③
1	①	②	③
2	①	②	③
3	①	②	③
4	①	②	③
5	①	②	③

もんだい　4

れい	①	②	●
1	①	②	③
2	①	②	③
3	①	②	③
4	①	②	③
5	①	②	③
6	①	②	③
7	①	②	③
8	①	②	③

JLPT

*

해석 및 청해 스크립트

N5 정답표

● 언어지식(문자·어휘)

	번호	정답
問題 1	**1**	1
	2	1
	3	2
	4	2
	5	3
	6	4
	7	3
問題 2	**8**	4
	9	1
	10	2
	11	2
	12	1
問題 3	**13**	3
	14	1
	15	3
	16	2
	17	2
	18	1
問題 4	**19**	4
	20	3
	21	1

● 언어지식(문법)·독해

	번호	정답
問題 1	**1**	4
	2	1
	3	3
	4	4
	5	1
	6	4
	7	2
	8	3
	9	2
問題 2	**10**	4
	11	2
	12	3
	13	2
問題 3	**14**	4
	15	4
	16	3
	17	1
問題 4	**18**	3
	19	3
問題 5	**20**	2
	21	2
問題 6	**22**	3

● 청해

	번호	정답
問題 1	れい	3
	1	2
	2	2
	3	3
	4	2
	5	4
	6	2
	7	2
問題 2	れい	2
	1	3
	2	2
	3	2
	4	4
	5	1
	6	2
問題 3	れい	1
	1	2
	2	3
	3	2
	4	2
	5	3
問題 4	れい	1
	1	2
	2	3
	3	2
	4	1
	5	3
	6	2

N5

● 언어지식(문자·어휘)

문제 1 ＿＿＿의 단어는 히라가나로 어떻게 씁니까? 1・2・3・4에서 가장 적당한 것을 하나 고르세요.

예 밖으로 나가, 연습을 합시다.

1 외국에서 일하고 싶습니다.

2 하야시 씨는 식당에서 쉬고 있습니다.

3 아기의 귀는 매우 작습니다.

4 그 기타는 오래됐네요.

5 전부 합해서 9천 엔입니다.

6 파출소는 역의 북쪽에 있습니다.

7 매일 편지를 씁니다.

문제 2 ＿＿＿의 단어는 어떻게 씁니까? 1・2・3・4에서 가장 적당한 것을 하나 고르세요.

예 다리 밑에 강이 있습니다.

8 운동 후에 샤워를 합니다.

9 아이는 눈이 좋습니다.

10 제 여동생은 고등학생입니다.

11 큰 나무가 서 있습니다.

12 차가 뜨거우니 조심하세요.

문제 3 (　　)에 무엇이 들어갑니까? 1・2・3・4에서 가장 적당한 것을 하나 고르세요.

예 고등학교에서 일본어를 (배우고) 있습니다.

13 내일은 (비)가 옵니다.

14 (좋아하는(맘에 드는)) 곳에 앉아 주세요.

15 우체국에서 (우표)를 사 오겠습니다.

16 전화번호는 거기에 (메모)했습니다.

17 이 엘리베이터는 (몇 명) 탈 수 있습니까?

18 일본어를 공부할 때는 한자를 (외웁시다).

문제 4 ＿＿＿의 문장과 대체로 같은 의미의 문장이 있습니다. 1・2・3・4에서 가장 적당한 것을 하나 고르세요.

예 이 가방은 매우 튼튼합니다.
→ 이 가방은 굉장히 강합니다(튼튼합니다).

19 10월 1일은 18번째 생일입니다.
→ 10월 1일에 18살이 됩니다.

20 이 수프는 조금 싱겁습니다.
→ 이 수프는 물이 많습니다.

21 교실을 청소한 다음에 돌아갑니다.
→ 교실을 깨끗하게 한 다음에 돌아갑니다.

● 언어지식(문법)·독해

문제 1 (　　)에 무엇을 넣습니까? 1・2・3・4에서 가장 적당한 것을 하나 고르세요.

예 이것(은) 연필입니다.

1 A 매우 즐거웠습니다.
B 또 놀(러) 오세요.

2 그는 나(보다) 일본어를 잘합니다.

3 A 이 전화는 어떻게 사용합니까?
B 9번을 누른 (후에) 전화번호를 누르세요.

4 A 내일도 와도 됩니까?
B 내일은 바쁘니까 (오지) 않는 편이 좋습니다.

5 내일은 시험이 있으니까 숙제는 모레 (제출해도) 됩니다.

6 A 여기에 차를 세워도 됩니까?
B 차는 주차장에 세우는 (편이) 좋습니다.

7 책은 그다지 (읽지 않습니다).

8 A 이 종이를 한 장 (주시지 않겠습니까)?
B 네, 쓰세요.

9 A 선생님 이야기는 너무 어려웠습니다.
B 그렇죠. 전혀 (모르겠더군요).

문제 2 ___★___에 들어갈 말은 무엇입니까? 1・2・3・4에서 가장 적당한 것을 하나 고르세요.

예 지금보다 넓고 깨끗한 방에 살고 싶습니다.

10 다나카 씨는 스포츠도 요리를 만드는 것도 잘하시네요.

11 내 우산은 크지만 여동생 것은 매우 작습니다.

12 A 낫토는 먹은 적이 있습니까?
B 아니요. 이름은 알고 있지만 아직 없습니다.

13 어젯밤에는 TV도 보지 않고 숙제를 했습니다.

문제 3 14부터 17에 무엇을 넣습니까? 글의 의미를 생각해서 1・2・3・4에서 가장 적당한 것을 하나 고르세요.

일본에서 공부하고 있는 학생이 '일본인과 기모노'에 대한 것을 글로 써서 반 친구들 앞에서 읽었습니다.

(1) 미나 씨의 이야기

어제 시청에 갔습니다. 건강 보험에 대해 묻고 싶은 것이 14 있었기 때문입니다. 하지만 그 날은 휴일이었습니다. 그리고 그곳에는 젊은 사람이 많이 있었습니다. 여자는 모두 기모노를 입어서 무척 예뻤습니다. 스무 살로 성인 15 이 된 사람들이었습니다.

(2) 카를로스 씨의 이야기

일본에서는 기모노를 입는 사람이 많이 있습니다. 우리나라에도 다른 나라에는 없는 옷이 있습니다. 하지만 16 별로 입을 일이 없습니다. 지금 축제가 많습니다. 저도 17 보러 갔습니다만 남자도 여자도 귀여운 기모노를 입고 걷고 있었습니다.

문제 4 다음 (1)에서 (3)의 글을 읽고 질문에 답하세요. 답은 1・2・3・4에서 가장 적당한 것을 하나 고르세요.

(1)

학교 도서관은 매주 월요일이 휴무일입니다. 나는 토요일과 일요일은 아르바이트가 있어서 갈 수 없습니다. 화요일과 목요일은 수업으로 바쁩니다. 그래도 일주일에 두 번은 도서관에 갑니다.

18 나는 언제 도서관에 갑니까?

1 토요일과 일요일
2 월요일과 수요일
3 수요일과 금요일
4 화요일과 목요일

(2) 대학의 벽에 종이가 붙어 있습니다.

함께 일본어를 공부하지 않을래요?

매주 토요일 대학 3호관 5층에서 유학생과 일본인 대학생들이 일본어 공부를 합니다. 함께 공부를 하거나, 차를 마시면서 이야기하거나 합니다. 다른 대학 사람도 오니, 친구를 많이 만들어 보지 않겠습니까?

유학생 모임

19 유학생 모임에서 하지 않는 것은 무엇입니까?

1 일본어 공부를 하는 것
2 차를 마시거나 이야기하거나 하는 것
3 외국에 유학 가는 것
4 친구를 많이 만드는 것

문제 5 다음 글을 읽고 질문에 답하세요. 답은 1・2・3・4 중에서 가장 적당한 것을 하나 고르세요.

재미있었던 일

댄 스미스

어제 우리 반 모두와 공원에 놀러 갔습니다. 공원 안에는 테니스나 축구를 하는 곳이 있었습니다. 나는 축구를 별로 한 적이 없습니다. 그래도 모두와 함께 달렸습니다. 남학생과 여학생이 함께 운동을 한 것은 처음이었습니다. 나는 잘 하지는 못했지만, 무척 재미있었습니다. 다들 즐겁게 웃고 있었습니다.

12시가 되어 도시락을 먹은 후, 나무가 많이 있는 조용한 공원을 산책했습니다. 녹음이 아름답고 푸른 하늘에는 작은 새도 날고 있었습니다. 다음 주에 다시 한번 다 함께 여기에 오기로 약속했습니다. 나는 다음에는 아름다운 나무와 꽃 그림을 그리고 싶습니다.

20 왜 무척 재미있었습니까?

1 테니스를 하는 곳에서 축구를 했기 때문에
2 반 모두가 함께 달렸기 때문에
3 일본에서 운동을 처음으로 했기 때문에
4 모두 잘 못했기 때문에

21 '나'는 다음 주 무엇을 하고 싶습니까?

1 공원에서 산책을 하고 싶습니다.
2 공원에서 그림을 그리고 싶습니다.
3 학교에서 다 함께 축구를 하고 싶습니다.
4 학교에서 다 함께 테니스를 치고 싶습니다.

문제 6 오른쪽 페이지를 보고 아래 질문에 답하세요. 답은 1・2・3・4에서 가장 적당한 것을 하나 고르세요.

22 주리 씨는 오늘 학교에서 돌아와서 집에서 TV를 볼 겁니다. 4시에 수업이 끝나고 학교에서 집까지는 1시간 걸립니다. 밤 7시부터 10시까지는 아르바이트입니다. 집에서 그곳까지 30분 걸립니다. 주리 씨는 어떤 방송을 볼 수 있습니까?

1 A TV의 '애니메이션 사카나 군'
2 B TV의 '드라마 밤의 자동차'
3 C TV의 '드라마 경찰 24시'
4 H TV의 '버스로 여행 <오사카>'

오늘의 TV 방송

A TV	B TV	C TV	H TV
16:40~17:40 애니메이션 사카나 군	16:00~17:20 재팬컵 축구	16:45~17:30 일본어의 세계	16:30~17:15 버스로 여행 <오사카>
17:40~18:40 어린이의 노래	17:20~18:45 드라마 밤의 자동차	17:30~18:15 드라마 경찰 24시	17:15~17:30 뉴스 17:30~18:50 오늘의 요리

● 청해

문제 1　문제 1에서는 우선 질문을 들으세요. 그리고 이야기를 듣고 문제지의 1에서 4 중에서 가장 적당한 것을 하나 고르세요. 그럼 연습해 봅시다.

예

部屋の　中で　女の　人と　男の　人が　話して　います。男の　人は　この　あと　何を　しますか。	방 안에서 여자와 남자가 이야기하고 있습니다. 남자는 이다음에 무엇을 합니까?
女　なんだか　暗いですね。まだ　4時ですけど。 男　部屋の　電気を　つけましょうか。 女　たぶん、カーテンが　しまって　いるから　でしょう。 男　じゃあ、ぜんぶ　開けましょうか。 女　ええ、お願いします。	여　왠지 어둡네요. 아직 4시인데. 남　방의 불을 켤까요? 여　아마 커튼이 닫혀 있어서일 거예요. 남　그럼 전부 열까요? 여　네, 부탁해요.
男の　人は　この　あと　何を　しますか。	남자는 이다음에 무엇을 합니까?

1　2　3　4

가장 적당한 것은 3번입니다. 답안지의 문제 1의 예 부분을 보세요. 가장 적당한 것은 3번이니까 답은 이렇게 적습니다. 그럼 시작하겠습니다.

1번

お店の　人と　女の　人が　話して　います。女の　人は　どの　かさを　買いますか。	가게 사람과 여자가 이야기하고 있습니다. 여자는 어떤 우산을 삽니까?
男　いらっしゃいませ。どんな　かさが　よろしいですか。 女　小さいのは　家に　あるから　大きいのが　ほしいですが。	남　어서 오세요. 어떤 우산이 좋으십니까? 여　작은 것은 집에 있으니까 큰 것이 필요한데요.

男　みなさん　花の　デザインと　さかなの　デザインを　よく　買いますね。 女　あ、この　さかな、かわいいですね。花の絵のは　家に　あるから、これに　します。	남　다들 꽃 디자인과 물고기 디자인을 많이 삽니다. 여　아, 이 물고기 귀엽네요. 꽃 그림의 것은 집에 있으니까 이걸로 할게요.
女の　人は　どの　かさを　買いますか。	여자는 어떤 우산을 삽니까?

1 
2 
3 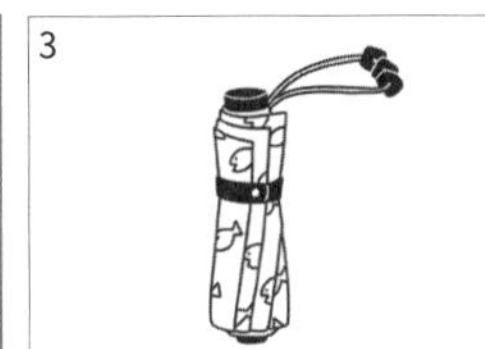
4 

2번

先生が　学生に　月曜日の　予定を　話して　います。学生は　何を　持って　行きますか。	**선생님이 학생에게 월요일의 예정을 이야기하고 있습니다. 학생은 무엇을 가지고 갑니까?**
男　来週の　月曜日は　みんなで　美術館に　行きます。授業で　勉強した　有名な　美術館です。美術の　本の　50ページを　よく　読んで　月曜日は　ノートだけ　持って　きて　ください。ボールペンは　美術館で　プレゼントして　くれますから。それから　昼ごはんは　中の　食堂で　食べるから、べんとうは　いりません。	남　다음 주 월요일은 모두 함께 미술관에 갑니다. 수업에서 공부한 유명한 미술관이에요. 미술책 50페이지를 잘 읽고 월요일에는 공책만 가지고 오세요. 볼펜은 미술관에서 선물해 주니까 (가지고 오지 않아도 됩니다). 그리고 점심은 구내 식당에서 먹으니까 도시락은 필요 없습니다.
学生は　何を　持って　行きますか。	학생은 무엇을 가지고 갑니까?

1 

2 

3 
4 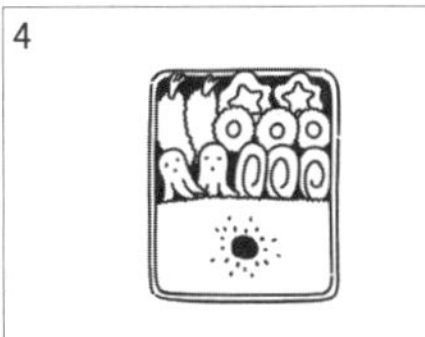

3번

道で　女の　人と　男の　人が　話して　います。女の　人は　病院に　何で　行きますか。	**길에서 여자와 남자가 이야기하고 있습니다. 여자는 병원에 무엇으로 갑니까?**

女　あ、雨。病院まで　自転車は　むりですね。 男　電車が　はやいですが、駅まで　あるいて　15分も　かかりますから。 女　病院に　予約した　時間まで　あと　30分。やっぱり　タクシーの　ほうが　いいですね。 男　病院の　バスは　何時に　来るか　わからないから　その　ほうが　いいです。	여　앗, 비 (와). 병원까지 자전거는 무리겠네요. 남　전철이 빠르지만 역까지 걸어서 15분이나 걸리니까요. 여　병원에 예약한 시간까지 앞으로 30분. 역시 택시 쪽이 좋겠어요. 남　병원 버스는 몇 시에 올 지 모르니까 그 편이 좋아요.
女の　人は　病院に　何で　行きますか。	여자는 병원에 무엇으로 갑니까?

1

2

3

4
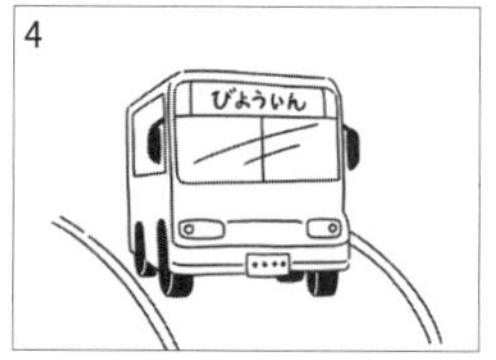

4번

玄関で　男の　子と　お母さんが　話して　います。男の　子は　これから　何を　しますか。	**현관에서 남자 아이와 어머니가 이야기하고 있습니다. 남자 아이는 이제부터 무엇을 합니까?**
男　おばあさんから　にもつが　来たけど、そっちに　持って　いく？ 女　重いから　そこで　いいよ。中に　手紙が　入って　いるでしょう。 男　おばあさんの　手紙？ 女　そう。それだけ　持って　きて。 男　にもつが　来たって　おばあさんに　電話しようか。 女　あとで　お母さんが　するわ。何が　入って　いるか　見てから。	남　할머니한테서 짐이 왔는데, 그쪽으로 가져 갈까? 여　무거우니까 거기로 괜찮아. 안에 편지가 들어 있지? 남　할머니의 편지? 여　그래. 그것만 가지고 와 줘. 남　짐이 왔다고 할머니께 전화 할까? 여　나중에 엄마가 할게. 뭐가 들어 있는지 보고 나서.
男の　子は　これから　何を　しますか。 **1**　おかあさんに　にもつを　もって　いく **2**　おばあさんの　てがみを　もって　いく **3**　おばあさんに　でんわする **4**　にもつの　なかを　みる	남자 아이는 이제부터 무엇을 합니까? **1**　어머니에게 짐을 가져 간다 **2**　할머니의 편지를 가져 간다 **3**　할머니에게 전화한다 **4**　짐 안을 본다

5번

女の　人が　レストランの　前で　店の　人と　話して　います。女の　人は　これから　まず　何を　しますか。	**여자가 레스토랑 앞에서 가게 사람과 이야기하고 있습니다. 여자는 이제부터 우선 무엇을 합니까?**
女　お客さんが　いっぱいですね。どのくらい　まちますか。 男　すみません。こちらの　紙に　お名前を　お願いします。 女　はい、ここですね。ちょっと　買いものに　行って　きても　いいですか。 男　5分くらいで　中に　入る　ことが　できますよ。こちらの　いすに　どうぞ。 女　じゃあ、何を　食べるか　考えますから　メニューを　ください。	여　손님이 많군요. 얼마나 기다립니까? 남　죄송합니다. 이쪽 종이에 성함을 부탁합니다. 여　네, 여기지요. 잠깐 쇼핑하러 갔다 와도 되나요? 남　5분 정도면 안으로 들어갈 수 있습니다. 이쪽 의자에 앉아서 기다려 주세요. 여　그럼 뭘 먹을지 생각할 테니 메뉴(판)를 주세요.
女の　人は　これから　まず　何を　しますか。 **1**　なまえを　かく **2**　かいものに　いく **3**　いすに　すわって　まつ **4**　メニューを　みる	여자는 이제부터 우선 무엇을 합니까? **1**　이름을 쓴다 **2**　쇼핑을 하러 간다 **3**　의자에 앉아 기다린다 **4**　메뉴를 본다

6번

ショッピングセンターの　1階で　男の　人と　店の　人が　話して　います。男の　人は　これから　何階に　行きますか。	**쇼핑 센터 1층에서 남자와 가게 사람이 이야기하고 있습니다. 남자는 이제부터 몇 층에 갑니까?**
男　すみません。トイレは　何階ですか。 女　あ、男の　人の　トイレは　3階と　5階に　ありますが、4階から　上は　今　そうじ中です。 男　そうですか。この　エスカレーターで　行く　ことが　できますか。 女　はい。おりて　すぐ　右に　あります。 男　わかりました。ありがとう。	남　죄송합니다. 화장실은 몇 층인가요? 여　아, 남자 화장실은 3층과 5층에 있는데요, 4층부터 위쪽은 지금 청소 중입니다. 남　그렇습니까. 이 에스컬레이터로 갈 수 있나요? 여　네. 내려서 바로 오른쪽에 있습니다. 남　알겠습니다. 고마워요.

男の　人は　これから　何階に　行きますか。 **1**　1かい **2**　3がい **3**　4かい **4**　5かい	남자는 이제부터 몇 층에 갑니까? **1**　1층 **2**　3층 **3**　4층 **4**　5층

7번

大学生の　弟が　旅行に　行きます。お姉さんは　これから　何を　買いますか。	**대학생인 남동생이 여행을 갑니다. 누나는 이제부터 무엇을 삽니까?**
女　明日は　おべんとう　持って　いく？ 男　どこかで　食べるから　いいよ。それより　大きい　かばん　ない？ 女　今、お父さんが　使って　いるの。今から　買って　くるね。 男　お願い。おみやげ　買って　くるから。 女　明日は　暑いって。サングラスと　ぼうしは？ 男　サングラスは　あるよ。ぼうしも　車で　行くから　大丈夫。	여　내일 도시락 가져 갈래? 남　어디에선가 먹을 테니까 괜찮아. 그것보다 큰 가방 없어? 여　지금 아버지가 쓰고 있어. 지금 사 올게. 남　부탁해. 선물 사 올 테니까. 여　내일은 덥대. 선글라스와 모자는? 남　선글라스는 있어. 모자도 차로 가니까 괜찮아.
おねえさんは　これから　何を　買いますか。	누나는 이제부터 무엇을 삽니까?

1
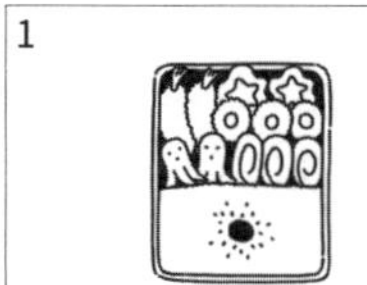

2

3

4

문제 2　문제 2에서는 우선 질문을 들으세요. 그리고 이야기를 듣고 문제지의 1에서 4 중에서 가장 적당한 것을 하나 고르세요. 그럼 연습해 봅시다.

예

電話で　女の　人と　男の　人が　話して　います。二人は　いつ　会いますか。	**전화로 여자와 남자가 이야기하고 있습니다. 두 사람은 언제 만납니까?**

女 今日は　テストですね。明日、授業が　終わってから　時間　ありますか。 男 明日は　授業の　あと　お店で　アルバイトが　あります。あさっては　どうですか。 女 あさってから　金曜日までは、旅行に　行くから…。 男 アルバイトの　あと、夜８時ころは　大丈夫ですが。 女 じゃあ、その　時間に　お店の　近くに　行きますね。	여 오늘은 시험이네요. 내일 수업이 끝나고 시간 있어요? 남 내일은 수업 후에 가게에서 아르바이트가 있어요. 모레는 어떻습니까? 여 모레부터 금요일까지는 여행을 가서…. 남 아르바이트 후에, 밤 8시 경은 괜찮습니다만. 여 그럼, 그 시간에 가게 근처로 갈게요.
二人は　いつ　会いますか。 **1** きょう **2** あした **3** あさって **4** きんようび	두 사람은 언제 만납니까? **1** 오늘 **2** 내일 **3** 모레 **4** 금요일

가장 적당한 것은 2번입니다. 답안지의 문제 2의 예 부분을 보세요. 가장 적당한 것은 2번이니까 답은 이렇게 적습니다. 그럼 시작하겠습니다.

1번

会社で　男の　人と　女の　人が　話して　います。女の　人の　誕生日は　いつですか。	회사에서 남자와 여자가 이야기하고 있습니다. 여자의 생일은 언제입니까?
男 池田さん、誕生日は　いつですか。 女 え？ どうしてですか。プレゼントでも　くれるんですか。 男 ええ、たぶん…。カードは　おくります。 女 ことしの　一番　終わりの　月ですが、その　月の　一番　はじめの　日です。 男 へえ、おぼえるのが　簡単ですね。	남 이케다 씨, 생일이 언제예요? 여 응? 왜 그래요? 선물이라도 줄 건가요? 남 네, 아마도…. 카드는 보낼게요. 여 올해 가장 마지막 달인데요, 그 달의 가장 첫 날입니다. 남 와, 기억하기가 쉽네요(간단하네요).

女の　人の　誕生日は　いつですか。 1　1がつ　ついたち 2　1がつ　11にち 3　12がつ　ついたち 4　12がつ　12にち	여자의 생일은 언제입니까? 1　1월 1일 2　1월 11일 3　12월 1일 4　12월 12일

2번

きっさてんで、男の　人と　女の　人が　話して　います。女の　人は　何を　飲みますか。	커피숍에서 남자와 여자가 이야기하고 있습니다. 여자는 무엇을 마십니까?
男　ぼくは　紅茶に　する。何に　しますか。 女　私は　コーヒーで。 男　さとうと　ミルクは　入れますか。 女　甘い　ものは　だめなんです。 男　じゃあ、何も　入れないんですね。 女　ミルクだけ　入れて　ください。	남　나는 홍차로 해야지. 뭘로 하실래요? 여　나는 커피로. 남　설탕과 우유는 넣습니까? 여　단 것은 못 먹어요. 남　그럼 아무 것도 넣지 않는군요. 여　우유만 넣어 주세요.
女の　人は　何を　飲みますか。 1　ミルクだけ　はいった　こうちゃ 2　ミルクだけ　はいった　コーヒー 3　なにも　いれない　こうちゃ 4　なにも　いれない　コーヒー	여자는 무엇을 마십니까? 1　우유만 들어간 홍차 2　우유만 들어간 커피 3　아무것도 넣지 않은 홍차 4　아무것도 넣지 않은 커피

3번

教室で　男の　学生と　女の　学生が　話して　います。男の　学生は　留学生に　何を　あげますか。	교실에서 남학생과 여학생이 이야기하고 있습니다. 남학생은 유학생에게 무엇을 줍니까?
男　来月　友だちの　留学生が　国に　帰る　とき、何か　あげたいんですが…。 女　いくらくらいが　いいですか。安いのは　ワイン？ 男　ワインは　飲んで　終わりですから。	남　다음 달 유학생 친구가 본국으로 돌아갈 때, 뭔가 주고 싶은데요…. 여　얼마 정도가 괜찮아요? 저렴한 건 와인? 남　와인은 마시면 끝이라서요.

女　今まで　撮った　写真は　どうですか。集めて　本を　作るんですよ。 男　それ　いいですね。本は　むりでも、ケータイにでも　おくりましょう。	여　지금까지 찍은 사진은 어때요? 모아서 책을 만드는 거예요. 남　그거 좋네요. 책은 무리라도 휴대 전화에라도 보낼게요.
男の　学生は　留学生に　何を　あげますか。	남학생은 유학생에게 무엇을 줍니까?

1 

2 
3 
4 

4번

駅の　前で　男の　人と　女の　人が　話して　います。女の　人の　家族は　何人ですか。	**역 앞에서 남자와 여자가 이야기하고 있습니다. 여자의 가족은 몇 명입니까?**
男　本田さん、これから　どこかに　出かけますか。 女　ええ。母と　いっしょに　東京の　兄に　会いに　行きます。 男　お兄さんは　家に　いないんですか。 女　はい。大学の　時から　ずっと　東京です。姉は　結婚して　大阪に　います。 男　じゃ、家には　お父さんと　お母さんだけですか。 女　妹も　一人　います。	남　혼다 씨, 이제부터 어딘가에 외출하시나요? 여　네. 어머니와 함께 도쿄의 오빠를 만나러 갑니다. 남　오빠는 집에 안 계시는군요. 여　네. 대학 때부터 계속 도쿄예요. 언니는 결혼해서 오사카에 있어요. 남　그럼 집에는 아버지와 어머니뿐인가요? 여　여동생도 한 명 있어요.
女の　人の　家族は　何人ですか。 **1**　3にん **2**　4にん **3**　5にん **4**　6にん	여자의 가족은 몇 명입니까? **1**　3명 **2**　4명 **3**　5명 **4**　6명

5번

男の　人と　女の　人が　電話で　話して　います。二人は　どこで　会いますか。	남자와 여자가 전화로 이야기하고 있습니다. 두 사람은 어디에서 만납니까?
男　今日は　６時に　駅の　出口の　ところで　いいですか。 女　はい。私は　デパートで　買いものを　しながら　待って　います。 男　じゃ、電車で　また　電話しますね。 女　駅は　人が　多いから、近くの　きっさてん　でも　いいですよ。 男　駅の　前は　よく　わかりませんから、会ってから　どこかに　行きましょう。	남　오늘은 6시에 역 출구 쪽에서 괜찮습니까? 여　네. 저는 백화점에서 쇼핑을 하면서 기다리고 있겠습니다. 남　그럼 전철에서 다시 전화하겠습니다. 여　역은 사람이 많으니 가까운 커피숍도 괜찮아요. 남　역 앞은 잘 모르니까 만난 다음에 어디론가 갑시다.
二人は　どこで　会いますか。 **1**　えきの　でぐち **2**　デパート **3**　きっさてん **4**　えきの　まえ	두 사람은 어디에서 만납니까? **1**　역 출구 **2**　백화점 **3**　커피숍 **4**　역 앞

6번

教室で　学生たちが　話して　います。英語の　テストは　何時からですか。	교실에서 학생들이 이야기하고 있습니다. 영어 시험은 몇 시부터입니까?
女　英語の　テストは　１時からですか。 男　それは　留学生の　日本語テストですよ。英語は　３時から。 女　まだ　時間が　ありますね。食堂に　行って　きます。 男　今日、食堂は　５時まで　休みです。カフェは　４時まで　開いて　いますが。 女　わかりました。ありがとうございます。	여　영어 시험은 1시부터입니까? 남　그건 유학생의 일본어 시험이에요. 영어는 3시부터. 여　아직 시간이 있네요. 식당에 갔다 오겠습니다. 남　오늘 식당은 5시까지 쉽니다. 카페는 4시까지 열려 있지만요. 여　알겠습니다. 고맙습니다.

英語の　テストは　何時からですか。 1　1じ 2　3じ 3　4じ 4　5じ	영어 시험은 몇 시부터입니까? 1　1시 2　3시 3　4시 4　5시

문제 3　문제 3에서는 그림을 보면서 질문을 들으세요. ➡ (화살표) 의 사람은 뭐라고 말합니까? 1에서 3 중에서 가장 적당한 것을 하나 고르세요. 그럼 연습해 봅시다.

예

病院で　看護師に　薬を　もらいました。看護師に　何と　言いますか。	병원에서 간호사에게 약을 받았습니다. 간호사에게 뭐라고 말합니까?
男　1　ありがとうございます。 2　気を　つけて　ください。 3　どうぞ。	남　1　고맙습니다. 2　조심하세요. 3　드세요.

가장 적당한 것은 1번입니다. 답안지의 문제 3의 예 부분을 보세요. 가장 적당한 것은 1번이니까 답은 이렇게 적습니다. 그럼 시작하겠습니다.

1번

朝、学校で　先生に　会いました。何と　言いますか。	아침에 학교에서 선생님과 만났습니다. 뭐라고 말합니까?
女　**1**　いってらっしゃい。 **2**　おはようございます。 **3**　早いですね。	여　**1**　잘 다녀와. **2**　안녕하세요. **3**　일찍 오셨네요.

2번

お客さんが　先に　来て　待って　います。何と　言いますか。	손님이 먼저 와서 기다리고 있습니다. 뭐라고 말합니까?
男　**1**　長く　待ちました。 **2**　お待ちします。 **3**　お待たせしました。	남　**1**　오래 기다렸습니다. **2**　기다리겠습니다. **3**　오래 기다리셨습니다.

3번

くだものが　買いたいです。店の　人に　何と　言いますか。	과일을 사고 싶습니다. 가게 사람에게 뭐라고 말합니까?
女　**1**　これ、いくつですか。 **2**　これ、いくらですか。 **3**　これ、いつですか。	여　**1**　이거 몇 개예요? **2**　이거 얼마예요? **3**　이거 언제예요?

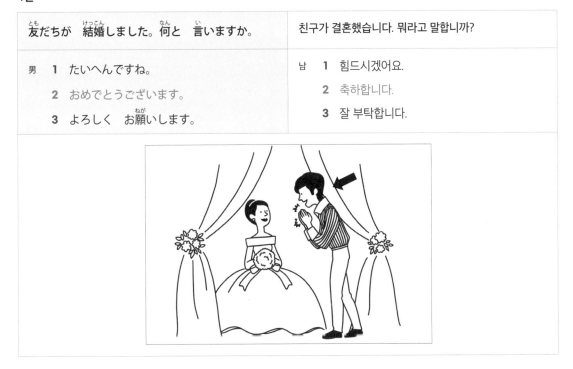

4번

友だちが　結婚しました。何と　言いますか。	친구가 결혼했습니다. 뭐라고 말합니까?
男　**1**　たいへんですね。 **2**　おめでとうございます。 **3**　よろしく　お願いします。	남　**1**　힘드시겠어요. **2**　축하합니다. **3**　잘 부탁합니다.

5번

友だちに　電話します。何と　言いますか。	친구에게 전화합니다. 뭐라고 말합니까?
男　**1**　はじめまして。 　　**2**　ごめんください。 　　**3**　もしもし。	남　**1**　처음 뵙겠습니다. 　　**2**　실례합니다. 　　**3**　여보세요.

문제 4　문제 4는 그림 등이 없습니다. 문장을 듣고 1에서 3 중에 가장 적당한 것을 하나 고르세요. 그럼 연습해 봅시다.

예

朝、友だちと　会いました。何と　言いますか。	아침에 친구와 만났습니다. 뭐라고 말합니까?
男　**1**　おはよう。 　　**2**　ただいま。 　　**3**　さよなら。	남　**1**　안녕. 　　**2**　다녀왔어. 　　**3**　잘 가.

가장 적당한 것은 1번입니다. 답안지의 문제 4의 예 부분을 보세요. 가장 적당한 것은 1번이니까 답은 이렇게 적습니다. 그럼 시작하겠습니다.

1번

アルバイトは　何時からですか。	아르바이트는 몇 시부터입니까?
女　**1**　土曜日からです。 　　**2**　6時からです。 　　**3**　家からです。	여　**1**　토요일부터입니다. 　　**2**　6시부터입니다. 　　**3**　집에서부터입니다.

2번

妹(いもうと)さんは　おいくつですか。	여동생은 몇 살입니까?
男　1　7(なな)こです。	남　1　7개입니다.
2　7日(なのか)です。	2　7일입니다.
3　7(なな)さいです。	3　7살입니다.

3번

ここに　名前(なまえ)を　書(か)いて　ください。	여기에 이름을 적어 주세요.
女　1　はい、書(か)きたいです。	여　1　네, 쓰고 싶습니다.
2　漢字(かんじ)で　書(か)きますか。	2　한자로 씁니까?
3　ここに　書(か)きませんか。	3　여기에 쓰지 않겠습니까?

4번

人(ひと)が　たくさん　いますね。	사람이 많이 있네요.
男　1　はい、いつも　日曜日(にちようび)は　多(おお)いです。	남　1　네, 일요일은 항상 많습니다.
2　いいえ、今日(きょう)は　休(やす)みです。	2　아니요, 오늘은 휴일입니다.
3　はい、もっと　少(すく)ないです。	3　네, 더 적습니다.

5번

駅(えき)は　ここから　遠(とお)いですか。	역은 여기에서 멉니까?
女　1　いいえ、そんなに　長(なが)く　ありません。	여　1　아니요, 그렇게 길지 않습니다.
2　えっ、そんなに　遠(とお)いんですか。	2　앗, 그렇게 멉니까?
3　いいえ、もう　すぐですよ。	3　아니요, 이제 곧입니다.

6번

どなたが　先生(せんせい)ですか。	어느 분이 선생님입니까?
男　1　やさしい　人(ひと)です。	남　1　상냥한 사람입니다.
2　ネクタイを　して　いる　人(ひと)です。	2　넥타이를 하고 있는 사람입니다.
3　音楽(おんがく)の　先生(せんせい)です。	3　음악 선생님입니다.

N4 정답표

● 언어지식(문자·어휘)

	번호	정답
問題 1	1	4
	2	3
	3	3
	4	4
	5	3
	6	2
	7	2
問題 2	8	1
	9	2
	10	3
	11	1
	12	2
問題 3	13	2
	14	1
	15	3
	16	1
	17	4
	18	1
	19	1
	20	3
問題 4	21	4
	22	2
	23	1
	24	2
問題 5	25	1
	26	3
	27	2
	28	4

● 언어지식(문법)·독해

	번호	정답
問題 1	1	1
	2	4
	3	1
	4	2
	5	1
	6	1
	7	3
	8	1
	9	3
	10	3
	11	4
	12	2
	13	4
問題 2	14	4
	15	1
	16	1
	17	3
問題 3	18	1
	19	3
	20	2
	21	4
問題 4	22	3
	23	4
	24	2
問題 5	25	3
	26	1
	27	4
問題 6	28	3
	29	2

● 청해

	번호	정답
問題 1	れい	4
	1	2
	2	2
	3	1
	4	4
	5	3
	6	4
	7	4
	8	2
問題 2	れい	3
	1	4
	2	4
	3	2
	4	3
	5	4
	6	4
	7	3
問題 3	れい	2
	1	1
	2	2
	3	3
	4	2
	5	1
問題 4	れい	3
	1	1
	2	1
	3	2
	4	1
	5	3
	6	3
	7	1
	8	2

N4

● 언어지식(문자·어휘)

문제 1 ＿＿＿의 단어는 히라가나로 어떻게 씁니까? 1・2・3・4에서 가장 적당한 것을 하나 고르세요.

예 밖으로 나가, 연습을 합시다.

1 여름 방학에 해외여행을 계획하고 있습니다.

2 나는 희귀한 우표를 모으고 있습니다.

3 친구들과 놀이공원에 갔습니다.

4 어른은 200엔, 어린이는 100엔입니다.

5 친구들과 함께 스포츠를 하는 것은 즐겁습니다.

6 길을 모를 때는 지도를 봅니다.

7 아이들은 씩씩하게 노래하고 있습니다.

문제 2 ＿＿＿의 단어는 어떻게 씁니까? 1・2・3・4에서 가장 적당한 것을 하나 고르세요.

예 다리 밑에 강이 있습니다.

8 이 요리는 기름을 사용하지 않았습니다.

9 내일 오후에 전화해 주세요.

10 여행에 관한 질문은 없습니까?

11 넓은 바다를 보고 있으면 기분이 좋습니다.

12 지쳤으니까, 좀 쉬지 않겠습니까?

문제 3 (　　)에 무엇이 들어갑니까? 1・2・3・4에서 가장 적당한 것을 하나 고르세요.

예 고등학교에서 일본어를 (배우고) 있습니다.

13 작문 숙제는 시간이 (걸립니다).

14 아버지는 TV로 (뉴스)를 보고 있습니다.

15 이 기계는 위험하므로 (절대로) 만지지 마세요.

16 밤에 책을 읽을 때는 불을 (켜고) 읽으세요.

17 한자는 굉장히 (어렵습)니다.

18 일본에 온 (이유)는 무엇입니까?

19 감기에 (걸려서) 목이 아픕니다.

20 내일 어머니가 오시기 때문에, 공항으로 (마중하러) 갑니다.

문제 4 ＿＿＿의 문장과 대체로 비슷한 의미의 문장이 있습니다. 1・2・3・4에서 가장 적당한 것을 하나 고르세요.

예 이 가방은 매우 튼튼합니다.
→ 이 가방은 굉장히 단단합니다.

21 리 씨의 할아버지가 돌아가셨습니다.
→ 리 씨의 할아버지가 죽었습니다.

22 비행기 시간에 맞추지 못했습니다.
→ 비행기 시간에 늦었습니다.

23 어제 회의는 다섯 명 나왔습니다.
→ 어제 회의는 다섯 명 출석했습니다.

24 이 문제는 매우 복잡합니다.
→ 이 문제는 매우 어렵습니다.

문제 5 다음 단어의 사용법으로 가장 적당한 것을 1・2・3・4에서 하나 고르세요.

예 여보세요, 다나카 씨 댁입니까?

25 벌써 6월이네요. 이제부터 점점 더워지겠군요.

26 선생님, 점심은 이미 드셨습니까?

27 린 씨는 나의 소중한 친구입니다.

28 앗, 창문 유리가 깨져 있어요.

언어지식(문법)·독해

문제 1 (　　　)에 무엇을 넣습니까? 1・2・3・4에서 가장 적당한 것을 하나 고르세요.

예 이것(은) 연필입니다.

1 태풍(으로) 큰 나무가 쓰러졌습니다.

2 아침, 일기 예보에서는 오후부터 비가 내린다(고) 했습니다.

3 A 꽃구경 하러 가고 싶은데요, 어딘가 좋은 곳은 없습니까?
B 꽃구경 하러 (간다면) 역 앞의 공원이 좋아요.

4 A 술, 안 마십니까?
B 네. 몸을 위해 요즘 되도록 (마시지 않으려고) 하고 있습니다.

5 A 이거, 연필로 (써도 됩니까)?
B 아니요, 검은 볼펜으로 부탁드립니다.

6 A 야마다 씨, 기운이 없네요. 무슨 일 있어요?
B 감기에 걸린 것 같아서 머리가 (아픕니다).

7 A 어제 도서관에서 빌린 책, 벌써 읽었나요?
B 네, 너무 재미있어서 하루 만에 모두 읽어 (버렸습니다).

8 A 선생님, 졸업 시험은 언제입니까?
B 매년 2월 말에 시험을 (보게 되어 있습니다).

9 A 선생님, 작문 숙제는 오늘까지입니까?
B 아니요, 오늘 (내지 않아도 됩니다). 내일이라도 좋습니다.

10 A 역 앞에 새로 생긴 레스토랑, (간) 적이 있나요?
B 네, 지난주 처음으로 갔습니다. 정말 맛있었어요.

11 A 여름 휴가에는 어딘가에 가십니까?
B 아니요, 어디에도 (나가지 않고), 집에서 푹 쉴 생각입니다.

12 나는 아이에게 집안일을 (돕게 합니다).

13 A 모리 선생님을 (뵙고 싶은)데요, 계십니까?
B 네, 잠시 기다려 주세요.

문제 2 ＿★＿에 들어갈 말은 무엇입니까? 1・2・3・4에서 가장 적당한 것을 하나 고르세요.

예 지금보다 넓고 깨끗한 방에 살고 싶습니다.

14 A 내일부터 교토를 여행할 건데요, 스웨터는 필요할까요?
B 지금 계절은 아직 추울지도 모르기 때문에 필요할 거라고 생각합니다.

15 A 유나 씨, 내일 기무라 씨가 올지 어떨지 알고 있습니까?
B 아니요, 기무라 씨에게서 아직 연락이 없습니다.

16 감기에 걸리니까 창문을 연 채로 자면 안 돼.

17 저는 고기는 좋아하지만 생선은 그다지 좋아하지 않습니다.

문제 3 18부터 21에 무엇을 넣습니까? 글의 의미를 생각해서 1・2・3・4에서 가장 적당한 것을 하나 고르세요.

다나카 씨

오늘은 여러 곳을 안내 18 해 주셔서 대단히 감사했습니다. 저도 여동생도 교토는 처음이었는데, 무척 즐거웠습니다.

아침은 흐려 있어서 걱정했습니다만, 오후부터 날씨가 좋아져서 다행이었습니다. 산 위에 올랐을 때, 맑게 개어서 교토의 마을이 또렷하게 보였습니다. 사진도 19 예쁘게 찍혔으니 이 메일과 함께 보냅니다. 정말 감사했습니다.

20 그런데, 다음 달 10일은 여동생 생일이어서 우리 집에서 파티를 하려고 합니다. 큰 파티는 아니지만, 다나카 씨도 꼭 와 주셨으면 합니다. 상황(일정)은 어떠신지요? 파티는 다음 달로, 아직 시간이 있습니다만 예정을 21 여쭤보고 싶으니 죄송하지만 연락 주세요.

김병현

문제 4 다음 (1)에서 (4)의 글을 읽고 질문에 답하세요. 답은 1・2・3・4에서 가장 적당한 것을 하나 고르세요.

(1)

최근 인터넷에서 쇼핑을 하는 사람이 늘었습니다. 그래서 쇼핑을 지나치게 해서 돈이 없어져 곤란한 사람도 많아졌다고 합니다. 저는 여러분께 '사기 전에 하루 생각한 후에 사도록 하세요'라고 말합니다. 인터넷에서는 언제라도 쇼핑을 할 수 있으니 편리합니다. 그러나 여러분, 너무 많이 사지 않도록 주의하세요.

22 이 글을 쓴 사람이 가장 말하고 싶은 것은 무엇입니까?

1 인터넷에서 쇼핑을 하는 사람이 많아졌습니다.
2 인터넷에서 쇼핑을 지나치게 해서 곤란한 사람이 늘었습니다.
3 인터넷에서 쇼핑을 할 때는 잘 생각해 주세요.
4 인터넷에서 언제든지 쇼핑을 할 수 있어 편리해 졌습니다.

(2)

요전에 교토에 갔을 때 신칸센에서 도시락을 먹었습니다. 유명한 요리점의 도시락으로 하나하나 정성껏 만들어져 있고, 맛도 정말 맛있었습니다. 하나에 1,000엔인 도시락은, 샀을 때는 조금 비싸다고 생각했지만 먹은 후에는 결코 비싸지 않다고 생각했습니다. 이 도시락을 만든 사람은 정말로 요리를 좋아하니까 맛있는 도시락을 만들 수 있는 것이겠지요. 먹으면서 무척 좋은 기분이 되었습니다.

23 이 글을 쓴 사람이 가장 말하고 싶은 것은 무엇입니까?

1 유명한 요리점의 도시락은 맛있다.
2 신칸센의 도시락은 비싸다.
3 요리를 좋아하는 사람이 도시락을 만들어 주었다.
4 맛있는 도시락을 먹을 수 있어서 기뻤다.

(3)

자전거 보관소 사용법

• 2시간 이내라면 무료입니다. 돈은 필요 없습니다.
• 2시간 이상은 1일 150엔입니다.
(1) 처음에 입구 기계에서 종이를 1장 뽑아 주세요. 시간이 써 있습니다.
(2) 나갈 때 기계에 그 종이를 넣고 돈을 넣으면 출구가 열립니다.
주의: 2시간 이내라도 반드시 종이를 넣어 주세요. 종이를 넣지 않으면 출구가 열리지 않습니다. 종이를 잃어버린 경우에는 150엔을 넣어 주세요. 출구가 열립니다.

24 이 자전거 보관소에 한 시간 자전거를 세운 사람은 어떻게 합니까?

1 아무것도 넣지 않고 출구를 나온다.
2 종이만 넣고 출구를 나온다.
3 종이와 함께 150엔을 넣고 출구를 나온다.
4 출구가 열리지 않으므로 입구를 나온다.

문제 5 다음 문장을 읽고 질문에 답하세요. 답은 1・2・3・4에서 가장 적당한 것을 하나 고르세요.

저는 일본어를 공부하고 있는 학생입니다. 저의 일본어 선생님은 같은 시험 문제를 대체로 세 번 사용합니다. 첫 번째는 맞는 답을 a·b·c·d 중에서 고르는 시험입니다. 이것은 대체로 모두 잘 합니다.

일주일 정도 후에 첫 번째와 같은 문제로 시험을 봅니다. 두 번째 시험지는 문제의 질문만 있고, a·b·c·d 네 개의 답이 없어서 스스로 답을 생각해서 적습니다. 첫 번째 때는 할 수 있었는데, 틀리는 일도 있습니다.

세 번째는 그 일주일 정도 후에 자신의 첫 번째 시험지를 보면서 왜 그 답이 맞는지, 왜 다른 답은 맞지 않는지, 일본어로 친구에게 잘 설명할 수 있는지 어떤지를 테스트합니다. 맞는 답을 알고 있어도 잘 설명하는 것은 어려워서 친구와 함께 알기 쉬운 설명을 생각합니다.

새로운 것을 점점 공부하고 싶다는 친구나, 설명하는 것은 어려우니까 첫 번째와 두 번째 시험만을 보고 싶다고 하는 친구도 있지만, 저는 이 방법이 좋다고 생각합니다.

같은 문제를 세 번 풀면 잘 기억할 수 있고, 설명을 생각하면서 알기 쉬운 말하기 방법의 연습을 하니까 회화가 능숙해 진다고 생각하기 때문입니다.

25 두 번째 시험은 어떤 시험입니까?

1 첫 번째에 잘 하지 못했던 사람이 다시 한번 보는 시험
2 a·b·c·d 중에서 맞는 답은 어느 것인지 고르는 시험
3 첫 번째와 같은 문제로, 맞는 답을 자신이 생각하는 시험
4 모두 첫 번째 보다 좋은 점수를 딸 수 있는 시험

26 세 번째 보는 시험은 어째서 어렵습니까?

1 일본어로 설명해야 하기 때문에
2 첫 번째와 두 번째 답을 잊어버렸기 때문에
3 어느 답이 맞는지 모르기 때문에
4 친구와 함께 생각하기 때문에

27 저는 이 방법이 좋다고 생각합니다라고 하는데, 그것은 어째서 입니까?

1 세 번째에 대체로 모두 100점이 되기 때문에
2 새로운 것을 계속해서 공부할 수 있기 때문에
3 시험을 보는 것뿐이기 때문에
4 잘 기억할 수 있고, 회화가 능숙해지기 때문에

문제 6 오른쪽 페이지의 신문 기사를 읽고 질문에 답하세요. 답은 1・2・3・4에서 가장 적당한 것을 하나 고르세요.

28 표를 보고 알 수 있는 것은 무엇입니까?

1 책을 읽는 사람보다 책을 읽지 않는 사람 쪽이 많다.
2 세 권 이상 읽는 사람은 한 권이나 두 권을 읽는 사람보다 많다.
3 61세 이상인 사람은 21세에서 30세인 사람보다 책을 읽지 않는다.
4 61세 이상인 사람은 전혀 책을 읽지 않는다.

29 책을 읽지 않는 이유로 맞지 않는 것은 무엇입니까?

1 일이 바쁘니까 책을 읽지 않게 된다.
2 눈이 나빠서 책을 읽고 싶지 않다.
3 스마트폰을 사용하니까 책을 읽지 않게 된다.
4 TV를 보니까 책을 읽고 싶지 않다.

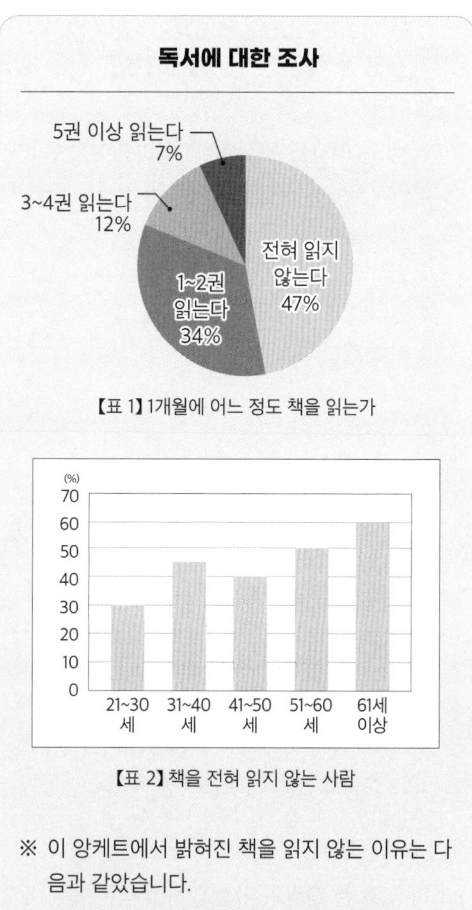

● 청해

문제 1 **문제 1에서는 우선 질문을 들으세요. 그리고 이야기를 듣고 문제지의 1에서 4 중에서 가장 적당한 것을 하나 고르세요. 그럼 연습해 봅시다.**

예

女の学生と男の学生が話しています。男の学生は4月から、何で学校に行きますか。	여학생과 남학생이 이야기하고 있습니다. 남학생은 4월부터 무엇으로 학교에 갑니까?
女　4月からちかてつの値段が上がるって。 男　えー、この前バスが上がったばかりなのに。 女　バスも電車も高くなるなら、自転車に乗るしかないね。 男　うん。4月からそうする。健康にもいいし。	여　4월부터 지하철 요금이 오른대. 남　앗, 얼마 전 버스 요금이 막 오른 참인데. 여　버스도 전철도 비싸지면 자전거를 탈 수밖에 없네. 남　응. 4월부터 그렇게 할래. 건강에도 좋고.
男の学生は4月から、何で学校に行きますか。 1　ちかてつで　行く 2　バスで　行く 3　あるいて　行く 4　じてんしゃで　行く	남학생은 4월부터 무엇으로 학교에 갑니까? 1　지하철로 간다 2　버스로 간다 3　걸어서 간다 4　자전거로 간다

가장 적당한 것은 4번입니다. 답안지의 문제 1의 예 부분을 보세요. 가장 적당한 것은 4번이니까 답은 이렇게 적습니다. 그럼 시작하겠습니다.

1번

学生が昼休みに話しています。二人はこの後まず何をしますか。	학생이 점심 시간에 이야기하고 있습니다. 두 사람은 이 다음에 우선 무엇을 합니까?
女　ねえ、レポート終わった？ 男　うん、昨日書いた。イさんは？ 女　私ももう終わった。 男　じゃあ、授業のあとで映画、見に行かない？ 女　そうね。 男　じゃあ、授業が終わったら映画見て、いっしょに晩ごはん食べよう！	여　저기, 리포트 끝났어(다 썼어)? 남　응, 어제 썼어. 이 씨는? 여　나도 이미 끝났어. 남　그럼 수업 후에 영화 보러 가지 않을래? 여　그러자. 남　그럼 수업이 끝나면 영화 보고, 같이 저녁 먹자!

二人はこの後まず何をしますか。	두 사람은 이다음에 우선 무엇을 합니까?

1	2	3	4

2번

先生が試験について話しています。英語の試験だけ受ける人は何時にどこへ行きますか。	선생님이 시험에 대해 이야기하고 있습니다. 영어 시험만 보는 사람은 몇 시에 어디로 갑니까?
女　ではこれから試験の時間と場所を説明します。日本語の試験は９時から１０１教室でします。そのあと、同じ教室で10時半から英語の試験です。数学の試験は午後1時から、２０１教室でします。午後は２０１教室になりますから、注意してください。	여　그럼, 이제부터 시험 시간과 장소를 설명하겠습니다. 일본어 시험은 9시부터 101 교실에서 봅니다. 그 후에 같은 교실에서 10시 반부터 영어 시험입니다. 수학 시험은 오후 1시부터 201 교실에서 봅니다. 오후는 201 교실이 되니 주의해 주세요.
英語の試験だけ受ける人は何時にどこへ行きますか。 **1**　9時に　101きょうしつ **2**　10時半に　101きょうしつ **3**　1時に　101きょうしつ **4**　2時に　201きょうしつ	영어 시험만 보는 사람은 몇 시에 어디로 갑니까? **1**　9시에 101 교실 **2**　10시 반에 101 교실 **3**　1시에 101 교실 **4**　2시에 201 교실

3번

男の人と女の人が話しています。男の人は借りたマンガの本をどうしますか。	남자와 여자가 이야기하고 있습니다. 남자는 빌린 만화책을 어떻게 합니까?
男　このマンガ、ありがとう。とってもおもしろかったよ。 女　そー？ 男　それでね、友だちも読みたいっていうんだ。もう１週間、借りられる？	남　이 만화, 고마워. 굉장히 재미있었어. 여　그래? 남　그래서 말인데, 친구도 읽고 싶다고 하거든. 일주일간 더 빌릴 수 있을까?

女　ごめーん。それ、リンさんに貸すことになっているの。来週、またもってくるよ。 男　うん、わかった。よろしく。	여　미안. 그거 린 씨에게 빌려주기로 되어 있어. 다음 주에 다시 가지고 올게. 남　응, 알았어. 잘 부탁해.
男の人は借りたマンガの本をどうしますか。 **1**　女の　人に　かえします **2**　自分の　友だちに　貸します **3**　女の　人の　友だちに　貸します **4**　もう　いちど　読みます	남자는 빌린 만화책을 어떻게 합니까? **1**　여자에게 돌려줍니다 **2**　자기 친구에게 빌려줍니다 **3**　여자의 친구에게 빌려줍니다 **4**　다시 한번 읽습니다

4번

男の人と女の人が話しています。男の人はこれから何をしますか。	**남자와 여자가 이야기하고 있습니다. 남자는 이제부터 무엇을 합니까?**
男　あー、つかれた。ちょっと休まない？ 女　えー？ もう少し登れば景色のいいところに着くから、そこで休もうよ。 男　はあー、はあー。わかったよ。でも、ちょっと水飲ませて。 女　はい、どうぞ。	남　아~, 지쳤어. 조금 쉬지 않을래? 여　응? 조금만 더 올라가면 경치가 좋은 곳에 도착하니까 거기에서 쉬자. 남　헉헉. 알았어. 하지만 물 좀 마시게 해 줘. 여　알았어, 여기.
男の人はこれから何をしますか。	남자는 이제부터 무엇을 합니까?

1 
2 
3 
4 

5번

男の人が話しています。山下駅へ行く人は、大川駅でどうしますか。	**남자가 이야기하고 있습니다. 야마시타 역에 가는 사람은 오카와 역에서 어떻게 합니까?**

男　次は大川、大川。お乗り換えのご案内をいたします。中山駅へいらっしゃる方は３番せんのこやま行き電車にお乗り換えください。なお、この電車は急行ですので、山下駅、大山駅にはとまりません。山下、大山へいらっしゃる方は、４番せんの電車をご利用ください。	남　다음은 오카와, 오카와. 환승 안내드립니다. 나카야마 역으로 가시는 분은 3번 선의 고야마 행 전철로 환승해 주십시오. 또한, 이 전철은 급행이므로 야마시타 역, 오야마 역에는 정차하지 않습니다. 야마시타, 오야마로 가시는 분은 4번 선의 전철을 이용해 주시기 바랍니다.
山下駅へ行く人は、大川駅でどうしますか。 **1**　こやまゆきの　電車に　乗ります **2**　３ばんせんの　電車に　乗ります **3**　４ばんせんの　電車に　乗ります **4**　この　電車に　乗って　行きます	야마시타 역에 가는 사람은 오카와 역에서 어떻게 합니까? **1**　고야마 행 전철을 탑니다 **2**　3번 선의 전철을 탑니다 **3**　4번 선의 전철을 탑니다 **4**　이 전철을 타고 갑니다

6번

女の人と男の人が話しています。男の人は何を買いますか。	**여자와 남자가 이야기하고 있습니다. 남자는 무엇을 삽니까?**
女　あっ、出かけるの？ 男　うん、図書館に行こうと思って。 女　じゃあ、帰りにスーパーに寄ってもらえる？ 男　何買うの？ ちょっと遅くなるから、朝食べるパンとか牛乳ならいいけど。晩ごはんの材料はだめだよ。 女　今日の晩ごはんね、おとなりにいただいた魚なんだけど。しょうゆがないのよ。 男　わかった。買ってくるよ。	여　앗, 외출해? 남　응, 도서관에 가려고 해. 여　그럼 돌아올 때 슈퍼마켓에 들려 줄래? 남　뭘 사는데? 좀 늦어질 테니까, 아침에 먹을 빵이나 우유라면 괜찮지만, 저녁 식사 재료는 안돼. 여　오늘 저녁 식사 말이야, 옆집에서 받은 생선인데 간장이 없어. 남　알았어. 사 올게.
男の人は何を買いますか。	남자는 무엇을 삽니까?

1

2

3

4

7번

学生が先生とレポートについて話しています。学生はレポートをどう直しますか。	**학생이 선생님과 리포트에 대해 이야기하고 있습니다. 학생은 리포트를 어떻게 고칩니까?**
男　先生、レポートを見ていただけますか。 女　ああ、もうできたの？ そうねえ。ちょっと直したほうがいいかな。 男　どこですか。 女　この表を大きくして、字ももう少し大きいほうがいいと思うんだけど。 男　じゃあ、2ページ使ってもいいですか。 女　紙の大きさを大きくして、よこに使えば1ページで入るんじゃない？ 男　はい、わかりました。やってみます。	남　선생님, 리포트를 봐 주실 수 있나요? 여　아, 벌써 다 했어? 음, 글쎄. 좀 고치는 편이 좋겠어. 남　어디인가요? 여　이 표를 크게 하고, 글자도 좀 더 큰 편이 좋다고 생각하는데. 남　그럼 2페이지 사용해도 될까요? 여　종이 크기를 크게 하고 옆으로 사용하면 1페이지로 다 들어가지 않을까? 남　네, 알겠습니다. 해 보겠습니다.
学生はレポートをどう直しますか。	학생은 리포트를 어떻게 고칩니까?

1
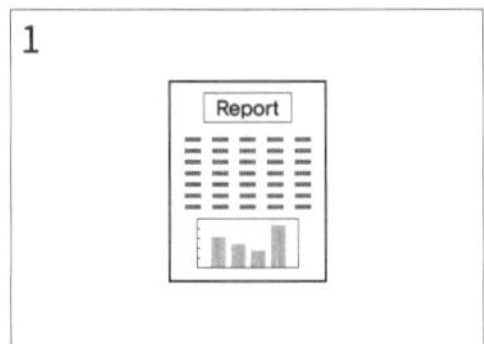

2
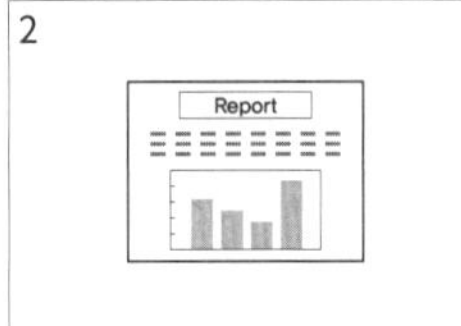

3
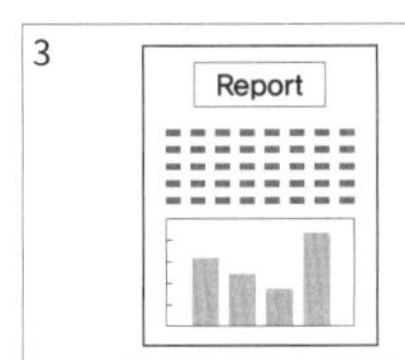

4
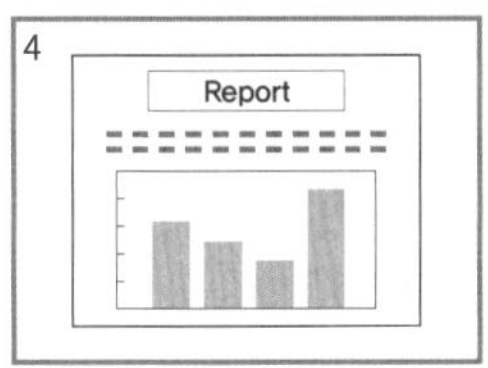

8번

男の人が女の人と電話で話しています。女の人は明日、何時にどこで男の人に会いますか。	**남자가 여자와 전화로 이야기하고 있습니다. 여자는 내일 몇 시에, 어디에서 남자와 만납니까?**
男　もしもし、田中です。 女　あ、田中さん？ 男　あのう、明日、1時の約束でしたが、ちょっと用事ができちゃって。2時に替えてもらえませんか。 女　はい。私は2時でもかまいませんが…。 男　すみません。それから、会う場所ですが、駅の前の交番があるところでいいでしょうか。	남　여보세요, 다나카입니다. 여　아, 다나카 씨? 남　저기, 내일 1시 약속이었는데, 좀 일이 생겨서요. 2시로 바꿔 주실 수 있나요? 여　네. 저는 2시라도 괜찮은데요…. 남　죄송해요. 그리고 만나는 장소 말인데요, 역 앞의 파출소가 있는 곳으로 괜찮을까요?

女　すみません。私は東駅へ行ったことがないので、駅の入口でお願いできませんか。まちがえたら困るので…。 男　そうですか。わかりました。じゃあ、明日、東駅で。	여　죄송합니다. 저는 히가시 역에 가 본 적이 없으니 역 입구로 부탁드려도 될까요? 틀리면 곤란하니까요…. 남　그렇습니까? 알겠습니다. 그럼 내일 히가시 역에서 (봐요).
女の人は明日、何時にどこで男の人に会いますか。	여자는 내일 몇 시에, 어디에서 남자와 만납니까?
1  2 	3  4 

문제 2　문제 2에서는 우선 질문을 들으세요. 그 다음 문제지를 보세요. 읽을 시간이 있습니다. 그리고 이야기를 듣고 문제지의 1에서 4 중에서 가장 적당한 것을 하나 고르세요. 그럼 연습해 봅시다.

예

女の人と男の人が話しています。男の人は今、何が必要ですか。	여자와 남자가 이야기하고 있습니다. 남자는 지금 무엇이 필요합니까?
女　久しぶり。元気だった？ 男　仕事が忙しくて死にそう。新しく車を買ったのに、どこにも行けないよ。 女　そんなに忙しいの？ 男　友だちにも会えないしね。お金より時間がほしいよ。	여　오랜만이야. 잘 지냈어? 남　일이 바빠서 죽을 것 같아. 새로 차를 샀는데 어디에도 갈 수가 없어. 여　그렇게 바빠? 남　친구와도 만나지 못하고 말야. 돈보다 시간이 필요해.
男の人は今、何が必要ですか。 1　あたらしい　車 2　友だち 3　時間 4　お金	남자는 지금 무엇이 필요합니까? 1　새로운 차 2　친구 3　시간 4　돈

가장 적당한 것은 3번입니다. 답안지의 문제 2의 예 부분을 보세요. 가장 적당한 것은 3번이니까 답은 이렇게 적습니다. 그럼 시작하겠습니다.

1번

女の人と店の人が話しています。女の人はどうしてスカートを買いませんか。	여자와 가게 사람이 이야기하고 있습니다. 여자는 어째서 치마를 사지 않습니까?
男　このスカート、いかがですか。 女　そうですね。 男　色がお好きじゃないんですか。 女　いいえ。 男　デザインもいいでしょう？ 1,980円ですよ。安くなっていますよ。 女　実は先週、このスカート、買ったんです。3,000円で…。 男　あ…。	남　이 치마 어떠신가요? 여　글쎄요. 남　(이) 색을 안 좋아하십니까? 여　아니요. 남　디자인도 좋지요? 1,980엔입니다. 저렴해요. 여　사실 지난주에 이 치마 샀어요. 3,000엔에…. 남　아….
女の人はどうしてスカートを買いませんか。 **1**　いろが　きらいだから **2**　デザインが　きらいだから **3**　やすすぎるから **4**　おなじ　スカートを　持って　いるから	여자는 어째서 치마를 사지 않습니까? **1**　색이 싫어서 **2**　디자인이 싫어서 **3**　너무 싸서 **4**　같은 치마를 가지고 있어서

2번

男の人と女の人が話しています。男の人は女の人にどんな約束をしましたか。	남자와 여자가 이야기하고 있습니다. 남자는 여자에게 어떤 약속을 했습니까?
男　誕生日、おめでとう！ はい、これ、プレゼント。 女　ありがとう。でも、お花だけ？ 男　あれ、花はきらい？ 服とかくつの方がよかった？ 女　私、誕生日にはミュージカルを見に行きたいって言っていたのに…。 男　あ…。チケットが買えなかったんだ。ごめんね。また今度見に行こう。 女　ほんとう？ ぜったいに連れていってね。	남　생일 축하해. 자, 이거, 선물 여　고마워. 근데, 꽃뿐이야? 남　어, 꽃 싫어해? 옷이나 구두 쪽이 좋았어? 여　나, 생일에는 뮤지컬 보러 가고 싶다고 말했는데…. 남　아…. 티켓을 못 샀어. 미안, 다음에 보러 가자. 여　진짜? 꼭 데리고 가 줘.

男の人は女の人にどんな約束をしましたか。 **1** くつを　買って　あげる **2** ふくを　買って　あげる **3** はなを　買って　あげる **4** いっしょに　ミュージカルを　見に　行く	남자는 여자에게 어떤 약속을 했습니까? **1** 구두를 사 준다 **2** 옷을 사 준다 **3** 꽃을 사 준다 **4** 함께 뮤지컬을 보러 간다

3번

男の人と女の人が話しています。ハイキングに行く人は何人ですか。	**남자와 여자가 이야기하고 있습니다. 하이킹에 가는 사람은 몇 명입니까?**
男　日曜日のハイキング、ぜんぶで７人ですね。 女　ああ、田中さんと山下さんは都合が悪くなったと言ってましたよ。 男　そうですか。田中さんと、山下さんですね。 女　あと、森さんはご主人もいっしょに来るそうです。 男　そうですか。わかりました。	남　일요일의 하이킹, 전부 7명이네요. 여　아, 다나카 씨와 야마시타 씨는 사정이 나빠졌다고 말했어요. 남　그래요? 다나카 씨와 야마시타 씨지요. 여　그리고 모리 씨는 남편 분도 함께 온다고 해요. 남　그런가요. 알겠습니다.
ハイキングに行く人は何人ですか。 **1** ５人 **2** ６人 **3** ７人 **4** ８人	하이킹에 가는 사람은 몇 명입니까? **1** 5명 **2** 6명 **3** 7명 **4** 8명

4번

男の人と女の人が話しています。どうして子どものきっぷを２まい、予約しましたか。	**남자와 여자가 이야기하고 있습니다. 어째서 어린이 표를 두 장 예약했습니까?**
男　大人２まいと、子ども２まい、予約しておくよ。 女　えー、子どものきっぷは１まいでいいのよ。ひろ君はまだ小さいから、きっぷいらないでしょ？	남　어른 두 장과 어린이 두 장, 예약해 놓을게. 여　응? 어린이 표는 한 장이면 돼. 히로 군은 아직 어리니까 표 필요 없잖아?

男　そうだけど、きっぷを買わないと席がないよ。 女　そーか、3時間も乗るんだから、席がないと大変ね。 男　じゃあ、子どもも2まいでいいね。	남　그렇지만 표를 사지 않으면 좌석이 없어. 여　그렇구나, 3시간이나 타니까 좌석이 없으면 힘들겠네. 남　그럼 어린이도 두 장으로 괜찮지?
どうして子どものきっぷを2まい、予約しましたか。 1　きっぷが　ないと　乗れないから 2　子どもだけで　乗るから 3　すわる　ところが　ほしいから 4　子どもは　きっぷが　いらないから	어째서 어린이 표를 두 장 예약했습니까? 1　표가 없으면 탈 수 없어서 2　어린이만 타기 때문에 3　앉을 곳이 필요해서 4　어린이는 표가 필요 없어서

5번

男の人と女の人が話しています。男の人はどうして今日、本を返しに行かないのですか。	**남자와 여자가 이야기하고 있습니다. 남자는 어째서 오늘 책을 반납하러 가지 않습니까?**
男　本、返しに行ってくるよ。明日から旅行だから。 女　ええっ、もう8時半よ。図書館、開いてないよ。 男　でも、図書館が閉まっているときに、本を返す大きいはこがおいてあるでしょ？　はこに入れてくるよ。 女　でもこの本、大きいからはこには入らないと思うよ。 男　そうか…。 女　しかたないなあ。明日、私が返しに行くわ。 男　そう、ありがとう。	남　책 반납하러 갔다 올게. 내일부터 여행 가니까. 여　응? 벌써 8시 반이야. 도서관 안 열려 있어. 남　하지만 도서관이 닫혀 있을 때 책을 반납하는 큰 상자가 놓여 있잖아? 상자에 넣고 올게. 여　하지만 이 책, 크니까 상자에 들어가지 않을 거라고 생각해. 남　그런가…. 여　어쩔 수 없네. 내일 내가 반납하러 갈게. 남　그래? 고마워.
男の人はどうして今日、本を返しに行かないのですか。 1　あしたから　旅行に　行くから 2　としょかんが　開いているから 3　本を　かえす　ボックスが　あるから 4　本が　大きすぎるから	남자는 어째서 오늘 책을 반납하러 가지 않습니까? 1　내일부터 여행에 가기 때문에 2　도서관이 열려 있기 때문에 3　책을 반납하는 박스가 있기 때문에 4　책이 너무 크기 때문에

6번

男の人と女の人が旅行のかばんについて話しています。二人はどうしてかばんを買いませんか。	**남자와 여자가 여행 가방에 대해 이야기하고 있습니다. 두 사람은 어째서 가방을 사지 않습니까?**
男　アメリカ旅行に持っていくにもつ、ずいぶん多くなったね。かばんどうする？ もう、時間がないよ。明日、買いに行こうか？ 女　でも、1回しか使わないし…。 男　じゃ、借りたほうがいいかな。旅行のものを貸してくれる店、近くにある？ 女　実はもう、友だちにたのんだの。前に買ったかばん、今使っていないから貸してくれるって。 男　なんだ、そうか。	남　미국 여행에 가지고 갈 짐, 상당히 많아졌네. 가방 어떻게 할까? 이제 시간이 없어. 내일 사러 갈까? 여　하지만 한 번밖에 안 쓰는데…. 남　그럼 빌리는 편이 좋을까? 여행용을 빌려 주는 가게, 근처에 있어? 여　실은 이미 친구에게 부탁했어. 전에 산 가방, 지금 쓰고 있지 않으니 빌려 주겠대. 남　뭐야, 그렇구나.
二人はどうしてかばんを買いませんか。 **1**　時間が　ないから **2**　店で　借りるから **3**　かばんを　使わないから **4**　友だちに　借りるから	두 사람은 어째서 가방을 사지 않습니까? **1**　시간이 없어서 **2**　가게에서 빌릴 거라서 **3**　가방을 사용하지 않아서 **4**　친구에게 빌릴 거라서

7번

男の人がケーキについて話しています。男の人がケーキを自分で作るのはどうしてですか。	**남자가 케이크에 대해 이야기하고 있습니다. 남자가 케이크를 직접 만드는 것은 어째서입니까?**
男　ケーキを自分で作ったら、安く作れると思うでしょ？ でも、実は材料が高いので、決して安くないんです。あまりきれいに作れないし、時間もかかるし。買ったほうがずっとかんたんに、きれいなケーキが食べられるんですよ。でもね。子どもが私の作るケーキをおいしいと言って、よろこんでくれるんですよ。妻は台所をかたづけるのが大変だって、言うんですけどね。	남　케이크를 직접 만들면 싸게 만들 수 있다고 생각하지요? 하지만, 사실은 재료가 비싸서 결코 싸지 않습니다. 별로 예쁘게 만들 수 없고 시간도 걸리고. 사는 편이 훨씬 간단하게, 예쁜 케이크를 먹을 수 있어요. 하지만, 아이가 제가 만든 케이크를 맛있다고 하며 기뻐해 준답니다. 아내는 부엌을 정리하는 게 힘들다고 하지만요.

男の人がケーキを自分で作るのはどうしてですか。 1　作ったほうが　やすいから 2　きれいに　作れるから 3　子どもが　よろこぶから 4　かたづけるのが　たいへんだから	남자가 케이크를 직접 만드는 것은 어째서입니까? 1　만드는 편이 저렴해서 2　예쁘게 만들 수 있어서 3　아이가 기뻐해서 4　정리하는 것이 힘들어서

문제 3　문제 3에서는 그림을 보면서 질문을 들으세요. ➡(화살표)의 사람은 뭐라고 말합니까? 1에서 3 중에서 가장 적당한 것을 하나 고르세요. 그럼 연습해 봅시다.

예

早く帰ることになりました。会社の人に何と言いますか。	빨리 귀가하게 되었습니다. 회사 사람에게 뭐라고 말합니까?
女　1　そろそろ帰りましょうか。 2　お先に失礼します。 3　もう帰りますか。	여　1　슬슬 돌아갈까요? 2　먼저 실례하겠습니다. 3　벌써 돌아가십니까?

가장 적당한 것은 2번입니다. 답안지의 문제 3의 예 부분을 보세요. 가장 적당한 것은 2번이니까 답은 이렇게 적습니다. 그럼 시작하겠습니다.

1번

友だちのパソコンを借りたいです。友だちになんと言いますか。	친구의 컴퓨터를 빌리고 싶습니다. 친구에게 뭐라고 말합니까?
男　1　パソコン、ちょっと使わせて。 　　2　パソコン、ちょっと使って。 　　3　パソコン、ちょっと使ってあげて。	남　1　컴퓨터, 좀 쓰게 해줘. 　　2　컴퓨터, 좀 써. 　　3　컴퓨터, 좀 써 줘.

2번

仕事で会社の外へ出かけます。会社の人になんと言いますか。	업무로 회사 밖으로 외출합니다. 회사 사람에게 뭐라고 말합니까?
女　1　失礼します。 　　2　行ってまいります。 　　3　どうぞ、よろしく。	여　1　실례하겠습니다. 　　2　다녀오겠습니다. 　　3　잘 부탁해.

3번

お客さまを部屋に案内して、少し待ってもらいます。なんと言いますか。	손님을 방으로 안내하고 조금 기다리게 합니다. 뭐라고 말합니까?
女　1　こちらで待ってもいいですか。 2　こちらで待ちましょうか。 3　こちらでお待ちください。	여　1　여기에서 기다려도 됩니까? 2　여기에서 기다릴까요? 3　여기에서 기다려 주십시오.

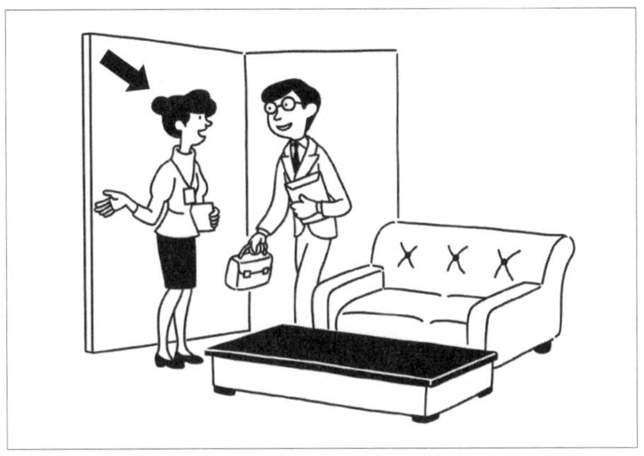

4번

友だちの家でテレビが見たいです。友だちになんと言いますか。	친구의 집에서 TV를 보고 싶습니다. 친구에게 뭐라고 말합니까?
男　1　テレビがついているよ。 2　テレビ、つけてもいい？ 3　テレビをつけなさい。	남　1　TV가 켜져 있어. 2　TV, 켜도 돼? 3　TV 켜.

5번

大学の試験に合格しました。先生になんと言いますか。	대학 시험에 합격했습니다. 선생님에게 뭐라고 말합니까?
女 1 先生、おかげさまで合格できました。 2 先生、本当によかったですね。 3 先生、大学の試験を受けますか。	여 1 선생님, 덕분에 합격할 수 있었습니다. 2 선생님, 정말 잘 됐네요. 3 선생님, 대학 시험을 봅니까?

문제 4 문제 4에서는 그림 등이 없습니다. 우선 문장을 들으세요. 그리고 그 대답을 듣고 1에서 3 중에서 가장 적당한 것을 하나 고르세요. 그럼 연습해 봅시다.

예

お久しぶりですね。	오랜만이네요.
男 1 ええ、昨日はありがとうございました。 2 ええ、すごいですね。 3 ええ、お元気でしたか。	남 1 네, 어제는 고마웠습니다. 2 네, 굉장하네요. 3 네, 건강하셨어요?

가장 적당한 것은 3번입니다. 답안지의 문제 4의 예 부분을 보세요. 가장 적당한 것은 3번이니까 답은 이렇게 적습니다. 그럼 시작하겠습니다.

1번

すみません。お水、お願いします。	죄송합니다. 물 부탁드려요.
男 1 かしこまりました。 2 しつれいします。 3 行ってきます。	남 1 알겠습니다. 2 실례하겠습니다. 3 다녀오겠습니다.

2번

もしもし、今、東京駅です。出張からもどりました。	여보세요? 지금 도쿄 역이에요. 출장에서 돌아왔어요.
男 1 おつかれさまです。 2 もう、もどりましたよ。 3 行ってらっしゃい。	남 1 수고하셨습니다. 2 이미 돌아왔어요. 3 다녀오세요.

3번

ご家族も日本にいらっしゃるんですか。	가족도 일본에 계십니까?
男 1 いいえ、いらっしゃいません。 2 いいえ、タイに住んでおります。 3 いいえ、日本にいらっしゃいました。	남 1 아니요, 안 계십니다. 2 아니요, 태국에 살고 있습니다. 3 아니요, 일본에 계셨습니다.

4번

今日は天気がいいから、歩いて行きませんか。	오늘은 날씨가 좋으니 걸어서 가지 않겠습니까?
男 1 ええ、そうしましょう。 2 ええ、歩いて来ました。 3 ええ、天気がいいですね。	남 1 네, 그렇게 해요. 2 네, 걸어서 왔어요. 3 네, 날씨가 좋네요.

5번

いつからですか。	언제부터입니까?
男 1 3つからです。 2 一番からです。 3 明日からです。	남 1 세 개부터입니다. 2 1번부터입니다. 3 내일부터입니다.

6번

ちょっと、熱がありますので、お先に失礼します。	열이 조금 있어서 먼저 실례하겠습니다.
女 1 そうですね。失礼ですね。 2 いいえ。こちらこそ、よろしく。 3 大丈夫ですか？お大事に。	여 1 그렇네요, 실례군요. 2 아니요, 저야말로 잘 부탁해요. 3 괜찮아요? 몸조리 잘 하세요.

7번

ちょっと、消(け)しゴム借(か)りてもいい？	지우개 좀 빌려도 돼?
男 **1** どうぞ。 **2** どうも。 **3** ありがとう。	남 **1** 여기. **2** 고맙습니다. **3** 고마워.

8번

どうぞ、たくさんめしあがってください。	많이 드세요.
男 **1** はい、ごちそうさまでした。 **2** はい、いただきます。 **3** はい、かしこまりました。	남 **1** 네, 잘 먹었습니다. **2** 네, 잘 먹겠습니다. **3** 네, 알겠습니다.

착! 붙는 일본어

독학 첫걸음

쓰기 노트

시사일본어사

あ행

'청음'은 맑은 소리라는 뜻으로, 탁점이나 반탁점이 없이 오십음도의 발음 그대로 읽히는 글자를 말합니다. 「あ」행은 일본어의 기본 모음이며, 한국어의 '아·이·우·에·오' 발음과 비슷합니다. 단, 「う」 발음에 주의하세요. '우'와 '으'의 중간 발음으로 입술에 힘을 빼고 '으'에 가깝게 소리냅니다.

あ [a] 아	あ	あ			
い [i] 이	い	い			
う [u] 우	う	う			
え [e] 에	え	え			
お [o] 오	お	お			

か행

「か」행은 한국어의 'ㄱ'과 'ㅋ'의 중간 발음이지만, 단어의 첫 글자로 나올 때는 'ㅋ'에 가깝게, 단어 중간이나 끝에 올 때는 'ㄲ'에 가깝게 읽는 것이 자연스럽습니다.

か [ka] 카	か	か
き [ki] 키	き	き
く [ku] 쿠	く	く
け [ke] 케	け	け
こ [ko] 코	こ	こ

さ 행

「さ」행은 한국어의 '사·시·스·세·소' 발음과 비슷합니다. 단, 「す」 발음에 주의하세요. '스'와 '수'의 중간 발음으로 입모양을 튀어나오게 하지 말고 소리냅니다.

さ [sa] 사	さ	さ			
し [shi] 시	し	し			
す [su] 스	す	す			
せ [se] 세	せ	せ			
そ [so] 소	そ	そ			

た 행

「た」행은 '타·티·투·테·토'가 아닙니다. 「ち」는 우리말의 '치', 「つ」는 '츠'에 가까우며 「た」, 「て」, 「と」는 단어 첫 글자에서는 'ㅌ'에 가깝게, 단어 중간이나 끝에 있으면 'ㄸ'에 가깝게 발음합니다.

た [ta] 타	た	た			
ち [chi] 치	ち	ち			
つ [tsu] 츠	つ	つ			
て [te] 테	て	て			
と [to] 토	と	と			

な행

「な」행은 한국어의 '나·니·누·네·노' 발음과 비슷합니다. 단,「ぬ」발음에 주의하세요. '누'와 'ㄴ'의 중간 발음으로 입모양을 튀어나오게 하지 말고 '누'라고 소리냅니다.

な [na] 나	な	な			
に [ni] 니	に	に			
ぬ [nu] 누	ぬ	ぬ			
ね [ne] 네	ね	ね			
の [no] 노	の	の			

は 행

「は」행은 한국어의 '하·히·후·헤·호' 발음과 비슷합니다. 「ひ」는 입술을 옆으로 당겨 발음하고, 「ふ」는 입술을 너무 둥글리지 말고 약간 평평한 상태에서 소리냅니다.

は [ha] 하	は	は			
ひ [hi] 히	ひ	ひ			
ふ [fu] 후	ふ	ふ			
へ [he] 헤	へ	へ			
ほ [ho] 호	ほ	ほ			

ま행

「ま」행은 한국어의 '마·미·무·메·모' 발음과 비슷합니다. 「む」 발음에 주의하세요. '무'와 '므'의 중간 느낌으로 발음합니다.

ま [ma] 마	ま	ま			
み [mi] 미	み	み			
む [mu] 무	む	む			
め [me] 메	め	め			
も [mo] 모	も	も			

や 행

「や」행은 한국어의 '야·유·요' 발음과 비슷합니다.

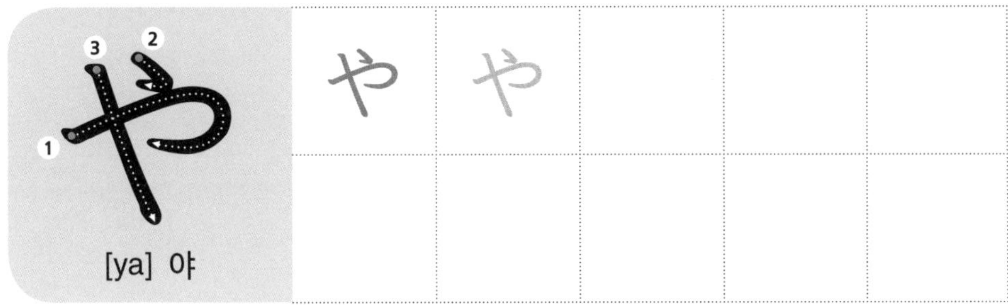

1
2

ゆ

[yu] 유

ゆ ゆ

2
1

よ

[yo] 요

よ よ

ら행

「ら」행은 한국어의 '라·리·루·레·로' 발음과 비슷합니다. 「る」와 「ろ」는 생김새가 비슷하니 잘 구분해서 기억합시다.

ら [ra] 라	ら	ら			
り [ri] 리	り	り			
る [ru] 루	る	る			
れ [re] 레	れ	れ			
ろ [ro] 로	ろ	ろ			

わ행·ん

「わ」와 「を」의 발음은 한국어의 '와·오'와 비슷합니다. 「を」는 조사로만 쓰이며, 「あ」행의 「お」와 발음이 같습니다. 「ん」은 한국어의 ㅁ, ㄴ, ㅇ 받침과 비슷하게 발음합니다.

を

[o] 오

を を

ん

[n] 응

ん ん

が행

'탁음'은 글자의 오른쪽 위에 탁점(゛)이 붙은 것으로 「か」, 「さ」, 「た」, 「は」 행에서만 나타납니다. 「が」행은 한국어의 'ㄱ', 영어의 [g] 발음과 비슷합니다. 탁점을 제외하고 청음과 획순이 동일합니다.

が [ga] 가	が	が			
ぎ [gi] 기	ぎ	ぎ			
ぐ [gu] 구	ぐ	ぐ			
げ [ge] 게	げ	げ			
ご [go] 고	ご	ご			

ざ 행

「ざ」행은 영어의 [z] 발음에 가까우며 한국인에게는 조금 어려운 발음입니다. 「ず」는 알파벳으로는 [zu]로 표기하지만, '주'가 아닌 '즈'에 가깝게 발음합니다.

ざ [za] 자	ざ	ざ			
じ [ji] 지	じ	じ			
ず [zu] 즈	ず	ず			
ぜ [ze] 제	ぜ	ぜ			
ぞ [zo] 조	ぞ	ぞ			

だ행

「だ」행의 「だ」, 「で」, 「ど」는 영어의 [d] 발음입니다. 「ぢ」는 「じ」, 「づ」는 「ず」와 발음이 같습니다.

だ [da] 다	だ	だ			
ぢ [ji] 지	ぢ	ぢ			
づ [zu] 즈	づ	づ			
で [de] 데	で	で			
ど [do] 도	ど	ど			

ば행

「ば」행은 한국어의 '바·비·부·베·보'와 비슷한 발음이지만, 영어의 [b] 발음과 같이 목의 성대를 울려서 내는 발음입니다.

ば [ba] 바	ば	ば			
び [bi] 비	び	び			
ぶ [bu] 부	ぶ	ぶ			
べ [be] 베	べ	べ			
ぼ [bo] 보	ぼ	ぼ			

ぱ행

반탁음은 글자의 오른쪽 위에 반탁점(°)이 붙은 것으로 「は」행에서만 나타납니다. 영어의 [p] 발음과 비슷하며, 한국어의 '파·피·푸·페·포'와 '빠·삐·뿌·뻬·뽀'의 중간 정도로 발음합니다. 반탁점을 제외하고 청음과 획순이 동일합니다.

ぱ [pa] 파	ぱ	ぱ			
ぴ [pi] 피	ぴ	ぴ			
ぷ [pu] 푸	ぷ	ぷ			
ぺ [pe] 페	ぺ	ぺ			
ぽ [po] 포	ぽ	ぽ			

혼동하기 쉬운 글자

모양이 비슷하여 혼동하기 쉬운 글자를 잘 익혀 둡시다. 한 글자로 단어의 의미가 바뀌거나 없는 말이 될 수 있으니 주의해야 합니다.

あ	あ		
お	お		

い	い		
り	り		

き	き		
さ	さ		

ち	ち		
ら	ら		

は	は		
ほ	ほ		

ぬ	ぬ		
め	め		

る	る		
ろ	ろ		

ね	ね		
れ	れ		
わ	わ		

ア 행

ア [a] 아	ア	ア			
イ [i] 이	イ	イ			
ウ [u] 우	ウ	ウ			
エ [e] 에	エ	エ			
オ [o] 오	オ	オ			

カ 행

カ [ka] 카	カ	カ			
キ [ki] 키	キ	キ			
ク [ku] 쿠	ク	ク			
ケ [ke] 케	ケ	ケ			
コ [ko] 코	コ	コ			

サ행

サ [sa] 사	サ	サ			
シ [shi] 시	シ	シ			
ス [su] 스	ス	ス			
セ [se] 세	セ	セ			
ソ [so] 소	ソ	ソ			

タ행

タ [ta] 타	タ	タ			
チ [chi] 치	チ	チ			
ツ [tsu] 츠	ツ	ツ			
テ [te] 테	テ	テ			
ト [to] 토	ト	ト			

ナ행

ナ [na] 나	ナ	ナ			
ニ [ni] 니	ニ	ニ			
ヌ [nu] 누	ヌ	ヌ			
ネ [ne] 네	ネ	ネ			
ノ [no] 노	ノ	ノ			

ハ 행

ハ [ha] 하	ハ	ハ			
ヒ [hi] 히	ヒ	ヒ			
フ [fu] 후	フ	フ			
ヘ [he] 헤	ヘ	ヘ			
ホ [ho] 호	ホ	ホ			

행

マ [ma] 마	マ	マ			
ミ [mi] 미	ミ	ミ			
ム [mu] 무	ム	ム			
メ [me] 메	メ	メ			
モ [mo] 모	モ	モ			

행

1
2
ユ ユ

[yu] 유

1
2
3
ヨ ヨ

[yo] 요

ラ 행

ラ [ra] 라	ラ	ラ			
リ [ri] 리	リ	リ			
ル [ru] 루	ル	ル			
レ [re] 레	レ	レ			
ロ [ro] 로	ロ	ロ			

ワ행·ン

[wa] 와

ヲ ヲ ヲ

[o] 오

ン ン ン

[n] 응

ガ 행

ガ [ga] 가	ガ	ガ			
ギ [gi] 기	ギ	ギ			
グ [gu] 구	グ	グ			
ゲ [ge] 게	ゲ	ゲ			
ゴ [go] 고	ゴ	ゴ			

ザ 행

ザ [za] 자	ザ	ザ			
ジ [ji] 지	ジ	ジ			
ズ [zu] 즈	ズ	ズ			
ゼ [ze] 제	ゼ	ゼ			
ゾ [zo] 조	ゾ	ゾ			

행

ダ [da] 다	ダ	ダ			
ヂ [ji] 지	ヂ	ヂ			
ヅ [zu] 즈	ヅ	ヅ			
デ [de] 데	デ	デ			
ド [do] 도	ド	ド			

バ행

バ [ba] 바	バ	バ			
ビ [bi] 비	ビ	ビ			
ブ [bu] 부	ブ	ブ			
ベ [be] 베	ベ	ベ			
ボ [bo] 보	ボ	ボ			

パ [pa] 파	パ	パ			
ピ [pi] 피	ピ	ピ			
プ [pu] 푸	プ	プ			
ペ [pe] 페	ペ	ペ			
ポ [po] 포	ポ	ポ			

혼동하기 쉬운 글자

모양이 비슷하여 혼동하기 쉬운 글자를 잘 익혀 둡시다. 한 글자로 단어의 의미가 바뀌거나 없는 말이 될 수 있으니 주의해야 합니다.

オ	オ		
ネ	ネ		

ク	ク		
ケ	ケ		

コ	コ		
ユ	ユ		

シ	シ		
ツ	ツ		

ソ	ソ		
ン	ン		

ホ	ホ		
モ	モ		

メ	メ		
ヌ	ヌ		

ラ	ラ		
ヲ	ヲ		

히라가나 요음

「き·ぎ·し·じ·ち·に·ひ·び·ぴ·み·り」 뒤에 반모음인 「や·ゆ·よ」를 작게 써서 한 박자로 발음하는 것을 요음이라고 합니다.

きゃ [kya] 캬		きゅ [kyu] 큐		きょ [kyo] 쿄	
きゃ	きゃ	きゅ	きゅ	きょ	きょ

ぎゃ [gya] 갸		ぎゅ [gyu] 규		ぎょ [gyo] 교	
ぎゃ	ぎゃ	ぎゅ	ぎゅ	ぎょ	ぎょ

しゃ [sha] 샤		しゅ [shu] 슈		しょ [sho] 쇼	
しゃ	しゃ	しゅ	しゅ	しょ	しょ

じゃ [ja] 쟈		じゅ [ju] 쥬		じょ [jo] 죠	
じゃ	じゃ	じゅ	じゅ	じょ	じょ

ちゃ [cha] 챠		ちゅ [chu] 츄		ちょ [cho] 쵸	
ちゃ	ちゃ	ちゅ	ちゅ	ちょ	ちょ

にゃ [nya] 냐		にゅ [nyu] 뉴		にょ [nyo] 뇨	
にゃ	にゃ	にゅ	にゅ	にょ	にょ

ひゃ [hya] 햐		ひゅ [hyu] 휴		ひょ [hyo] 효	
ひゃ	ひゃ	ひゅ	ひゅ	ひょ	ひょ

びゃ [bya] 뱌		びゅ [byu] 뷰		びょ [byo] 뵤	
びゃ	びゃ	びゅ	びゅ	びょ	びょ

ぴゃ [pya] 퍄		ぴゅ [pyu] 퓨		ぴょ [pyo] 표	
ぴゃ	ぴゃ	ぴゅ	ぴゅ	ぴょ	ぴょ

みゃ [mya] 먀		みゅ [myu] 뮤		みょ [myo] 묘	
みゃ	みゃ	みゅ	みゅ	みょ	みょ

りゃ [rya] 랴		りゅ [ryu] 류		りょ [ryo] 료	
りゃ	りゃ	りゅ	りゅ	りょ	りょ

가타카나 요음

가타카나의 요음 역시 「キ·ギ·シ·ジ·チ·ニ·ヒ·ビ·ピ·ミ·リ」 뒤에 반모음인 「ヤ·ユ·ヨ」를 작게 써서 한 박자로 발음합니다.

キャ [kya] 캬		キュ [kyu] 큐		キョ [kyo] 쿄	
キャ	キャ	キュ	キュ	キョ	キョ

ギャ [gya] 갸		ギュ [gyu] 규		ギョ [gyo] 교	
ギャ	ギャ	ギュ	ギュ	ギョ	ギョ

シャ		シュ		ショ	
[sha] 샤		[shu] 슈		[sho] 쇼	
シャ	シャ	シュ	シュ	ショ	ショ

ジャ		ジュ		ジョ	
[ja] 쟈		[ju] 쥬		[jo] 죠	
ジャ	ジャ	ジュ	ジュ	ジョ	ジョ

チャ		チュ		チョ	
[cha] 챠		[chu] 츄		[cho] 쵸	
チャ	チャ	チュ	チュ	チョ	チョ

ニャ [nya] 냐		ニュ [nyu] 뉴		ニョ [nyo] 뇨	
ニャ	ニャ	ニュ	ニュ	ニョ	ニョ

ヒャ [hya] 햐		ヒュ [hyu] 휴		ヒョ [hyo] 효	
ヒャ	ヒャ	ヒュ	ヒュ	ヒョ	ヒョ

ビャ [bya] 뱌		ビュ [byu] 뷰		ビョ [byo] 뵤	
ビャ	ビャ	ビュ	ビュ	ビョ	ビョ

ピャ [pya] 퍄		ピュ [pyu] 퓨		ピョ [pyo] 표	
ピャ	ピャ	ピュ	ピュ	ピョ	ピョ

ミャ [mya] 먀		ミュ [myu] 뮤		ミョ [myo] 묘	
ミャ	ミャ	ミュ	ミュ	ミョ	ミョ

リャ [rya] 랴		リュ [ryu] 류		リョ [ryo] 료	
リャ	リャ	リュ	リュ	リョ	リョ

UNIT 01

こちらは きむらさんです。

이쪽은 기무라 씨입니다.

私 わたし 나, 저	私	私		
韓国 かんこく 한국	韓国	韓国		
学生 がくせい 학생	学生	学生		
友達 ともだち 친구	友達	友達		
会社員 かいしゃいん 회사원	会社員	会社員		

UNIT 02

きのうは やすみでしたか。

어제는 휴일이었습니까?

昨日 きのう 어제	昨日	昨日		
先生 せんせい 선생님	先生	先生		
曜日 ようび 요일	曜日	曜日		
仕事 しごと 일, 업무	仕事	仕事		
出張 しゅっちょう 출장	出張	出張		

UNIT 03

きょうは あつaいですね。

오늘은 덥네요.

風 かぜ 바람	風	風		
朝 あさ 아침	朝	朝		
雨 あめ 비	雨	雨		
夏 なつ 여름	夏	夏		
日本 にほん 일본	日本	日本		
今日 きょう 오늘	今日	今日		

UNIT 04

おちゃが いちばん すきです。

차를 가장 좋아합니다.

昔 むかし 옛날, 예전	昔	昔		
今 いま 지금	今	今		
一番 いちばん 가장, 제일	一番	一番		
何時 なんじ 몇 시	何時	何時		
約束 やくそく 약속	約束	約束		
大事 だいじ 중요함	大事	大事		

UNIT 05

たんじょうびは いつですか。

생일은 언제입니까?

한자				
人 にん・ひと ~명, ~인 / 사람	人	人		
日 にち 일	日	日		
月 がつ 월	月	月		
写真 しゃしん 사진	写真	写真		
家族 かぞく 가족	家族	家族		
誕生日 たんじょうび 생일	誕生日	誕生日		

UNIT 06

すずきさんは どこに いますか。

스즈키 씨는 어디에 있습니까?

上 うえ 위	上	上		
僕 ぼく 나, 저	僕	僕		
中 なか 안, 속	中	中		
前 まえ 앞	前	前		
女性 じょせい 여성	女性	女性		
課長 かちょう 과장(님)	課長	課長		

UNIT 07

せんたくや 料理(りょうり)を します。

빨래랑 요리를 합니다.

한자				
家 いえ 집	家	家		
週末 しゅうまつ 주말	週末	週末		
料理 りょうり 요리	料理	料理		
公園 こうえん 공원	公園	公園		
自分 じぶん 자신	自分	自分		
今朝 けさ 오늘 아침	今朝	今朝		

UNIT 08

冷(つめ)たい ものは あまり 食(た)べないです。

차가운 것은 그다지 먹지 않아요.

本当 ほんとう 정말, 진짜	本当	本当		
花火 はなび 불꽃놀이	花火	花火		
見る みる 보다	見る	見る		
帰る かえる 돌아가(오)다	帰る	帰る		
食べる たべる 먹다	食べる	食べる		
楽しい たのしい 즐겁다	楽しい	楽しい		

UNIT 09

はやく 会(あ)いたいですね。

빨리 만나고 싶네요.

駅 えき 역	駅	駅		
行く いく 가다	行く	行く		
会う あう 만나다	会う	会う		
出口 でぐち 출구	出口	出口		
映画 えいが 영화	映画	映画		
大丈夫 だいじょうぶ 괜찮음	大丈夫	大丈夫		

UNIT 10

鍋(なべ)には 触(さわ)らないで ください。

냄비에는 손대지 말아 주세요.

気 き 기분, 마음	気	気		
熱い あつい 뜨겁다	熱い	熱い		
触る さわる 만지다, 손대다	触る	触る		
辛い からい 맵다	辛い	辛い		
十分 じゅうぶん 충분함	十分	十分		
少し すこし 조금	少し	少し		

UNIT 11

ビールを 飲(の)んで いますね。

맥주를 마시고 있네요.

次 つぎ 다음	次	次		
周り まわり 주변, 주위	周り	周り		
人達 ひとたち 사람들	人達	人達		
全部 ぜんぶ 전부	全部	全部		
お酒 おさけ 술	お酒	お酒		
飲む のむ 마시다	飲む	飲む		

UNIT 12

富士山(ふじさん)に 登(のぼ)った ことが ありますか。

후지산에 오른 적이 있습니까?

秋 あき 가을	秋	秋		
山 やま 산	山	山		
登る のぼる 오르다, 올라가다	登る	登る		
景色 けしき 경치	景色	景色		
運動 うんどう 운동	運動	運動		
最近 さいきん 최근	最近	最近		

UNIT 13

水(みず)の 中(なか)で 使(つか)う ことが できます。

물 속에서 사용할 수 있습니다.

水 みず 물	水	水		
愛 あい 사랑	愛	愛		
永遠 えいえん 영원	永遠	永遠		
乾杯 かんぱい 건배	乾杯	乾杯		
二人 ふたり 두 사람	二人	二人		
時計 とけい 시계	時計	時計		

UNIT 14

時々(ときどき) 会(あ)えますよね。

때때로 만날 수 있는 거죠?

話 はなし 이야기	話	話		
中国 ちゅうごく 중국	中国	中国		
転勤 てんきん 전근	転勤	転勤		
大学 だいがく 대학	大学	大学		
卒業 そつぎょう 졸업	卒業	卒業		
就職 しゅうしょく 취직	就職	就職		

UNIT 15

とても 寂(さび)しく なりそうです。

너무 쓸쓸해질 것 같습니다.

雪 ゆき 눈	雪	雪		
顔 かお 얼굴	顔	顔		
足 あし 발, 다리	足	足		
時間 じかん 시간	時間	時間		
連休 れんきゅう 연휴	連休	連休		
旅行 りょこう 여행	旅行	旅行		

UNIT 16

卒業式(そつぎょうしき)に 来(き)て くれました。

졸업식에 와 주었습니다.

皆 みんな 모두	皆	皆		
元気 げんき 건강함	元気	元気		
食事 しょくじ 식사	食事	食事		
両親 りょうしん 부모님	両親	両親		
紹介 しょうかい 소개	紹介	紹介		
お菓子 おかし 과자	お菓子	お菓子		

memo

memo

memo